Maria Binzenz Süß

Salzburgische Volkslieder mit ihren Singweisen

Maria Binzenz Süß

Salzburgische Volkslieder mit ihren Singweisen

ISBN/EAN: 9783742898180

Hergestellt in Europa, USA, Kanada, Australien, Japan

Cover: Foto ©Thomas Meinert / pixelio.de

Manufactured and distributed by brebook publishing software
(www.brebook.com)

Maria Binzenz Süß

Salzburgische Volkslieder mit ihren Singweisen

Salzburgische
Volks-Lieder

mit ihren

Singweisen.

Gesammelt von

Maria Vinzenz Süß.

Salzburg,
Verlag der Mayrischen Buchhandlung.
1865.

Der

Salzburger Liedertafel

hochachtungsvollst gewidmet

von dem

Herausgeber.

Vorwort.

Volkslieder im wahren Sinne des Wortes sind gewiß wichtige Belege zur Kultur- und Sittengeschichte eines jeden Landes.

Jedes Volk aus der frühesten Zeit bis auf die Gegenwart hatte und hat seine eigenthümlichen Lieder und Weisen.

Die Ereignisse des Ortes und der Zeit sind es zum Theil, die sie hervorriefen und hervorrufen, die sie ändern, aber auch verkümmern machen.

Sie zu sammeln und unsern Nachkommen mindestens das Bedeutendere davon zu erhalten, dürfte gegenwärtig um so mehr an der Zeit und nicht unnütz sein, als durch die veränderten Zeitverhältnisse und Zustände dieselben sonst verloren gehen und der Vergessenheit verfallen würden. Die alten Kirchensänger sind außer Gebrauch gekommen, und die Gesangbücher derselben, noch die reichsten Fundgruben alter Lieder, liegen wie im Grabe in einem Winkel des Hauses, preisgegeben dem vernichtenden Zahne der Zeit. Die Quellen mündlicher Ueberlieferungen versiegen noch schneller. Neue Sitten und Gebräuche, veränderter Geschmack 2c. haben die alten Tänze verscheucht und mit diesen auch ihre treuen Alliirten, die Tanzlieder und Weisen. Selbst Sprache und Ausdruck haben sich gleich der Gewandung geändert und verfeinert, sind wie man zu sagen pflegt herrischer geworden, offenbar eine Folge der verbesserten Schulen, so wie der sich jährlich progressiv vermehrenden Fremden-Besuche, die man in früherer Zeit nicht gekannt hat und die nun manches Neue in unsere fernsten und engsten Thäler verpflanzen.

Gewiß ist es bezeichnend, daß z. B. auf einem Tanz-platze, wo noch vor wenig Jahren nach Landessitte flott getröstet und geplattelt wurde, und abwechselnd zwischen fröhlichen Drehern die Absingung der witzigsten Schnöda-höpfl die Gesellschaft unterhielt, man nun bei Polka und Cotillon unter dem so schlichten Landvolke, das früher so fest an das Herkömmliche hielt, die komische Ein-ladung hört:

„Gehts Mentscha, gehts einha, hiatz is bö Damen-Wåhl!" —

Der Salzburger, Gebirgs- wie Flachländer, begabt von seinem Schöpfer mit gesundem Witze, heiterer Laune und reiner Kehle, steht in dem Naturgesange keinem andern Volke nach. In diesem Zweige unserer Landes-geschichte ist leider noch wenig Originelles veröffentlicht worden, wiewohl uns z. B. die österreichischen Volks-lieder mit ihren Sangweisen, gesammelt und herausge-geben von Ziska und Schottky, Pesth 1819, Hebel's

Allemannische Gedichte, Aarau 1820, Die Mund-
arten Bayerns von Schmeller, München 1821,
v. Kobell's Gedichte 1841, und dessen Schnadahüpfl
München 1845, Stelzhammer's Gedichte in ob der
ennsischer Volksmundart 1844, Seidl's niederöster-
reichische Gedichte, Wien 1845, „Salzburger Gsanga"
von Sylvester Wagner, Wien 1847 (in der Mund-
art des an Oberösterreich grenzenden Flachlands), Die
österreichischen Volksweisen von Anton Ritter von
Spaun, Wien 1849, Dr. Weinhold's gesammelte
Steyermärkische Volkslieder (in den Mittheilungen des
historischen Vereins für Steyermark. Neuntes Heft,
1859) u. s. w.*) hiezu schon lange hätten veranlassen
sollen.

Wir wollen es daher versuchen, hierin etwas mehr
zu bringen, als bisher geschehen, bitten aber dennoch, dieß
nur als einen Beitrag anzusehen, welchem etwa eine
spätere allenfalls ausgedehntere Unternehmung dieser
Art folgen könnte. Unsere Ueberlieferungen eröffnen
wir mit den der zartesten Jugend, der Kindlichkeit ge-
weihten Liedern, mit den sogenannten Wiegen- oder
Klein-Kinder-Liedern, denn gerade diese erwecken
oft bei den Kleinen schon Liebe und Sinn für Lied und
Gesang. Was Großmütterchen und die liebende Mutter
an der Wiege und in der Kindsstube sprach und sang,
wird nicht vergessen. Jetzt ist es vielleicht auch hierin
anders geworden. — Sammeln wir daher diese kind-

---

*) Ungemein Belehrendes über den Volks-Gesang im Allge-
meinen, von Johann Wurth, enthält: „Oesterreichischer Schul-
bothe", eilfter Jahrgang, 1861, Nr. 5 Seite 34—37.

lichen unschuldigen Lieder, die oft manches Thränchen
der Kleinen trockneten, sie einschlummerten oder sonst
vergnügten, in so weit es noch möglich ist, als Beleg
gemüthlicher Erziehung und Kinderpflege in der Ver-
gangenheit. Von diesen gehen wir dann zu den übrigen
geistlichen und weltlichen Liedern über.

Einen bedeutenden Reichthum findet man im Salz-
burgischen, auf dem Flachlande sowohl wie im Gebirge,
an geistlichen Liedern: Weihnachts-, Krippen- oder
Hirtenlieder, Bittgesänge zur heiligen Gottesmutter, zu
den heiligen Landespatronen Rupert und Virgil, zu den
verschiedenen heiligen Kirchen-Schutzpatronen, Bittgesänge
um Abwendung von Kriegs-, Feuer-, Schauer- und
Krankheits-Gefahr, Fasten- und Adventlieder, verschiedene
Danklieder, Kirchen-Lieder auf alle Fest-, Sonn- und
Feiertage, Lieder bei den einst im Gebirge so gebräuchlich
gewesenen Todten-Wachen 2c. Alle diese werden jedoch
von den erstgenannten einigen Weihnachts-, Krippen-
oder Hirten-Liedern an Originalität weit übertroffen,
daher wir glaubten, vor der Hand auch nur aus diesen
das Geeignetste, einen ganz schönen englischen Gruß
voraussendend, hier beispielsweise aufnehmen zu sollen.

Aus den weltlichen Liedern führen wir vorerst
einige Lieder aus und über den Bauernstand vor.

Das auch hier um die Stadt, ja selbst im Pinzgau
bekannte Bauernlied:

> „Ihr Herren schweigt ein wenig still,
> Hört, was ich euch sagen will!
> Welcher Mensch ist auf der Erd,
> Dem Lob und Ehr zum ersten g'hört?

Man kann sich's leichtlich bilden ein,
Ja, das muaß wohl der Bauer seyn —"

brachte uns bereits der neunte Band der Mittheilungen
des historischen Vereins für Steyermark pag. 71, und
scheint dieses Lied wohl nur in Salzburg eingewandert
zu seyn, daher wir auch dessen Aufnahme hier unter-
ließen.

Das Soldaten-Leben finden wir in dem salzburgi-
schen Gebirgslande nirgends besungen, wenigstens nicht
in der Volkssprache. Vielleicht liegt die Ursache hievon
in dem Umstande, daß unter altsalzburgischer Regierung
Abstellungen zum Militair häufig in Folge civilstraf-
richterlichen Erkenntnisses statt fanden. Desto reich-
haltiger ist das Land Salzburg an originellen Wild-
schützen- und Alpen-Liedern. Was wir unsern Lesern
daraus bringen, dürfte vielleicht entsprechen.

Wenig finden wir dagegen bey uns an Knappen-
Fischer- und Schiffer-Liedern, d. h. an solchen in der
Volkssprache. Der gänzliche Mangel an Knappenliedern
muß im Hinblick auf die Bedeutendheit und Geschichte
des Bergbaues im Salzburgischen wirklich befremden.

Eben so karg sind wir auch mit Liedern von Hand-
werkern oder Gewerbetreibenden bedacht. Was uns zu
erhalten möglich war, bringen wir.

Reich finden wir das Ländchen Salzburg an ver-
schiedenen Gelegenheits-Liedern sowohl historischen, als
satyrischen Inhalts, welch letztere sich meist das Frauen-
Geschlecht, dessen Putz- und Gefallsucht, oder gewisse
Ereignisse zur Zielscheibe genommen haben.

Einigen Gaßlreimen und Fensterstreiten sey ebenfalls in diesen Blättern ein Plätzchen gegönnt. Unerschöpflich sind Salzburgs Burschen auf dem Lande und im Gebirge in der Erfindung der sogenannten Schnödahöpfl, die gewöhnlich bey Tänzen reichlich reifen, und größtentheils die Liebe und Treue zum Diandl, die Freuden des Wildschützen- und Alpen-Lebens, die Satyre über verschiedene Orte, Tagsbegebenheiten, Personen, Gegner und Rivalen u. s. w. zum Gegenstande haben, wobey es nicht selten zu blutigen Händeln kömmt, aber noch mehr in früheren Zeiten gekommen ist.

Die große Anzahl (1000!) solcher in gegenwärtiger Sammlung gebotenen Lieder setzen unsere Leser in die Lage, von der Reichhaltigkeit dieser Quelle sich zu überzeugen.

Zum Voraus müssen wir erinnern, daß manche derbe Wendung nicht zu umgehen war, wenn wir es unternahmen, das Volk vorzustellen, wie es sich in seinen Liedern giebt und charakterisirt. Wettergebräunte Fäuste kennen die Glacéhandschuhe der Salons nicht, und ihre Sänger wissen daher nicht immer, wann man erröthen muß. Also verlangt nicht nur die Vollständigkeit, sondern noch mehr der culturgeschichtliche Gesichtspunkt ihre Aufnahme. Ist ja unser Büchlein, sagte ein Herausgeber einer ähnlichen Sammlung, weder ein Katechismus für Kinder, noch ein Taschenbuch für Damen. —

Rücksichtlich der Singweisen zu diesen Liedern müssen wir bemerken, daß wir Alles aufgeboten haben, sie da beyzugeben, wo es uns möglich wurde, dieselben noch zu erfahren und zu erhalten. Daß mehrere Lieder oft ein und dieselbe Singweise haben, ist bekannt; allein Volkslieder müssen gesungen werden, ihre Melodien, sagte einst ein gelehrter Fachmann, sind nothwendig verbunden, ja beinahe zusammengewachsen mit dem Texte, und nicht gesungene Volkslieder sind nur halbe Volkslieder oder gar keine.

Die einfachen, großentheils recht gelungenen Singweisen zu diesen salzburgischen Volksliedern, die uns mit der bereitwilligsten Unterstützung vielseitig zukamen, wurden, uns zum großen Danke verpflichtend, von dem Hochwürdigen Domchor-Regens Joseph Eißenberger, einige auch von dem Hochwürdigen Herrn Domchor-Vikar Kliebnschädl dreystimmig in Noten gesetzt.

Zu diesen nun eben besprochenen Volks-Liedern erhalten unsere hochverehrten Leser im Anhange auch noch „a Bissei a Dreingåb" aus den salzburgischen Volksgebräuchen, und zwar:

a) Das Weihnachts-Spiel,
b) das Sommer- und Winter-Spiel und
c) die üblichen sogenannten Hochzeits-Sprüche um die Stadt.

Die Schreibung wurde nach Möglichkeit der Aussprache selbst angepaßt; nur zur Bezeichnung des tiefen mundartlichen (dem hochdeutschen o sich nähernden) a wurde das Zeichen å gewählt. Daß in den geistlichen Liedern sich der Landmann im Anfange und in der Rede der himmlischen Wesen möglichst der hochdeutschen Sprache bedient, gewöhnlich aber bald aus dem Zwange in seine Mundart und Gewohnheit verfällt, ist ohnehin schon bekannt.

Zum Schlusse erstatten wir Allen, die uns in unserm gegenwärtigen Versuche mit so zuvorkommender Güte unterstützten, namentlich Herrn Dr. August v. Prinzinger für seine so gütige Uebernahme der Feststellung und mit aufopfernder Mühe verbundenen consequenten Durch= führung der mundartlichen Schreibart und ebenso mühe= vollen Correktur, unsern aufrichtigsten Dank, und wün= schen, daß gegenwärtiges Büchlein wohlgeneigte Aufnahme, so wie auch bald verbesserte Fortsetzung von vermögen= deren Kräften finden möchte.

Salzburg im Monate Februar 1864.

Süß.

Inhalt.

V. Verschiedene Gelegenheits-Lieder sowohl historischen als satyrischen Inhalts.

Wiegen- und Klein-Kinder-Lieder

und

Sprüche.

1.

Oans, zwoa, drei,
Pigga, pågga bei,
Pigga pågga Bes'nstül,
Sitzt a Mandl auf da Mühl,
Håt a staubögs Hiatl auf,
Um ab um voll Feban drauf;
Giggari Håhn, spring davon,
Zinsl, zansl, außöthån.

2.

Ringa ringa reia,
D' Fischarl sand en Weia;
Steig'n auf an Äpflbamm,
Måchan då an Burzlbamm.

3.

Jesu=Kindl bleib bei miar,
Måch ein frumes Kind aus miar,
Hear o mein, Schutzengl mein,
Låß mi diar böfohln sein.

4.

Håt da himlöschö Våta
Nit 's Thirl zuathån,
Äst sand eam dö Engarl
Åll auf und davon.

5.

Da Tåg is schon umma,
Da Mån scheint so hell;
Bitt di gå schen mein Engarl,
Gieb åcht auf mein Sell!

6.

Schuzö, schuzö, schlåfe lång,
Deinö Tiacharl e da Stång
Hängan ållö waschl nåß,
Schlåfe Kindarl, åft bist brav!

7.

Und auf an iads Kindarl
An Engarl geit åcht,
Dös sitzt bei sein Böttarl,
Bålds schlåfft bei da Nåcht;
Und wånns Kindarl greßa wird
Und brav und rein,
So bleibt åft sein Engael
Sein Lebtåg dabei.

8.

Heia popeia mein Kloans,
Auf's Jåhr kriag'n mar a wieder oans;
Hei popeia und schlåf nu kråb zua,
Schlåf nu kråb furt bis auf moring a da Fruah!

9.

Schuzö und schuzö und schuzö,
I kauf da moring a Gutschö,
I kauf dar a Gutschö,
Kånst fahr'n darein,
Kånst du alsbånn fåhr'n
En Himl hinein.

10.

Schuzö, schuzö, heidö,
I kauf da moring a Geigö,
I kauf dar a Geigö, kånst spüln damit,
Schlåfe mein Kindlein, schlåfe en Fried'.

11.

Wånnst' nit wülst und wånnst nit mågst,
Und du nit mit miar tånz'n mågst,
So tråg i a dein Binkarl nit
Und geh mit diar iaz hoam a nit.

12.

Hansarl=Mån håt Stiefarl ån,
Håt's Dögarl ån da Seit'n;
Håt's Roß vakauft, håt's Geld vathån,
Iaz kån a neama reit'n.

13.

Heidö, mein Kindö, thua schlåffö!
As håt di Got=Våta daschåffö;
Ea håt di daschåff'n
Und wirdt di daniahrn,
Und wirdt di mein Kindarl
En Himl einfiahrn.

14.

Is a schöns Dianarl draußt,
Traut sö nit eina,
Håt schenö Augalein
Wia da Schell=Neuna,
Håt schenö Wangelein
Wia da Hearz=Siema;
Feart is 's mein Schåzarl g'wößt,
Heua schon nima.

15.

Sizt a kloans Mandl en Hennaloh drinn,
Håt a kloans Glasarl, a Bißl Biar drinn,
Nimt bös kloan Glasarl und trinkt dås Biar aus,
Und lauft dås kloan Mandl ban Hennaloh naus.

16.

Zia, zia, zia Musgatbliah,
Geht da kloan Toni füar,
Steigt üban Gårt'nzaun,
Wül zan kloan Dianarl schaun.

17.

Petar Abrahamarl fißt dort auf'n Schamarl,
Bett' an Klostagruas, thuat eam weh' da Juas.
Schwösta Fi Fa Fendl, håt a Buta=Hendl,
Dös is Bresarl mår, dös is gwis und wåhr.
Sö wüls zan Ångöbent'n, ån a Klosta schenk'n,
Is bös Mabl nit a Når?

18.

Dö Klostafrau en Gårt'nhaus,
Dö glaubt, sö is vaboring;
Då kimt da Pata Guardian
Und wüntscht iahr guat'n Moring.

19.

Schneidts 'n Petarl b' Håår å,
Schneidts eam's nu nit går å;
Låßts eam nu a Schipparl steh'n,
Is da Petarl nu so schen.

20.

Dar Dansiedl a da Klauf'n,
Wånns wårm is, thuat a mauf'n,
Wånns kålt is, geht a nein
Und hoaßt eam wårm dö Klauf'n ein.

21.

Liebe Kindlein kaufet ein,
Hier ein Hündlein, hier ein Schwein,
Trommel und Schlegel,
Kugel und Kegel,
Kästchen und Pfeifer,
Kutschen und Läufer,
Husarn und Schweißer;
Um ein paar Kreuzer
Ist alles dein,
Kindlein kauf ein!

22.

As reit'n drei Reitar iba b' Regnsburga Brugg'n,
Håt an iabar a braun bråtens Brustbrabl auf'n Rugg'n.

23.

So reiten die kleinen Kindelein,
Wenn sie klein und winzig seyn;
Wenn sie größer wern,
Reit'ns wie die Her'n;
Wenn sie groß erwachsen,
Reiten's wie die Sachsen
Ueber Stock und über Stein
In die große Welt hinein.

24.

Wenn sausen die Windlein,
Da kömmt das Christkindlein
Beim dunklen Fenster herein;
Horch wie die Kindlein
Weinen und schrei'n!
Drum gebt Euch zufrieden,
Dann wird Euch beschieden,
Was ihr nur wollt:
Aepfel, Birnen und Nüssen,
Viel Sachen von Zucker und Gold.

25.

Es ritt ein runketer bunketer Ritter
Auf seinem runketen bunketen Pferd,
Er ritt durch eine runkete bunkete Gasse;
Da spielten runkete bunkete Kinder.
Da sagte der runkete bunkete Ritter
Zu den runketen bunketen Kindern;
Ich als runketer bunketer Ritter
Auf meinem runketen bunketen Pferd
Reite euch runkete bunkete Kinder,
Noch alle auf d' Seit'.

26.

Spåziarn, spåziarn,
Frau leich ma dein Diarn
Zan Wåsch'n, zan Båch'n,
Zan Butarn Ausrüahrn!

27.

Sitzt au Danfiedl auf da Stiagn,
Hülft da Kindsmågd 's Kind einwiag'n
Heia, popeia, thua nit a so schrein,
Schläf, mein liabes Kindeleind
Wånn i stirb, g'heart d' Klaui'n dein,
Thua, mein Kindlein, nit so schrei'n!

28.

Schläf, mein Kindlein, schläf!
Da Båta hiat't dö Schåf,
D' Muata hiat't dö Kitzarl,
Du bist mein liabes Stußarl,
Schläf mein Kindlein schläf!

29.

Hott mein Braun, hott mein Braun,
Moring theama Håban baun,
Moring theama Heu einfüåhrn,
Daß dö Roß wås z' ess'n triag'n.

30.

Rum tara tum tum,
Da Koasa schlågt um
Mit Håndt und mit Fiaß,
Mit feurögö Spiaß;
Håt d' Fenstar eing'schlåg'n,
Håt 's Blei davon tråg'n,
Håt Kug'ln draus goss'n,
Und d' Bauan daschoss'n.

31.

Da Schneida måcht dö Kloada,
Da Schuasta macht dö Schuah,
Dö Kinda, dö nit frum sand,
Dö göb'm koanö Ruah.
Da kimt da Schneida mit da Schar
Und zwickt sö in dö Nås'n,
Hint'n drein da Schuastar a
Mit seina dickn Båsn.

32.

Zwöschbm-Bäföfn,
Wo bist so lång gwöf'n?
Bin neunaneunzg Woch'n
En Him'l umkroch'n,
Hån gmoant, i wül schleck'n,
Kimt dar Engl mit'n Steck'n,
Haut mi aussö auf'n Bugl,
Daß i übarn Heardt abö kugl.

33.

Gehorsamer Diener,
Was mach'n die Hühner?
Sie legen brav Eher.
Ey das wär' der Geyer!

34.

Långö, långö Wiag'n,
Zwanzög is dö Stiag'n,
Dreyßög is dö Reihe lång,
Viarzög is da Ringlgång.

35.

Numarn, Numarn, Nögl,
En Suma fliag'n dö Vög'l,
Dö Vögl fliag'n en Suma,
Da Baua bea geht umma,
Umma geht da Baua;
Dö Milih wirdt eam saua,
Saua wirdt eam b' Mülch,
Da Weba wircht 'n Zwülch,
'n Zwülch wircht da Weba;
Dö Kåtz und dö stühlt d' Leba,
D' Leba stühlt dö Kåtz,
Dö Grüll'n wearn schwårz,
Schwårz wearn dö Grülln;
Dear Ochs und dear thuat brüll'n,
Håd' mar eam 'n Kopf å,
Någ'n sam dö Bean å.

36.

Toni, måch's Fensta zua!
's kimt da Zigeuna-Bua,
Nimt di bey deina Håndt,
Fiahrt di in's Zigeuna-Låndt.

37.

Die Köchin sagt zum Koch:
Fang mir das Mäuslein doch,
Es ist nichts sicher in Küch' und Keller,
Noch in der Speis' und auf dem Teller.
Wo's was riecht, da ist es,
Wo's was find't, da frißt es,
Wo ein Braten dampft,
Kömmt's Mäuslein gleich und pampft;
In der Speis' hat's biss'n ein Loch,
Geh', Koch, fang mir das Mäuslein doch.

38.

Es fuhren drei Doggen durch's Thor,
Die erste Wilhelmine,
Die zweite Karoline,
Die dritte Klementine.
Wer will sie taufen?
Der Pfarrer zu Laufen.
Wer will sie heben?
Die Wirthin in der Eben.
Wer will die Windl waschen?
Der Bauer in der Pumpertaschen.

39.

Dianarl schau, schau!
Då geht da Wauwau,
Då geht da Soldåt,
Dea's Dianarl gearn håt.

40.

Bin i auf da Wies'n g'sess'n,
Håt da Schnegg an Schneida g'fress'n;
Schnåpps, håt ear'n g'håbt.

41.

Da Hanſ'l hintarn Stådl,
Mecht gean nahn und håt koan Nådl;
Wårt' i wea's da Muata ſåg'n,
Daß d' iahr wülſt 'n Zwiarn vaträg'n.

42.

Wo biſt denn? en Bött!
Då wiarſt nit vazött,
Då wiarſt nit vaträg'n
Und då biſt åft'n moring
Deart a wol no z' håb'n.

43.

Vater unſer Hebele
Hat mich Gott geſegele,
Kam der Engel Gaberle,
Fragt um ſeine Brüderle;
Brüderle geſtorbele,
Gritſch, gratſch, halabatſch.

44.

Schneid Birbamm, ſchneid Buxbamm,
Schneid birnbuxbam'nö Låd'n,
Mein Schåtz wül a birbuxbamas
Böttſtatl iaz håb'm.

45.

J bin a kloana Pumpaniggl,
Bin a kloana Bear,
Wia mi Got daſchåffn håt,
So zottl i dahea.

46.

Dort ob'm auf'n Bergarl,
Då ſitz'n zwoa Håſ'n,
Dana thuat Zithanſchlåg'n,
Dana thuat blåſ'n.

47.

Göſtarn häbma Kugl g'ſchieb'n,
Is mar oanö iba bliebm;
Kugerl hån i Jungfrau g'ſchenkt,
Jungfrau håt ma Kranzerl g'ſchenkt;
Kranzerl hån i Kuaherl göb'm,
Kuaherl håt ma Mülcherl göb'm;
Mülcherl hån i Müllna g'ſchenkt,
Müllna håt ma Mehl g'ſchenkt,
Mehl hån i Böck'n g'ſchenkt,
Böck håt ma Semmerl g'ſchenkt;
Semmerl hån i Ahnbl göb'm,
Ahnbl håt ma Kreuzerl g'ſchenkt,
Kreuzerl hån i Muata göb'm,
Muata håt ma Ruatherl kauft,
Våta håt ma'n . . . ausg'haut.

48.

Mein Toni, Limoni, Pomerantſch'n gug gu!
A ſchwårza Schearz Brod is ma liabar åls du.

49.

Dö Bäuren håt b' Kåtz valor'n,
Woaß nit, wo's is,
Geht ums Haus um ab um:
Muitzarl wo biſt?

's Muitzarl is g'fånga worn,
Sitzt en Arreſt,
D' Bäuren håts Geldl nit,
Daß ſös auslöſt.

Da Baua, dear is zorni worn,
Schreit en Haus um ab um:
Bäuren, dö Kåtz muaß hear,
Bring bi ſünſt um.

Baua ſei oanmål ſtat,
D' Kåtz is en Haus;
Sitzt a da Kåma braußt,
Und fångt a Maus.

50.

Waberl wihr, Waberl wihr,
D' Buabm steig'n in b' Auglbier,
Läßt's fö's steig'n, läßt's fö's steig'n,
Weas schon wiebar åbatreib'n.
D' Waberl nimt 'n Stöck'n,
Wül dö Buab'm daschröck'n,
D' Buabm fråg'n nix danå,
Reiß'n da Waberl b' Haubm rå.

51.

Es ging einmal ein schlimmer Bub
Im Garten hin und her;
Im Garten war 'ne tiefe Grub,
Die g'fiel dem Büblein sehr.
Wenns der Vater nicht verboten hätt',
Wie gern er drunten spielen thät.

52.

Dort obm auf'n Bergarl
Steht a weißa Schimml,
Und dö brav'n Kindarl
Keman åll en Himl.

53.

Sitzt an Engarl ån da Wåndt,
Håt an Oarl e da Håndt,
Fållt a Messarl von Himl rå,
Schlägt 'n Oarl 's Kapparl å.
Wo is 's Kapparl? D' Kåtz håts fress'n.
Wo is b' Kåtz? Da Hundt håt's biss'n.
Wo is da Hundt? Da Prügl håt'n daschlägn.
Wo is da Prügl? 's Foia håt'n vabrennt.
Wo is 's Foia? 's Wåssa håts ausg'löscht.
Wo is 's Wåssa? D' Kuah håts soff'n.
Wo is b' Kuah? Da Mötzga håts daschlåg'n.
Wo is da Mötzga? En Freithof bögråbm,
Dort håbms mit da Schaufl drauf g'schlåg'n.

54.

Einmal vor langer Zeit, da nahm der Bauer ein Scheit
Und warf es unter b' Leut;
Dö Krump'n håt a troff'n,
Dö Kråd'n sand davon g'loff'n.

55.

Kriacht a Mäusarl üba's Häusarl,
Wo muaß's räst'n?
E da Nanarl iahrn Käst'n.

56.

Sägt 's Nanarl zan Hanarl:
Dein Strumpf håt a Loh.
Sägt Hanarl zan Nanarl:
J flik dar'n schon noh.

57.

Schläf, mein Kindö, schläf!
Dein Båta is a Gräf,
Dein Muatar is a Bauan-Diarn,
Moring thoama Mist ausfüahrn.

58.

Dans, zwoa, drei,
Alt is nit neu;
Neu is nit ålt,
Wårm is nit kålt;
Kålt is nit wårm,
Reich is nit årm;
Arm is nit reich,
Unkråd is nit gleich;
Gleich is nit unkråd,
A Wåg'n bea håt viar Råd;
Viar Råd håt da Wåg'n,
Singa is nit såg'n;
Såg'n is nit singa,
Fecht'n is nit Springa;
Springa is nit Fecht'n,
A Karpf bear is koan Hecht'n;
A Hechtn is koan Karpf'n,
A Zithar is koan Harpf'n;
A Harpf'n is koan Zithar,
Und siaß dås is nit bittar;
Bittar is nit siaß,
Und Händt san koanö Fiaß;
Fiaß san koanö Händt,

Nås'n san koanö Zåhnd;
Zåhnd san koanö Nås'n,
Hundt san koanö Hås'n;
Hås'n san koanö Hundt,
Krånk dås is nit g'sundt;
G'sundt dås is nit krank,
A Stuahl dås is koan Bånk;
A Bånk dås is koan Stuahl,
Dö Buabm schickt mar e b' Schual;
E b' Schual schickt ma b' Buabm,
Kraut dås san koanö Ruab'm;
Ruabm san koan Kraut,
Mein Diarn dö is a Braut;
A Braut das is mein Diarn,
Öpsl san koanö Biarn;
Biarn san koanö Öpsl,
A Måß dås is koan Tröpsl;
A Tröpsl dås is koan Måß,
A Krug dås is koan Fåß;
A Fåß dås is koan Kruag,
Wenög is nit gnuag;
Gnuag is nit wenög,
A Dreck dås is koan Henög;
A Henög ist koan . . .
A Schwart'n is koan Speck;
A Speck dås is koan Schwårt'n,
Spüln thuat ma mit da Kårt'n;
Mit da Kårt'n thuat ma spüln,
D' Schesleut håbmt a Zülln;
A Züll'n håbm dö Schesleut,
Fahrn thuat ma går weit;
Går weit thuat ma fåhrn,
Gscheidtö san koanö Nårn;
Nårn san koanö Gscheidt'n,
Mit da Glogg'n thuat ma läut'n;
Läut'n thuat ma mit da Glogg'n,
Bresl dås san koanö Brockn;
Brock'n san koaö Bresl,
A Kråg'n is koan Kresl;

A Kreſſ is koan Kråg'n,
A Schublårn is koan Wåg'n;
A Wåg'n is koan Schublårn,
J kån neama fåhrn;
Weitä fåhrn kån i niat,
Aus is böſtweg'n iaz mein Liad.

59.

's Henberl macht ihr gag, gag, gåg,
Ein fürchterlichs Geschrei,
Die Bäurin weiß schon, was es sagt,
Sie geht und holt ein Ey.
Der Hahn weckt früh die Leute auf,
Den Knecht, die Dirn, die Magd,
Sie liegen alle noch im Bett
Und schnarchen bis es tagt.

60.

Ban Ofntharl håt ar eins g'schaut,
Mit'n Kochlöfft håt's 'n auffö g'haut,
Mit'n Schiarhägg'n håts eam ehö g'rennt,
Und da bummö Petarl bear håts nw nit kennt.

61.

Und dar Öhnköhnl und b' Ähnlahnl
Thoant Spånlanl' auſklaubm;
Schlägt da Öhnköhnl dar Åhnfahnl
Mit'n Spånlanl' auf b' Haubm.

62.

Springt da Hiarſch übarn Bäh,
Brockt eam brei dridoplatö, schenö, greanö, braunö
Bronbör-Blatl å.
Sågt da Fuchs:
Däs is a Mån, dear ſö drei dridoplatö, schenö,
Greanö, braunö, Bronbör-Blatl brock'n kån.

63.

Du kropfata Jäggl, du buglata Jäggl,
Geh zähl mar a Biarl
Jå jå, håt a g'ſågt,
Aba zählt håt as nia.

64.

Håbma niχ, håbma niχ,
Låß mar uns wås hol'n;
Wånn da Wiarth koan Kreib'n håt,
Schreibt a mit da Kohl'n.

65.

Stieglitz, Stieglitz, 's Zeisarl is krank,
Gehma zan Båda,
Låß mar eam Åba,
Stieglitz, Stieglitz, 's Zeisarl is krank.

66.

Unsa Kåtz katz'lt schon meahr,
Bringt ållahånbt Katzl dahear,
Schwårzö und g'scheckatö, rothö und g'fleckatö $\Big\}$ wieder.
Unsa Kåtz katz'lt schon meahr.

67.

Thresarl mit'n Besarl
Köahrs Ofnloch aus,
Und wånnst as nit sauba måchst,
Jåg i di aus.

68.

Mein Muata wül håb'm,
Sol's Kindl schen wiag'n,
Sö wül ma dafiar
Drei Daarl siab'n.
Sö siabt bö drei Oar
Und ißt selba zwoa,
Warum sol i wiag'n
Fiar niχ wiar oan Da?

69.

Hendarl, pi, pi,
Dås Stikarl fiar di!
Wås du neama mågst,
Dås schiab i en Såck.

70.

Schlafe, liebe Kleine,
Schlafe nur auf neune,
Jetzt ist ja zum schlafen Zeit
Für die Kinderl weit und breit.

71.

Tånz mit miar, tånz mit miar!
Hån a schens Kres;
Zupf mars nit, zupf mars nit,
D' Muata wur bes.

72.

I hån a Henn, a g'schedatö,
Sö håt a Lust und pekat bö.

73.

Thoan ma gehn Rössarl b'schlåg'n!
Wia vül muaß ma Nagarl håbm?
Dans, zwoa, drei,
Und a Juada Heu,
Und a Sackarl Måndlkearn,
Ißt mein Schåtzarl går so gearn.

74.

I måg koan Lorenzi,
I måg koan Vizenzi!
A Zåchariasarl muaß's sein,
Den bültd i mar ein.

75.

Hoam sol i geh'n, då sol i bleib'm,
Kugl sol i nehma, Kögl sol i scheib'm,
Hoam geh i nit, då bleib i nit,
Kugl-Kögl scheib'm thua i a nit.

76.

Ånna Miarl, Zuggaschniarl,
Geh mit miar en Kela,
Um a Weinl, um a Biarl,
Um an Musgatela.

77.

Dort ob'm auf'n Bergarl,
Då fiß'nt zwoa Zwergarl
Und a Henn und a Håhn,
Håbmt åll boad Fleckfchuach ån.

78.

J bin a kloans Binkarl
Und fteh' en an Winkarl,
Und weil i niŗ kån,
Fång i a niŗ ån.

79.

Hanfarl, wo bift gwöf'n?
En Halla, en Halla (Hallein).
Håft'n Micharl g'fechn?
Jå frala, jå frala.
Håft a Bråtwurfcht geff'n?
A joba, a joba.
Wia tånʒ'n dort dö Diandln?
A foba, a foba.

80.

Da damlångö Hanfarl
Und b' nudldikö Diarn,
Jeʒ gengans mit anånda
En Gårt'n unt' fpåʒiarn.

81.

Da damlångö Hanfarl,
Dö nudldikö Diarn;
Dö Öpfl' kriag'n dö Diand'ln,
Dö Buabma kriag'n dö Biarn.

82.

Damlånga Hanfl,
Nudldikö Diarn!
Geh mit miar en Gårt'n,
Schütl ma dö Biarn!
Schütlft du dö groß'n,
Schütl i dö kloan
Und wånn ma 's Sakarl vol håbmt,
So gehma wieba hoam.

2*

83.

Ei, ei, ei fâgt mein Wei, (Weib)
Knödl fol i koch'n,
Hân koan Sâlz, hân koan Schmâlz,
's Höfarl is ma broch'n.

84.

Da Baua z' Bigaun
Thuat Hâbarn ânbaun,
Hât koan Knecht, hât koan Diarn,
Muaß bö Râtz 'n Mift ausfüahrn.

85.

E da G'ftött'n is a Mött'n,
E da G'ftött'n is a Mân,
Hât an Pudl und an Hâhn;
Âba weil's dort gâr fo ziagt,
Hât da Pudl d' Strauggn kriagt;
Dâ wirdt a gânz vazâgt da Mân,
Frißt vazâgta Weis 'n Hâhn.

86.

Rupfas Gârn, harbas Gârn,
D' Wöba fand narösch worn,
Sand auf da Sâlza g'fâhrn,
Hâbmt an Strehn Gârn valorn;
D' Fifcha hâbmt nâchö g'fifcht,
Hâbmt an Strehn Gârn dawifcht.

87.

Bauan Diandl, Bauan Diandl,
Geh mit miar es Lech'n!
I trau ma nit, i trau ma nit,
Du trittft mar auf bö Zech'n.

88.

Âltö bâch Krâpf'n,
Jungö trâg auf!
's Dianarl wül tânz'n,
Spülmân mâch auf!

89.

As fiht an åltö Jungfa
En Reg'n und en Schnee,
Wås muaß mar iahr denn z' eff'n göbm?
An Zwifl und an Klee.

90.

Heidö, popeidö,
Du großkopfats Kind;
Zan årbat'n långfåm,
Zan eff'n bist g'schwind!

91.

Ådåm und Evarl
Klaubmt mit anånd' Kefarl;
Dar Ådåm bear kocht 'n Brein,
Und d' Evarl schlågt drein.

92.

Schlåf na mein Kloana, schlåf lång!
As is jå bö Muatar ausgång;
Sö is jå ausgånga, kimt båld wieda hoam,
Schlåf na mein Kloanar, und thua neama woan.

93.

Haja, popeia,
D' Fifchl schwiman en Weia;
Sö fchwimant en Weia, fö fchwimant en See;
Schlåf na mein Kloanar, as thuat da nix weh!

94.

Haja, mein Kloana, popeia!
Håt' mar an Såck vola Dreia!
Håt' mar an Såck vol Dukåtn,
So kunt' ma bö Dreia schon kråtn.

95.

Haja, popeia, i wül da wås finga,
Öpfl und Biarn, bö wül i da bringa,
Zugga und Kuach'n und Måndllearn,
Dö eff'n bö Kindarl jå går fo gearn.

96.

Haja, haja, haja,
Båch'n Kind an Eiar!
Lög a Stickarl Zugga drån,
Daß 's dås Kindarl eſſ'n kån.

97.

Da Ra= Ra= Raita,
Håt'n Sabl·ån da Seita;
Haut en Kindarl'n d' Ohrn å.
Hau eans do nit går å,
Låß ean nar a Stickarl drån,
Daß's do wieda wåchſ'n kån.

98.

Diànarl tånz nit ſo hoch!
Geht da da Staub en Kopf,
Låß'n nar auffö. gehn,
Is da Kopf eh nit ſchen!

99.

Dianarl ſei g'ſcheida,
Heirat an Schneida,
Wiardt da dein Kitarl z' eng,
Måcht a da's weita.

100.

Ringa, ringa, reia,
Dö Gåns dö gehnt en Weia;
Dö Vögarl ſand en Holabuſch,
Schrei, mein Kindarl, huſch, huſch, huſch!

Geiſtliche Lieder.

1. Der englische Gruß.

(Singweise Nr. 1.)

1.

Gegrüßt sey, Maria,
Jungfräuliche Zier,
Du bist voll der Gnaden,
Der Herr ist mit dir.
Ein ganz neue Botschaft,
Ein unerhörts Ding,
Von himmlischer Hofstatt
Dir Gabriel bringt.

2.

Was seind das für Reden,
Was soll dieses seyn,
Wer ist der da komt
In's Schlafzimmer herein?
Die Thür ist verschlossen,
Die Fenster seind zua,
Wer ist der da klopfet
Bey nächtlicher Ruah?

3.

Erschreck nit Maria,
Es gschieht dir kein Leid,
Ich bin ja ein Engel
Verkünd dir all Freud':
Du solltest empfangen
Und tragen ein Sohn,
Nach welchem verlangen
Viel tausend Jahr schon.

4.

Das kann ja nit werden,
Ich kenn' keinen Mann,
Will lieber zergehen,
Als tragen ein Sohn.
Ich hab' ja versprochen
Mein Jungfrauschaft Gott,
So rein ich geboren
Will bleib'n bis in Tod.

5.

Gott ist es ja möglich,
Auf ihme fest trau,
Daß man dich verehre
Als eine Jungfrau,
Als wie die schön Blumen
Die Farbe ergötzt,
Gott wird über dich kommen,
Du bleibst unverletzt.

6.

Wann Gott wird selbst kommen
Vom himmlischen Thron,
Ein Jungfrau zu suchen
Vor sein liebsten Sohn,
So wird er sie suchen
Im Königs Palast,
Mein Armuth und Stammen
Taugt nit solchem Gast.

7.

Der Reich ist aus Allen,
Der fragt nach kein Geld,
Dein Armuth und Stammen
Ihm also gefällt.
Thue es überlassen
Dem weisesten Gott!
„Bin ein Dienerin des Herrn,
Mir gescheh' nach dein Wort."

2. Weihnachtslieder.

1.

(Singweise Nr. 2.)

1. Auf, auf, ållö Hirt'n,
Stehts auf von den Schlåf!
Wås is denn meahr g'scheha
Heunt um Mittanåcht?
I kån's nit aussprecha,
A so thuats mi g'freu'n,
Åls wånns hålt that brinna,
A so geits an Schein.

2. Z' Bethlehem unt'n,
Jaß fålts ma schon ein,
Dort wiardt a kloans Kindlein
En Wichstål drinn seyn.
Als is a kloans Kindlein,
Doch ein großer Got,
Aus Liab zua den Menschen
Leidt ear großö Noth.

3. Jaß geh'n ma gen abö
Zan götlichen Kindt,
Und daß sein an iada
An Opfa mitbringt.
I nimm gen an Butan,
A Mehl und an Oa,
Und du nimmst a Lampl,
A Kitzl a zwoa.

4. Und wånn ma hålt einö
Zan Kindl thand gehn,
Thuats b' Hüatt glei ånehma
Und noagt's enk recht schön.
Seits eahrbår und zichtö
Und seidt's nit gå z'laut,
Fålts niedar auf b' Knia
Glei, wånns 's Kindl ånschaut's.

5. Mia thand di schen grüaß'n,
Du götliches Kindt;
Mia bitten dich ållö,
Vazeich uns dö Sündt!
Nimm ån unsar Opfa,
O liabs Jesulein,
Und ar unsa Hearz,
Dås muaß a dabey seyn.

6. O götlicher Åbglånz,
O ewigö Liab,
Leist då e da Krippm
Und zwischn zwo Thiar.
Dein liabreichö Muatta,
Und Joseph daneb'n,
Sö liab'n bi recht hearzla,
Sunst kimmbt jå Neamt zweg'n.

7. Åch, miar årmö Hiart'n,
Håb'm noch einö Bitt,
Wånn mia müass'n sterbm,
Verlåsset uns nit;
O Jesus, Maria,
St. Joseph zugleich,
Thuat uns hinbögleit'n
En's ewigö Reich.

2.

(Singweise Nr. 2.)

1. Lippei solst g'schwindt aufstehn!
Waos denn thoan?
Mi wunnascht, daß b' schlaof'n maogst.
I schlaof schon.
Geih' mit miar auf dö Weit,
Schau, waos 's fü Musö geit,
Is so liacht wia ban Taog.
Waos wa daos!

2. Dö Musö weascht schon lång.
   I hee nix.
Traog dein Pfeiff a mit dia!
   Bin schon gschickt.
D' Eng'ln thoant singar ob'n,
As is a Kindt göborn,
Wånns da Messias wa!
   Daos wa ra!

3. 's Kindt leit en ålt'n Stål.
   Mea haots g'saogt?
I håns von Engl g'heescht.
   Haost'n g'fraogt?
A Jungfrau keusch und rein,
Dö sol sein Muatta seyn.
Doscht wo da Stearn hiaz brinnt,
   Schau'n ma gschwindt.

4. Woln mar an Opfa traog'n?
   Is schon recht.
Wånns eppar a Fleisch wolt haob'n?
   Wånns oans mecht!
Is glab i volla Noth,
Und is da wåhrö Got,
Haot gao koan Windtl nit.
   Loig do nit!

5. So schen is koans göborn,
   Wia daos Kindt.
Daß's auf'n Heu muaß lieg'n,
   Is a Sündt.
I muaß gen b' Muatta fraog'n,
Wo i's nit hoam dårst traog'n,
Hiet' brån a rechtö Freudt.
   Du wast g'scheidt!

6. Wåscht's eam na fleißög auf,
   Den Kindt, den kloan!
Kimm schon amål no hear
   Und suach' enk hoam.

Wia's na von Stål heraus
Strödt seinö Handtei aus!
As wül ûns denln drân.
J bitt' di schon!

3.

1. Geh', Bruada, gschwind steh auf, lög 's Feyatåg=Gwånd ån,
As is da Welt=Heiland göboren heunt schon;
Håst nit g'heart en Engl wås ea håt vakûnd't,
Daß mia soln lauff'n auf Bethlehem gschwindt.

2. Und Jodl und Hiasl! hearts Buam ållö zwen,
Jetz woln ma gen glei za den Krippl hingehn,
Theats nit lång umschaun, fålts niedar auf b' Eardt,
Dea liabreichö Jesus is ålles wol wearth.

3. Und wia ma sand g'ståndtn ban Krippl en Öd,
Då håt glei dås Büabl sein Handt'l heag'rödt;
Ea thuat so schen schnaufn und lacha gögn uns,
Maria und Joseph theats bitt'n füar uns!

4. O götliche Muattar i hån da wås brådt,
A hålbs Stückl Leinwöt hån neama meahr ghåbt;
As is jå wol kloan, åba weiß und recht sein,
Kånst da Windtl und Pfoadl füa 's Kind åbaschnein.

4.

(Singweise Nr. 3.)

1. Still, still, still, weil's Kindlein schlafen will!
Maria thuat es niedersingen,
Ihre keusche Brust darbringen,
Still, still, still, weils Kindlein schlafen will.

2. Schlaf, schlaf, schlaf, mein liabes Kindlein, schlaf!
Die Engel thuan schön musiziren,
Bey dem Kindlein jubelliren,
Schlaf, schlaf, schlaf, mein liabes Kindlein, schlaf.

3. Groß, groß, groß, die Liab ist übergroß!
Gott hat den Himmels=Thron verlassen
Und muaß reisen auf der Strassen;
Groß, groß, groß, die Liab ist übergroß!

4. Auf, auf, auf, ihr Adams=Kinder auf!
Fallet Jesum all zu Füaßen,
Weil er für uns b' Sünd thuat büaßen,
Auf, auf, auf, ihr Adams=Kinder auf.

5. Wir, wir, wir, thun rufen all' zu Dir!
Thua uns des Himmels Reich aufschliessen,
Wenn wir einmal sterben müaßen,
Wir, wir, wir, thun rufen all zu Dir.

5.

1. Auf Buam, daschröckts nit,
Mein Dach'nt as brinnt!
Dö Naocht is sünst finsta,
J bin jå nit blindt;
As haot jå a Liacht'n
Aß wånns wa schon Taog,
J kåns nit dagründtn,
Wo's heakemman maog.

2. Hiaz schauts doscht za Bethlem,
Just aussa da Staodt,
Kraod wo hålt daos Märktvich
Sein Fuattaſtåndt haot.
Von Stål thuat healeucht'n
A Glånz und a Schein,
J wöttat as muaß doscht
A Schaoß dinna ſeyn.

3. Geihts gehma, mein loſt's na,
Waos klingt denn ſo ſchen?
An engliſchö Muſö!
Doſcht thuat oana ſtehn.

Ea fingt: „In excelsis,
Got fey Lob und Ehr,
Anheint is göboren
Meffias der Her".

4. „In Stål werdt ihr finden
Dås götliche Kindt,
Bey Ochs und bey Efel,"
Dear Eng'l valündt.
Mecht oana wol fraog'n,
I hån ma nit traut,
Daß eam Got koan böffarö
Wohnöng ausschaut!

5. Hiaz nimm i mein Ranzei,
Os geihts a mit miar,
A Henög, an Butan,
Lög i eam hålt für.
Mit enk traogt's a Kochmehl,
A Lampei, a Brod,
Damit dös kloan Kindtl
Zan Eff'n waos haot.

6. Seits åfa nit z' ung'schidt,
Und tåppts nit glei drein,
Os mechts fünst daos Büabei
Mein Dachant vaschrein;
Theats enk freundtla budn
Und ziachst bö Hüatt ao,
Åst fålts vor eam niada
Und opfaschts bö Gaob.

7. Willikomm liabsta Jefu,
Du Englschens Kindt,
Wia leist dao valåff'n
Bey Efel und Rindt;
Du schlaofst e da Kripp'm,
Wia d' Lampei en Feldt,
Iå schauts, haot koan Faschl,
So geihts auf da Weldt.

8. Hiaz nema mar Urlaub,
Got b'hüat di, liabs Kindt,
Thua ünsa gödenk'n,
Vazeich ünsa Sündt.
As freut üns von Heaschz'n,
Daß b'oamål dao bist,
Mia hiet'n üns selbm
Sünst z' helf'n nit g'wißt.

6.

(Singweise Nr. 4.)

1. Jodl sing, Maxl spring,
S' is a groß's Wundading.
Eng'l=G'sång, Musi=Klång,
Weahrt heunt' Nåcht lång.

2. Auf von Schlåf, lost's tråd zua,
Na sö geb'm gå koan Ruah;
Liab und dol, freudenvol,
Buam, mia g'fålt's wol.

3. Kam ma füa, wa ma schiar,
Off'n standt b' Himls=Thüar;
's G'sång is ra, wolt i wa
Schon dabey a.

4. J that gean sekundian,
Wånn i that a wås kriag'n,
Gloria, Juheisa!
Viktoria!

5. Gehn mar ål, za den Stål,
Z' Bethlehem unt' en Thål
Leit dås Kindt, füa dö Sündt,
Geht's Buam, last's g'schwindt.

6. Håt koan Pfoad, nix von Kload,
Miar is um's Büabl load.
Nåckat bloß, b' Költ' is groß
Jn Muatta Schooß.

7. J gieb da mein Bruſtfleck,
Gieb da 'n von Leib awed;
Deck' di zua, gieb an Ruah,
Schläf liaba Bua!

8. Wånnſt kimmſt auf deinen Thron,
Gnåd' valeich, d' Sündt' vazeich,
Dort ſchau uns gnädög ån,
Schenk' uns dein Reich.

7.

1. Wia ſteiht's, Brüaba, ſeidt's åll richtög?
Seicht's hiaß müaß ma g'ſchnel auf d' Roas.
D' Såch' is eilög und wol wichtög,
Denn 's Vaſama wa koan G'ſpoaß.
's Kindlein leit za Bethlem doſcht'n,
Naoch Englswoſcht, wias an iaba woaß.

2. Jobſt traog b' Flaut'n und dö Leya,
Woſal, du traogſt 'n Dudlſåck
Und da Lippei dö Schålmeya,
's Anna theats ålls z'ſåmm en an Såck,
Eppas müaß ma wol mitbringa,
Und kraod ſingan ſchen auf 'n Tåck.

3. Richt's na z'ſåmm dö Stimma gen,
Mia müaſſ'n föſt ſeyn, dös weaſchts vaſtehn;
Dana zoagt üns mit zwo Händt'n,
Aſt wiaſchd b' Muſö z'ſåmm wol gehn.
Reimweis an iades Woſcht ſol laut'n,
Aſt ſpricht b' Flaut'n gao ſovl ſchen.

4. Seicht's von Weit'n glånzt a Foia,
Wo nit eppar a Schaoß vabrinnt;
So is mia nia g'weiſ'n hoia,
Zimmt mi völlög mein Heaſchz vabrinnt.
Geiht's nu kraod hea, meinö Brüaba,
Schaut's ſelbm an iaba, doſcht leit 's Kindt.

5. In den Stål bey Ochs und Esel,
Ohnö Strohsaod, bloß auf 'n Heu,
Leit daos zuckasüaßö Nesel.
Wea kån's fåss'n, waos dös sey.
Einö schenö, ziarlachö Muatta,
Sånft wia Butta, steiht a dabey.

6. Muaß daos Kindlein Költ datraog'n,
Gao koan Stübei is eam b'scheaßcht!
Is daos nit a Schåndt zon saog'n,
Gao koan Mitleid für eam auf Erdt.
Is dea, dea Heilandt sol wearn,
Dao auf Er'n niz bössas weascht?

7. Brüada, g'schwindt måcht's auf en Rånz'n,
I kån nit lång dö Noth ånsehn,
Geibt's 'n Buttan hea, den gånz'n,
Und låßt's b' Lampei auf b' Füaßl stehn;
Mechtn oan nit bey den Jåmma,
Vor Reu' und Schåm b' Aug'n übagehn?

8. Heunt lust's mi neamar um's Eingan,
Liabes Kindlein, vazeich es miar,
Z' nagst wül i biar ålles bringan,
Holz und z' ess'n und 's Kuchlg'schiar.
Båldst um und um bist guat vaseich'n,
Åst wiaschb's schon g'scheich'n, åft sing' ma biar.

9. Schenstö Muatta, Jungfrau reinö,
Bitt' staot meina 's liabö Kindt,
In zwo Tag'n ich erscheine,
Ålsa hiatza roas i g'schwindt.
Måch, daß i di und daos liabö,
Heaschzögö Büabei g'sundt mea findt!

8.

(Anthering.)

1. Buama laufts, treists und schnaufts,
Nu aba sein nöt raufts!
Nåch den Stål, umt' en Thål!
Dort wiss'ns ål',
Dort leit en Kripelein
Bei Ochs und Eselein
A kloans Kindt, z'wegn da Sündt
Gehts kråd, lasts g'schwindt.

2. Buabm bleibts då, tramt eam jå
Oda ea soppt uns gå,
Hätts'n g'frågt, wea håts g'ſågt,
Dås G'schwaz håt g'måcht.
Jå wol, jå wol, tramt mia,
A Schåår Engl kam za mia;
Auf da Haid, g'wiß meind Leut',
Då håmbts ma's g'said.

3. Is' s a so, schwör a noh,
Ei so san mar ålö froh;
Rennts nu g'schwindt, wia da Windt,
Lafts zo den Kindt.
Påckts g'schwindt an Oal ein,
Mehl, Milli und Butta sein,
Nuß und Kas, söttas Gfraß;
Bua, wånn ea's aß!

4. Öpfl neun, schiab i ein,
Du a foasts Lampl sein,
Wås ma håb'mt en Gotsnåm
Als klaub'm ma z'såmm,
's Kind wiardt Messias seyn,
Trifft auf b' Prophet'n ein;
Wånn eas wa, dås wa ra
Juh heisassa!

5. Sey gegrüßt und geküßt,
Daß b' zan üns kemma bist!
Graoßa Got! pur en Noth,
Is kråd a Spot.

Daß du muaßt lieg'n ban Vieh,
Däs schmeazt wol machtö mi;
Bett dih ån, Gotes Sohn,
Uns noch vaschon.

6. Åba mein, wia mågs seyn,
Daß d' nöt bey Hof keahrst ein?
Däs wa dol, wias seyn sol,
Jå jå i wûntschat's wol.
O liabvols Schåßal mein,
Låß uns besolchen seyn;
Hiar und dort, göttlichs Wort!
Wir gehen fort.

9.

(Anthering.)

1. Steh auf liaba Nåchba und lög di g'schwindt ån
Und los kråb a wenög, wås i g'sech'n hån:
En Nåchban sein kloana Bua håt mi daschrödt,
I han mi kråb vor a Bois eascht nieda g'lögt.
Ea sågt, geh' schau aussö a mål,
Za Bethlehem brinnts unt'en Stål.

2. Åst spring' i, mein Dachant, eilög aus'n Haus
Und laf hålt auf Bethlem, ens Thål åbaus,
Då siach i hålt Eng'ln an Haufn vo sean
Und an iada bea håt e da Håndt a Latean.
Geht eppan en Himl wås å?
Und bößtwegn sand b' Eng'ln a då.

3. Åst hear i hålt singa, Bua dås Ding that schen,
Då spiß i hålt b' Ohr'n und bleib a wenk stehn.
Åst hear i a singa und pfeiff'n wol dol,
Däs thuat ma, mein Dachant, en Hearz'n recht wol,
Då denk i wås dås Ding bedeut',
Åst geht oana hea vola Freudt.

4. Ea sågt, Got da Våta håt sein Suhn heag'schickt,
Ea håt sein Suhn z' Bethlem en Stål unt' dablickt;
Leit e da Költ'n en Stål auf den Heu,
Sand zwoa graoßö Thiar, Ochs und Esel dabey.
Sein Våta steht a nebm dår,
Dö Muattar a, dås is wåhr!

5. Juheifa, Viktoria, hiaz fchrein mar ål z'fåmm,
Weil miar en Gotvåtan fein Suhn ban uns håbm;
So laf i gen nåchö, fål niedar auf b' Knia
Und nimm hålt a Lampl und a Kitzl za mia.
Und bitt'n hålt a noh recht vol,
Und daß ear uns gean håt, woaßt wol!

6. O mein liabs Kindl leift då aufn Heu,
Was thuat denn dar Ochs und dar Efel dabei?
Sö theans jå ånfchnauf'n vor Költ'n und Froft,
Wa 's nu ba mein Våtan e da Stubm, e da Koft!
Då håts ja mein Dachant guat' Tag,
Weil miar enkar Årmuath ånlag.

7. O mein liabs Kindl, fo benk uns fein drån,
Wånn ma zon fterbm fand, du woaßt as jå fchon;
Wånn uns wül da Ganggal*) ånfecht'n en Bött',
So låß eam, i bitt' di! nu b' Oberhåndt nöt.
Nimm du unfa Sell e dein Håndt,
Und füahr's mit dia hoam e dein Låndt.

8. O mein liabs Kindl, i bitt' di recht fchen,
J muaß mi beurlaubm, i muaß jå gen geh'n;
Thua fein aufs uns denka, wånn d' Sell wiardt ausfåhrn
Und paßt fcho da Ganggal mit fein långa Krågn,
Schlåg eam auf bö Prätz'n fein g'fchwindt,
Und låß unfa Sell nu nöt hint'.

2. Heilign drey Kining-Liad.
(Altenmarkt.)

1. Schau Ergei han, waos muaß denn daos feyn,
As kemmant hiatz Zigeunar en ünfa Dårf herein;
Oba fends Kråwåt'n, kenns jå nit recht,
As is a gåntza Schippl, daß b'as kam dazöhln meßt,
Sö håmbt a gfchnappögs Weif'n, a kezamachtögs Schrein,
Waos gülts, wånns ünfa Pfleiga befcht, fo füafcht a's ållö ein.

2. Håbms nit a Påckwerch, as is a rechta Graus,
Ma glabat jå, fö håmbt fchon vül Derfa plünnafcht aus.
Sö håbmt a robö Mörchn, fend bugglatö Roß,
Sö måch'nt långö Kragn, åls wiar a Frånzos.

*) ber Teufel.

Sö håmbt ja sünst en ünsan Gäu, nit söttanö Thiar,
Sö håmbt glei a Rössei, a bisweiln a drei a viar.

3. Danar is a kolschwåschza Mån dabey,
Wia da schwåschzö Toni en ünsan Kaibl=Gäu.
Ea schaut da so grausla und rabeatösch drein,
Ea muaß zon Hånnjn z' Gasting da nagstö Vötta seyn.
J fångat nit eam, mein Såz, nit Handl ån,
Gelt Bruada, du kennst jå den Wallisch'n ehndta schon.

4. Schau nu! dea Stean, dea geiht üba sö,
Ea funklt und leucht' und zoagt ean' an Weig.
Sö gehnt da, mein Dachant, auf Bethlehem zua,
Doscht leit en an Stål dinn a heaschzöga Bua.
Als hoaßt wol, as war en Gotvåtan sein Kindt,
Dear üns wiascht dales'n von ünsara Sündt.

5. Bruada, hiaz påcn's ean Pingglwerch aus,
Waos ziachn 's fü åschtlachö Såch'n heraus:
Als haot oana doscht a gånz Trüchl vol Goldt;
Bua, wånn a sö b'sinnan that und mias schenk'n wolt!
Den Weihrauch den åcht i nit, hübm eascht göstan g'racht,
Dö Mürch'n is gål hantög, und 's Maul vadörbats a.

6. Bruada, so gehn ma zqn eanar a hin
Und grüaß ma daos Kindei z' Bethlehem dinn,
Und weil ma zan geibm sünst nix send en Ståndt,
So geib'm mar en Kindei a Bußl auf d' Håndt.
Do müaß ma sein höfla und gschmeidög dabey seyn,
Sünst mecht ma 's Kindt daschrödn, åft fångats ån z'schrein.

7. O Jesu, o Jesu, gotseliges Kindt,
Du götliches Lampei, daos hinnimmt dö Sündt!
Mia bethn a no um die Gnåde dich ån,
Es reut üns von Heaschzn, waos miar Bös's gethån,
Gieb üns deinen Segen und måche zugleich,
Daß miar ållö kommen in's himlöschö Reich.

3. Hirtenlieder.

1.

(Singweise Nr. 5.)

1. Kimm Jäggl, kimm g'schwindt,
Böträcht ma dös Kindt;
Dös då e da Költ'n,
Vå Liab schia vabrinnt.

2. As wirft jå an Schein,
J büldt ma's kråb ein,
Daß dös hearzög Kindl
Ganz foirög muaß seyn.

3. As leit auf den Heu,
Js koan Nårabey;
Wås måcht denn dar Ochs
Und dar Esel dabey?

4. So vül åls i siech,
So wül hålt dås Viech,
Eam nu dawarma,
Daß'n nit froißt so schiech.

5. Mein Hiasl da Fråtz,
Wa nix gög'n den Schåtz,
Und wånn's 'n thuat frois'n,
So schreit a wiar a Kåtz.

6. Dås hearzögö Kindt,
En Költ'n und Windt,
Muaß sö dawarma
Bey Esel und Rindt.

7. A stoanålta Mån,
Dea kniat dort vorån,
Dö Jungfrau vülleicht,
A b' Muatta seyn kån.

8. Mein, sågt's mar ös Leut',
Wås dös Ding bedeut',
Daß ös enka Kindl
En's Krippl håbt's leit?

9. Håbt's ös denn koan Wiag'n
Füas Kind kinna kriag'n,
Warum theat's denn nit
E d' Stådt einhö ziag'n?

10. Beyn guldanan Stean,
Dort håt ma b' Leut' gean,
Wo sünsten dö Füaſt'n
Und Gråf'n einkean.

11. As kunnt a wol seyn,
Daß hiaz ban Månschein
Za' Bethlehem enk
Neama låſſ'n håmbt ein.

12. Vülleicht sand vül Göſt
Ban Wiarth schon dort g'wöſt,
Daß 's håbt's koan Hörberg
Bekemma-auf b' Löſt.

13. Mein, sågt's ma hiaz g'schwindt,
Wear is denn dås Kindt,
Daß i 's kråd en schlecht'n
Schåfſtål då findt?

14. As kimt mia za Ohr'n,
Heunt sey ea gebor'n,
Dear åles wiardt suach'n,
Wås mia håbm valor'n.

15. A g'flüglata Bua,
Dea liaf auf mi zua
Und sågt, mia soln
Fluggs auf aus da Ruah.

16. Got leit då en Stål,
Damit ear üns ål
Kån wiedar aufhöb'm
Von Ådåm sein Fål.

17. Wånn dös unsa Hear,
Wås wol' ma denn mear,
Kimm Jåggl, mia woln
Eam gebm dö Eahr.

18. Fållt's niedar auf b' Eardt,
Ear is 's jå wol wearth,
Daß 'n da Himl
Und b' Earn vareahrt.

19. Und weil 's so ist,
Sey g'lobt Jesu Christ,
In Ewigkeit Åm'n,
Du güatög jå bist.

20. I bitt di, mein Hearr,
Wånn's solt eppa wer'n,
Låß mia mein kloan Hiasl
En Blåttan nit sterb'n.

2.

(Singweise Nr. 6.)

1. Brüabar auf und schaut's, Brüabar auf und lauft's,
As is a Schein doscht unt' ban Stål,
Waos muaß daos seyn heunt auf amål,
Just um Mittanaocht so spåt.

2. Jå Hiascht'n, nu g'schwindt an Opfa mitbringt,
Daos Jesukindt is heunt gebor'n,
Auf baß mia Sündta nit valor'n,
As leit auf 'n Stroh vol Noth.

3. A Jungfrau dabey, sie dianet ihm treu,
An Ochs und Esel send a dabey.
A Zimmamån von ünsan Gåu,
Wiascht da Båda seyn von Kloan.

4. As kimmt hiaz bö Zeit, sie wår prophezeit,
Auf dia Messias kommen wird.
Ear öffnet üns bö Himlsthür,
Jesus heißt sein Nåhm, beth's 'n ån.

5. An Engl schen singt, daos Gloria vakûnd't,
Dea Friede sey mit euch!
Beth's Christen zu den Himlreich,
Ear is ûnsa Got en Tod.

4. Weihnachtslied in St. Veit.

(Singweise Nr. 7.)

1. Hol mi da Pünggl, waos g'schicht denn mea hoia!
Draht si denn d' Welt um, wiaschd 's Taog ba da Naocht?
Jausas! du Stoffei, is daos nit a Foia,
Hâbm's denn en Himl dö Sunnawendt=Naocht?
Is âlls en Reth'n, daos gânz Firmament,
Hâb'mt sö g'wiß d' Eng'ln dö Haor auffö brennt.

2. Saffra, mein Oableng, du haost as baraoth'n,
Schau traob den Eng'l ân, dau st wiar a schreit;
Hâmbt eam dö Zott'n und 's G'nack âls vabraot'n,
Und âls a G'söngtar auf d' Welt âha teit.
Âsa da tauf'nd, ea singt wolta schen,
Buam lost's traob, seidts stat, i mecht 'n vastehn.

3. Eahret Got jaogta, zoagt en Himl weit auffö,
Mâcht mit'n Fingar an emög'n Kroas,
I glab, ea woaß 'n Weig z'ruck nit auffö,
Mia wissnan a nit, hiaz geiht's üns mein Oas!
Eng'l, i bitt' di schen, saog üns 'n traob ân,
Thua üns vadeutsch'n, wia hoaßt denn dein G'sâng?

4. Jâ ihr liab'm Hirten, âll's Glück soll euch werdten.
Euch is der Heilandt der Welt heunt gebor'n,
Seid guaten Willens und fröhlich auf Erdten,
Ihr seidt zum höchsten Glück âll erkor'n.
Eilet nâch Bethlem! In Stâl werdt's ihr seh'n,
Daß, was i g'sâgt hâb, auf's Haarl is g'schehn.

5. Ei, ei, du Saggra, tânst 's Maul oan wol mâcha,
Gelt ob'm en Himl, doscht loapp'ns bi nit,
Bist wol a harbar, a saggröscha Sprecha,
Âsa bist sicha, mia glab'm da's a nit.
Wuscht sö g'wiß Got nit'n Roasa z'eascht zoag'n,
Pâck di, sünst is da Steck'n dein oag'n.

6. Rüappei, du Stocknår, du megt'st di vasündt'n,
Moanst denn dar Engl loigt a åls wia du!
Eh' daß i's nit glabat, eh' liaß i mi schindt'n,
Is bös da Dånk, daß d' eam Schlög ånsoalst, guh!
Maog denn nit Got wiar a wül mit üns thoan,
I brauch koan Koasar, i suach ma'n alloan.

7. Na Buam, Got wiaschd ma 's nit roat'n,
Bitt enk durch Gots-Wüln, låßt's mi do nit hint',
Theat's ma kraod dösmål an Aug'nblick no boat'n,
I påd mein Sachl g'schwindt z'såmm, waos i findt.
Wia ma banånda send, geh'n mar åll fort,
Aus lauta Liabe zan göttlichen Wort.

———

Weltliche Lieder.

I. Lieder über den Bauernstand.

1. Da Bauar und dö Bäuaren.

(Singweise Nr. 8.)

Saogt da Baua: woaß i gao koan Sin,
Send bö Buabm, saogt a, scho mear åll dahin,
Ünsa Suhn is a dabey, as is a Sauarei,
Bål a hoamkimmt, åft'n streich ih'n glei.

Saogt dö Bäuren: daß d' so b'sunna bist,
Wiascht wol selbm wiss'n, wia da gweis'n ist,
Sö send auf da Weit und håb'mt wol a a Schneidt,
Weant wol hoama kemman, wånn's sö's g'freut.

2. Dö Bäuaren und dö Diarn.

(Singweise Nr. 9.)

Bäuaren: Han Diarn, z'wö maogst so machtög seyn,
Bist kraod an årms Kindt,
Schau bulb't da's nu kraod selbm ein,
Dö Hochfåscht is jå Sündt.
Du geihst dahear en Såmat und Seid'n,
Dös bringt da jå kraod Spot,
Dein Muatta muaß oft Hunga leid'n,
Haot kam an Biss'n Brod.

Diarn: Jå, Bäuren, du rödtst wolta g'scheidt,
Dös hån i schon dalost;
Schau, wånn mein Muatta Hunga leid't,
Vaschåf iahr du a Kost.

Mein G'wandtl zimmt di gao vûl z' ra,
Du dårfft ma 's jå nit zåhln,
I wött, wånn i dein Tochta wa,
Du liaß'st da's namla g'fåln.

Bäuaren: Waos braucht a so a Kuahstål=Mensch
Costrin, Kårsett und Stoff,
Du haost hålt koan Vastånd en Hiarn,
So wenk als Haus und Hof.
Gao schen, wånn du guat' Boscht'n traogst,
Als wiar a Gavaliar,
Und wånn du neama weita maogst,
Faoscht umma en Quatiar.

Diarn: Jå, Bäuren, du rödtst wolta vûl,
Und kennst di do z'wenk aus,
Wo thuat ma denn dö Bauan hin,
Wånn oana kimmt von Haus?
's Quatiar daos haot koan Når aufbraocht,
G'hescht netta nit fû mi,
Wånn i 's böträcht und Rechneng måch,
Kån's treff'n a wol di.

Bäuaren: Han, Diarn, du rödtst a wolta g'scheidt,
I hån ma schon g'nuag g'hescht.
En Pracht'n maog da koanö ån,
Sünst bist koan Toifl wescht.
En Kuahstål, dao bist du stinkfaul,
Dö Kûah send rippmdûar,
Und wa schia Noth, i hialt da 's Maul,
Du machtög's Murm'lthiar.

Diarn: Åst kimmt daos Ding von Kuahstal hear,
Hiaß måhnst mi netta drån,
Daß beinö Nud'l send so spear
Und niar a Schmålz is drån;
Hån oft ma 's denkt, wea d' Milli frißt,
Dö Kåtz'n oba d' Hundt,
Daß b' Supp'm oft so waff'rög ist,
Daß i s' kam schlûndt'n kunnt.

Bäuaren: O du mein Diarn schau, denk nu dran,
Du wiascht as schon dafraog'n,
As schickt sö no gao wunna rar,
Daß du nix meahr haost z'naog'n;
Und kimmst ma fü mein Haustbü hear,
Äft treib i earscht mein G'spött,
Saog meinö Nub'l send vül z'spear,
Geih' fuscht, sö taug'n da nöt.

Diarn: Han, Bäuren, du wiascht wolta köd,
Daos saog i dia schon b'stimmt.
As geiht nit netta wia ma moant,
As is nu kraod wias kimmt.
Dös Bößt, waos hält i hialt dafü,
Mia kemman fünst vül z'weit,
As köscht an iab's vo seina Thü,
Daß 's übräll sauba bleibt.

Bäuaren: A so geiht's hiatz auf dera Welt,
Dao kän ma's glei dafraog'n,
Wännst oan wülst geib'm a guatö Leahr',
Känst glei an Schnäbl haob'n.
D'rum geiht daos Endt' da Welt dahear,
Daos büldt i mia wol ein,
Wännst oan wülst geib'm a guatö Leahr',
Muaßt du da schlechta seyn.

Diarn: Dein' Leahr, mein Bäuren, denk nu dran,
Dö wiascht dia selbm no taug'n,
Wendt's kraod auf beinö Techtar än,
Du därsst ma's sicha glaub'n;
Sö gehnt jä schon so g'schaftög hear,
An iabn g'sölt's schen G'wåndt
Weit bössar åls bö Kindaleahr,
Weil 's schon åll Hochfåscht håmbt.

3. Da Branbtwein.

Hoia haot ban üns a da Branbtwein wol kraot'n.
Z wüntschat ma nix åls a tauf'nb Dukaot'n,
Åst geang i glei heunt no ex's luftögö Loh,
Unb wia meahr åls i fuff, wia meahr mecht i noh.

Da himlöfchö Baoba müaßt felbm oft låch'n,
Waos b' Leut' oft ban Brånbtwein fü Hanbl thoant måch'n,
Sö thoant bisturiarn, unb Kriag bazua füahr'n,
Z'löft thoant 's ba da Zech fö a no kloan z' kriag'n.

Ban earfcht'n Glafl is's åls mäuslftül,
Weil kraob mit oan Glafl neambt aufhee'n no wül;
Ban zwept'n wearn's aufg'lögt, ban britt'n bisturiarn,
Ban viafcht'n fchlaogn's brein, baß b' Haor bavon fliag'n.

4. 's Pinzgara Sumberga-Bäual.

(Singweife Nr. 7.)

1. Bin a ftinknothögs Sumberga=Bäual,
Woaß oft nit, wo aus unb wo ein;
As måcht mi baos Ding hålt oft z' tråcht'n,
Da Toifl mecht hiaz Baua fein!
Geit ållweil bö fchlechtöft'n Zeit'n,
Wia mecht's benn åft Dana baleib'n?
Wiafchb ållweil no greßa bö Schulbt,
As mecht Dan vagehn bö Göbulbt.

2. Mein Häufl fteiht ob'm auf da Leit'n,
Bin weita nit ficha babey,
Ob's mar eppa nit åha thuat reit'n,
Spreiß'n haot's wol a zwo, a brey.
Da Daochftuahl is bunbt'n mit Strick'n,
En Ofn that a fchon noth flick'n;
Dös Daoch unb bös bauchat a Wåfcht,
Denn b' Trupf'n gehnt hea, baß's frei påfcht.

3. Weana=Ruabm, unb Rona unb Rabö,
Daos is mein böftanbögö Koft,
As hülft nit gao feinbla fü Hunga,
As rump'lt an Bauch, baß 's frei toft.

Dö Årbat, dö laßt mi schen grüaß'n,
Sö leit jå gånz dick bey mein Füaß'n;
Und weil dö Kost a so schleicht ist,
Dårf Oana nit klaog'n umasist.

4. Kneicht hån i a wol an wenöng,
Wa ma weit nütza hiat koan,
Vadeant ma dö gånz Woch' koan Pfenöng,
Thuat nix åls um's Haus ummaloan.
Sein G'schpån is a stinkfauls Mandl,
Haot allweil mit'n Nåpföz'n Handl;
Z'morgnst dao röckt a sö aus,
Aft geiht a schen güatla von Haus.

5. Dö Diarna send grundlosö Trûma,
I mecht ean traod b' Hax'n aoschlaog'n;
Sö theant dö gånz Zeit nix åls spinna,
Z' Liachtmöss'n warn's denna brav dao.
Sö gengant mar oft üba b' Anzn,
Und theant mar an Kneicht nix åls traz'n,
Sö hålt'n ma'n ållöweil auf,
Und ea richtat a so nit vül aus.

6. Mein Weib is ar å sö g'sot'n,
As kimmt ma recht wunnala fû,
Dö schlechtöst'n Leut' hånö ållö,
Koan nutz's geiht nit ein ba da Thü.
Z' morgnst, dao thuat sei lång schlåf'n,
Wånn's aufsteiht, haot's ållweil waos z'schåff'n;
Und wånn i nit ållweil gieb naoch,
So is a glei 's Foiar en Daoch.

5. Das Untberga-Bäual.
(Singweise wie vorher.)

1. Bin a kloan vakeschts Untberga Bäual
Und hån a kloans Häusl dazua,
Mein Feld is a Låck' und a Weiha,
Mein Vich is a Goas und a Kuah,
Mein Weib haot a fünf a söchs Ant'n,
Droi Henna und gaor an schen Håhn,
Aft mög'n mar üns ållf zwo g'wandt'n,
Bleibt no eppas üba davon.

2. Mein Häusl is vorån schen ång'måln,
Von Bob'n auf is 's hülza woast wol,
Hint umma is 's übaråll eing'fåln,
Da Füscht is auf hålb einhö hol.
Ban Thůnan dao thuat's åll's z'såmmbrechn,
Doscht theama dö Breita füloan,
E da Böttstaot theant b' Wånß'n umkriachn,
Wånnst schlaofn geihst, beißen's auf oan.

3. Ban Fenstal, dao thua i niß seich'n,
Ban hell liacht'n Taog is 's a Gnett;
Amål is a Wolk'nbruch g'scheich'n,
Dao haot's ma daos großö valett.
Dös kloanö, thua i mi nit sopp'm,
Daos is guat vamåcht mit an Breit,
Doscht thoan ma bö Hutt'n füschopp'm,
Weil üns sinst da Windt einha geiht.

4. Koan Lab dårf i a neama rech'n,
Und brauchat a Stra fü mein Kuah,
Müat mar eh no mein Häusl aobrech'n,
Eh' daß 's mar an Wåld geib'm dazua.
Wånn oamål da Toifl that kemman;
Gang's nåcha kraod zua wia da wöll;
Dao solt ea mi a glei mitnehman,
Wånn ea bringt bö ånnan e b' Höll.

5. Koan Holß hån i a nit zan brennan,
Und is nit da Winta vobey,
Dårf ma ninnascht koans hack'n, koans nehman,
Da Wåldkneicht, dea straofat mi glei.
Dös Stehl'n is auf's schörföst vaboth'n,
Waos solt i hiaß fånga no ån?
Hån ohnö Holß Erdlöpfl g'sot'n,
Hiaß geiht ma koan Schöl nit davon.

6. Koan Taxn dårf i a neama schnoadtn,
Dao kam glei da Föschtna eys Haus,
Ea that nit lång meß'n und roat'n,
Ea saogt glei: söchs Guldn måcht's aus.

Und wånn i gang z' Weihnåcht'n singan,
Eß Boarn oda gao hin ens Schwaob'm,
So wißat i nit so vil z' gwingan,
Wůl liaba koan Taxn nit haob'm.

7. Mein Rock bear is a schon kloan z'riss'n,
As hångant frey b' Flånggn davon,
Dö Tåsch'n håb'mt b' Mäus aussa biss'n,
Koan Knopf is schon lång koana drån.
Da Hos'n that a wol noth flickn,
As haobt ma fåst neamar en Leib;
Dö Krax is z'såmmbundtn mit Strick'n,
A so hauf' ma z'såmm i und 's Weib.

8. Da Kneicht und bö Diarn håb'mt oan Kåmma,
Ban oana Thů můaßn's aus und ein gehn,
Und 's Böttg'wåndt is z'såmmg'flickt anånna,
Dö Golta send schmål und nit schen.
Untan Goltan en Strohsåck send b' Råß'n,
Dö Mäus håb'mt sechzg Nesta daneib'm,
I woaß 's nit håb'mt Kneicht und Diarn Fråß'n,
Oda måcht kraob 's Unziefa den Lärm.

9. Von Schuldnan dao wůl i nix saog'n,
Bin schuldög, hån einz'bringar a,
Und wånn i's thua recht übaschlaog'n,
So wiascht's ma hålt becht schiag'r z'schwa.
Dö Stoiarn treibn's åll Månath oanö,
Åst kemmant auf's Biaschtljaohr drey,
Send ållmål zwo groß und a kloanö,
Da Beyschlaog is a no dabey.

10. Hån g'moant i wůl 's Häusl valaff'n,
Und wůl ma vaschåff'n an Ruah,
Haot sö 's Weib wieda sov'l dalaff'n
Und geit iahrö Kreußal dazua.
Z'löst kam's ma gen båld üba b' Hos'n,
Sei wolt åls regiarn en Haus,
Und wånn i auf's Weib můat auslos'n,
Eih jaogat i's becht ban Loch aus.

6. Da Betel=Berga.

(Zu St. Johann im Pongau. Singweise Nr. 31.)

1. Schaut's en Betl=Berg hin,
Wia's nit so truck'n is,
Wássa geit's gao vúl zwenk
Kraod glei sü's Bich.
Davon oamål trink'n,
Daos måchat oan 's Zwid'n;
Stock=Når'n, d'rum geiht's mit mia
Und trinkt's a Bia.

2. Daos Spúl'n und 's Rauf'n
Send meinö Freud'n nit,
Und mit mein Moscht'n
Bögeahr is nit.
Nit spúl'n, nit rauf'n,
Weit liabar sauf'n,
Blåbö Aug'n stehn nit guat,
Unta mein Huat.

3. Schaotzgraob'm hånö ah a Weil,
Hån nix dahaust dabey,
Måcht ma mein Heajchz so schwa,
Dö Schererey.
Da Rock is kloan z'riss'n,
Z' ess'n koan Biss'n,
Sinst hånö nix davon,
's Stoantraog'n zon Lohn.

4. Hån wolln amål Priasta wean,
Daß 's ma brav Geldt trůag ein,
Daß i brav trink'n kunnt
Biar und an Wein;
Åsa zua Zeit'n
Haot's waos z' bödeut'n,
I röd weita nix davon,
Baßteiht's mi schon.

7. Glückwuntſch bei a Bauanhohzat.

(Singweiſe Nr. 11.)

1. Diandl haoſt g'heuröth', i wüntſch da vül Glück,
Daß b' as åls brauchn tånſt, waos da Got ſchickt:
Da Schoba zwen Meß'n, a Kaibl, a Kuah,
A Henn und brav Heanl dazua.

2. Diandl haoſt g'heuröth', von da Welt biſt hiaz weick,
As dårf di nit roin, is koan Schaod um den Dreick,
Aufſtehn dårfſt a nit den Buaman aufthoan,
Schlaof'n dårfſt a nit alloan.

8. 's Henna-Liad.

1. Waos her i ban Deixl meahr floban,
Geih' Baua, geih' laf nit kraod g'ſchwindt,
Geih' weita, thua nit a ſo loban,
Moanſt eppan, as geiht kraod da Windt!
Geih' nu amål weita ban Sackl,
Ban Nåchban ſchreinds ållweil ho! ho!
Geih', ſchmeiß na glei weida dein Hackl,
Is g'wiß meahr da Fuchs wieda dao.

2. Da Baua dea geiht hålt nit weita,
Ea ſaogt, ea muaß Schindtl håck'n,
Und wånn a waos Guats woaß, ſo eilt a,
Hiaz wül a ſo gao nit påck'n.
Aſt geiht a do auſſö en Gåſcht'n
Und gang a wenk åhö no baoß.
Da Fuchs åfa that eam nit wåſcht'n,
Aſt ſchnölt a hålt hear auf'n Aoſch.

3. Mein Bäuren, hiaz is's hålt ſchon g'ſcheichn,
Hiaz haot a'n ſchon dein roth'n Håh'n,
So bålb ea mi åfa haot g'ſeichn,
Aſt is a glei aus und davon.
Du tauf'nd! zwö geihſt benn nit weita,
Is Schaod, ea håt gao ſo ſchen kraht;
Hiat a Di liaba g'freſſ'n wa g'ſcheidta,
J hiat mi b'rum nit a ſo kraht.

4. Dö Henna, dö Gäns und dö Ant'n,
Dö hiat banand g'haobß so dol;
niaß! Da Mån is do gao za nix z' brauchn,
Ea schaut hålt nit nachö, woaßt wol.
Da Fuchs thuat schiag'r ållö Taog kemman,
As is jå mein Loab schiag'r aus,
Ea thuat üns daos Obahapp nehman,
Koan Dar und koan Geldt les i d'raus.

9. Dä Bauan-Knecht.

1. Bin koan Baua, bin glei a Knecht,
Und b' Årbat freut mi a nit recht.
Bin schon ålt und bin aog'schlaog'n
Und auf 'n Röban geiht da Waog'n. —
I bin jå koan Baua, i bin glei a Knecht,
Wånn mi b' Årbat recht freuat, so warö schon recht.

2. I wüntsch'n Bauan an guat'n Moröng,
Um's Aufstehn därf ear a nit soröng,
I bin en ålla Früah ban Zoig,
Um siemö, daß i g'wiß nit loig.
I bin jå koan Baua, i bin glei a Knecht,
Wånn i liabar aufstandt, so warö schon recht.

3. I wüntsch'n Bauan an guat'n Taog,
I årbat suscht, so lång i maog;
I stöck' n Pfluag erj b' Edarn hinein,
Wia solt's denn åst no ånnascht seyn.
Waos a greisl mügla is, wear i wol thoan,
Wånn i koan Furch nit måch, måch i an Roan.

4. Ünsa Bäuren is wolta stolß,
Vabrennt üns gaor a weis'n Holß,
Sei haot üns 's Koch und 's Muas vabrennt,
Und b' Supp'm haot oft gao neambt kennt.
Bäuren, i saog da's, a so muaßt nit thoan,
Wånn bö ånnan åll gehnt, bleib i a nit alloan.

5. Hiaß muaß i ent gen no oans saog'n,
As haot schon hålbö zwölfö g'schlaog'n;
Bäuren, då solst koch'n gehn,
Koan Mittaog thuat a nit schen.

Bauren, wånnſt loch'n geihſt, loch a wenk foaſt,
Sünſt årbat i gao koan Stroach, daß b'as kraob woaſt.

6. Hiaz geiht's üns wieba wolta ſpea,
Wo nehm' ma benn an Untarn hea;
Göſtan is nix übablieb'm,
's Koch'n haot ſö gaor aufg'rieb'm.
Wånn bö Bäuren ba Puß vazög, wa's jå nit Schaob,
Is a neiböga Toiſl, haot gao nia nix raoth.

7. Baua måch bo oamål Schicht,
Daos einchö ſtiern, baos åcht i nit,
J hån ſchon g'årbat waos i maog,
A ſo måchſt bu mi freyla zaog.
Wånnſt bu ma nit Schicht geiſt, ſo geih i bavon,
Wånn i bis en b' Naocht årbat, hånö a nit mea Lohn.

8. J wüntſch 'n Bauan a guatö Naocht,
Da Taog wa glückla ummabraocht;
Schlaof hiaz bu ban Weib mit Ruah,
Unb i bleib no a friſcha Bua.
Gutö Naocht Baua, heunt bin i bahi,
Wånnſt ſchaun kimmſt auf b' Naocht, kån i a nit bafü.

9. Hiaz geiht's üns wieba wolta len,
J muaß hålt 's Libl b'ſchließ'n gen.
Da Kneicht, bea haot an groß'n Lohn,
Unb i maog ſchiag'r neama brån.
Unb eih baß i an Kneicht no tålt, kialt i 's lar Haus,
Reit mit meinar Åltn en Graob'm bao abaus.

10. Da Bauanſoppa.

1. 's Baua ſeyn, baos is mein Leib'm,
's Baua ſeyn, baos is mein Freub;
Sibar mias haot mein Vaoba geib'm,
Sibar binö ållweil vol Schneib.
Da Vaoba, bear is ſchon lång g'ſtårb'm,
Auf b' Muaßa, bao los i nit auf.
A friſcha Bua is nia vabårb'm,
An löbögna hub.'lts nit auf.

2. Seyn thua i a mittana Baua,
Mein Leichn is ännaschthålb Guat;
J schau drein bös gånz Jaohr nia saua,
Bin ållweil treuzlustög guats Muath.
An Schlaof hånö a wol an stårch'n,
J brah mi kam b' Naocht amål um;
Z' Mårg'ns hear i en Rûahrtübl schnårch'n,
Sö treib'mt sovl lång um anb um.

3. Wånn's mi zon Fruahstud thanb wöd'n,
Åft rûahr i hålt freila toan Ohr,
Thua en Kopf ünta b' Hüll einchö stöd'n
Unb dent ma recht tålt is's heavor.
Aufstehn thua i ållweil um siebmi,
Unb is's nåcha Taog oba nit,
Wånn 's Muas auf'n Heaschö steiht, baos nimm i,
Koch iz i oanaweig's nit.

4. 's Schmålz is en Wåssatrog binna,
A Brod'n wiar a woltanö Faust,
Streich i ma's auf's Brob a went binna,
Unb iz åft so lång bis ma graust.
Kûah hånö an åcht oba neunö,
Unb oft gaor a zöchnö wol a;
Unb oanö is sovl a feinö,
Js glei gaor a neun Zent'n schwa.

5. Åll Jaohr hånö oanö z' vawendt'n,
Åft triag i glei wiebar a Geldt,
Daos tålt i ålls e mein Händt'n,
Åft maog i mi rûahr'n e ba Welt.
's Schmålz gieb i hea naoch bö Zent'n,
As måcht ma hålt wenöga G'schea,
As bleibt ma toans bid'n en Händt'n,
Ban Dånchöweig'n wiaschts a nit mea.

6. Dö Kasloab tån i nit åll ess'n,
Sö senb sovl did unb recht broab;
As thuat oana zwen Schuach wol leicht mess'n,
As wuschl oana mit oan gao nit pfroab.

En Troab kån i a nit åll'n brauch'n,
J vakaf oft a zwoanzg Schaffl a;
Als that mar en Bod'n aussö tauch'n,
Dö so groß'n Truchna send schwa.

7. Und 's Geldt, daos thua i vaftöck'n,
Daß 's wol koan Toisl nit kundt;
A Doip kån's a nit dajchmöck'n,
J hån's sovl damösch weit unt.
Årbat hånö a koanö z' jcheuch'n,
Dao ftöll i ma Deanftboth'n ån;
Werchzoig dårf i a koan entleich'n,
Weil i jå wol selbm g'nuag hån.

8. J bin a koan extara Schindta,
J mecht nit so zussarösch sepn;
Früah Schicht låß i Summar und Winta,
Und aufftehn um sözö ållweil.
Dö Koft is a wieda recht laut,
Mia håb'm ållweil Muas e da Früah,
Z' Mittaog håb'mar a wieda Speickraut,
Und zon Nud'ln a schmålzögö Brúah.

9. Auf'n Aob'nd if's wol a wenk minda,
Send Knödl oda Kråpfn da Brauch;
Und schlaof'n thuat oana vúl g'sünda,
Wånn oana nit z' vúl haot en Bauch.
Dans wúlö a no gean seich'n,
Muaß schau'n wia 's Heuröth'n thuat,
A mål muaß 's hålt dennajcht wol g'scheich'n,
Standt gean a wenk ånnajcht dazua.

10. Und heuröth'n muaß i wol denna,
Als soal'n sö jå sovl vúl ån;
An iad's saogt, i bin dö schena,
Geih låß kraob von mia nit davon.
Heunt is ma meahr oanö bökemman,
Dö höbt schon von Weit'n ån z' schrei'n:
Wånnst heuröth'st, so thua mi fein nehman,
Als mecht da koanö liaba nit sepn.

11. J thua dar åll's, waos b' ma thuaſt ſchåffn,
Waos i diar en Augnan ſiech ån;
J geih ållö Naocht mit diar ſchlåfn,
Und gieb dar a Åll's waos i hån.
Åſa neibm hin thuat's mi recht ſchröckn,
Und neibm hin wieda recht freun;
Dö Weibaleut thoant ſovl ſchmöckn,
Wånn i müat dabey ållöweil ſeyn.

12. Waos that i mit Weib und mit Kinna,
Da Hånd'l dea måchat ma z'thoan,
J thua mi ſchon ånnaſcht gen b'ſinna,
Und bleib gen traob wol glei alloan.
Und wånn mi da Pfleiga thuat fraog'n,
Waos i mit mein Leich'n no thua,
Åſt thua i eam b' Wåhrhat glei ſaog'n:
„Båld i ſtirb, ſpörö um and um zua".

13. Den Schlüß'l thua i mit mia nehman,
St. Petrus dea kålt ma'n guat auf;
Wånn i maog, wear i glei wieda kemman,
Und hauf' auf a Nois böſſa drauf.
Daos Baua ſeyn, daos is dös Böſt,
J tauſchat mit koan ånnarn Ståndt;
A Håndtwerch, daos lernatö z'löſt,
J hiat a zwenk heröſchö Håndt.

11. Dö Bauan en Elixhauſn.

(Singweiſe Nr. 12.)

Und en Elixhauſn,
Då is's gå zon grauſ'n,
Eſſen's e da Fruah,
Z' Mittåg und zon Jauſn;
Um a hålbö neunö,
Sößn's b' Milli einö,
So geht's zua, ſågta,
Bis e b' Fruah.

12. Da Früahleng en Gebirg.

1. Buam seib's brav lustög und wohlauf!
Hiaz kimmt dö schenstö Zeit;
As gehnt a schon dö Feldar auf,
Miar is's mein greßtö Freud.
Dö Bögl fangan 's pfeifn ån,
Sö pfeifn schon en Thål,
Kimmt ån dö schenö Früahlengszeit,
So heescht ma's überål.

2. Da Ziachmaoda singt a schon lång,
Ea geit a gao koan Ruah;
Ea stimmt schon ållö Bögl z'såmm,
Da Gugg schreit a dazua.
Wia liabla is daos Wåchtlg'sång,
Dös heescht ma bey da Nåcht,
Mia gruslt's jå frey um and um,
Mein Heaschz vo Freud traod låcht.

3. Sö düngant schon dö Feldar ån,
Dö Frücht dö pflånzen's ein;
Dö Bam dö wearnt mit Lab schon grean,
Waos kunnt denn schena seyn.
Da Schildthåhn fångt zon pålzn ån,
Ea pålzt en greanen Wåldt,
As fångt schon åll's zon wåchs'n ån,
Åll's is en schensta G'stålt.

4. Da Roßkneicht richt' en Bauzoig hea,
Da Moarkneicht a sein Pfluag;
Dö Hauna send schon åll beysåmm,
As send jå eana gnuag.
Da Baua strat'n Såmen aus,
Den ea wollt füahrn ein;
Wånn schaodt koan Schauar oda Reif,
Wiaschö ea wol glückla seyn.

5. Dö Ruah dö treibm's auf 's Håbafeld,
As·is jå schon dö Zeit,
Sö springant jå wol hin und hea
Bo lauta Lust und Freudt.

Dö Wiesn wearnt mit Graos bökleib't,
Mit ållen schenen Bloam,
Daos Viech treibt mån auf b' greanö Heib,
Ma laßt jå koans dahoam.

6. Dö Senden påckt iahr G'wandtl z'såmm,
Sö faoscht mit Lust auf b' Ålm;
Sö hångt da Kuah bö Gloggnar ån,
Ma heescht's vo Weit'n schåll'n.
Dö Bäuren haot iahr nåchö g'schrien
Und wüntscht iahr Glück dazua:
„Baricht åll Taog dein g'wiß Gebeith
Und leib en stilla Ruah.“

7. Dö Senden haot an frischn Muath,
Sö faoscht alloan auf b' Ålm;
Sö haot iahr Viech schon åll's beisåmm,
Dö Küah und a bö Kålbm.
Dö Bäuren schåfft iahr 's Beth'n ån,
Daos geiht iahr nit recht ein,
Und wånn åmal da Bua heakimmt,
So muaß ma lustög sehn.

8. Daos Weta wa jå wunnaschen,
Da Bua måcht sö auf b' Roas;
Ea wül zo seina Senden geh'n,
Dö ea wol z'findtn woas.
Sein Stußei nahm ear üntan Rock
Und geang wol auf en Wåld,
Und waos sein greßt's Valånga war,
An Gambsbock schoißt a båld.

9. Sobåld da Bua hinkimmt auf b' Ålm,
Sicht ea glei b' Hütt'n stehn,
Dö Glock'n heescht ear a schon schåll'n,
Dö singt schon wunnaschen.
Den Buam is wol sein Heaschz vol Freud,
Schreit Jui und Hui dazua,
Und åst denkt iahr bö Sendaren,
Heunt kimmt a frischa Bua.

10. Sobåld da Bua e b' Hütt'n kamm,
Da Senden wa 's iahr Freudt;
Sö dazöhlt eam glei dö G'schicht,
Wol vülz' a långö Zeit.
Sö haot'n g'schwindt en Kåst'n g'fuascht
Und haot gao freunbla thån,
Sö sötzt eam glei an Buttan fü
Und strat eam Zucka drån.

13. 's Mandl und 's Weibl.

1. 's Mandl håt a Häusl kaft,
    Huppa ha he!
Is koan Schindtl auf'n Dåch,
    Dil dum dei de.

2. 's Weibl wül e b' Ståbt åft gehn,
    Huppa ha he!
's Mandl wül a mit gehn,
    Dil dum dei de!

3. 's Mandl muaß dahoama bleib'm,
    Huppa ha he!
Schüssl und Dalla reib'm,
    Dil dum dei de!

4. Wia 's Weib vo da Ståbt hoam kimmt,
    Huppa ha he!
Frågt's um bö Henna g'schwindt,
    Dil dum dei de!

5. Liab's Weib i kån's nit såg'n,
    Huppa ha he!
Wearnd wol en Stål seyn drobm,
    Dil dum dei de!

6. 's Weib nimmt en Henna=Drog,
    Huppa ha he!
Schlågt'n en Mån umman Kopf,
    Dil dum dei de!

7. 's Mandl springt üban Gåban aus,
    Huppa ha he!
Ummö ens Nåchban=Haus,
    Dil dum dei de!

8. Nåchba, wås wülst hiaz såg'n,
    Huppa ha he!
Hiaz håt' mi båld 's Weib daschlåg'n,
    Dil dum dei de! .

9. Wånn 's lauta so Weiba gab,
    Huppa ha he!
Då kunnt's wol koan Mån daleid'n,
    Dil dum dei de!

----

1. s' Ålma-Leib'm.

(Singweise Nr. 13.)

1. Daß 's auf bar Ålm recht luſtög is,
Daos muaß i do ſchon ſaog'n;
Und voraus waos dö Melcha ſend,
As dårf ſö koana z' plaog'n.
I hån jå ſchiaga gao koan Müah,
Dårf mi nit z' ſorg'n um meinö Kuah;
Mit'n Goaß'n hån i gao koan G'ſchea,
Sö kemmand ſelbm dahea.

2. Bålÿ i ba meinar Årbat bin,
Dös is ma kſaod a· G'ſpoaß,
's Foia bin i a ſchon g'wöhnd,
As is ma nit leicht z' hoaß.
I årbat ålls mit groß'n Fleiß
Und wåſch dö Stöß ſchneeriſlweiß;
Da Kasköſſ'l geit miar an Schein,
I ſich mi ſelbm drein.

3. I hån ſchon recht a luſtög's Leib'm,
Wånn i mia's recht bötråcht;
As beißt mi niar a Flåch en Bött,
I ſchlaof dö gånßö Nåcht.
Und ſinſt låß i mar ah an Fried,
Daos lång Umſchlenß'n g'freut mi nit,
Å b' Mentſcha denk i ſelt'n drån
Und ſchau koan Senden ån.

5

l)

4. Båly i za meina Senden geih',
Åst röb'ts mi freundtlar ån;
J dårf jå umasinst niz thoan,
J kriag schon eppas z' Lohn.
Dårf tsaod a bißei zuahö sprechn,
Kriag i glei a Henög z' leckn,
Und wånn i mi eascht zuahö drah',
Kriag i an Bråndtwein ah.

5. Us war jå oft recht lustög z' Ålm,
Wånn 's Weitar ah a bißei wa;
Mia dårf'n üns koan Holtz nit z'traog'n,
Und üns nit z'plaog'n mit ba Strah.
's Lahnl is wol freila kloan,
Drum sollst bar a nit z'besla thoan;
Dö Kost, bö is gaor oft nit z' ra,
Voraus ban Sendena.

l)

6. Sobåly bö Årbat is vabey,
Åst håb'm ma wieba Ruah;
Åst kennt' mar üns a Foiar ån
Und sötz'n üns bazua.
Oft oana kennt' sein Pfeiffei ån,
An iabar eppas Bsunnas tån;
Dar oan kån eppa sinst a G'spûl,
Dårf zuagehn a nit z'stûl. —

2. Da Wåldschitz.

(Singweise Nr. 14.)

1. Lustög auf bar Ålma
Und lustög ba ba Hech,
Dao geit's brav Rüah und Kålma,
Dao geit's brav Gambs und Rech;
Låß i mein Bizei kråchn,
Dabey mein Heaschz thuat låchn, ⎫
Wia lustög is 's en Wåld,   ⎬ repet. die Singweisen
Wånn 's Gambsei åcha fållt!   ⎭ mit Tra la la la, Tra
                                     la la la, 2c.

2. Z'nagst kamm zo mia da Jaga
Und fraogt mi waos i mǎch?
A Gambsei hǎn i g'schoss'n,
Haost g'heescht vülleicht en Krǎch;
Bǎ dia thua i mi nit scheuch'n,
Bǎ dia thua i nit weich'n,
Du bist jǎ gǎnz alloan, } rep. wie vor.
Du maogst ma nix dathoan.

3. Ei du vadǎmta Wüldtbratschiz,
So saogst da Jaga miar,
Gieb na glei hea dein Kuglbix,
Als kemmant ünsa viar!
Lǎß du dö Biar na kemman,
Dö Bix weascht's mia nit nemman,
J bin a frischa Bua,
Und Biar nia scheuch'n thua.

4. Ei du vadǎmta Wüldtbratschiz,
Fexiarn lǎß i mi nit lǎng,
Und gieb na hea dein Kuglbix,
J gieb da koan Pardǎn!
Dö Kuglbix dö kriaggs ös nit,
Ös Jagabuabm ös seidt's fü nix,
Und saogst du no a Wǎscht zo mia,
Schlaog i di auf dö Knia.

5. Jǎ lustög is 's en Wǎld,
Bǎraus wǎnn 's Gambsei pfeift.
Dao schoiß i miar a Gambsei,
Daos mi von Heaschz'n g'freut.
Auf'n Buggl thua i 's nemman,
Solt glei da Jaga kemman;
Traog's üban Berg abaus,
Und traog's mit miar ǎft z' Haus.

6. Und lustög is 's en Wǎld,
Wo's greand Tax'n geit,
A Wüldschiz bleib i hǎlt,
So lǎng so's na daleibt.

5 *

A Wůldſchůtz wůl i bleib'm,
Damit dö Zeit vatreib'm,
Daß Got mi nit valåß,
J bitt 'n nu um dås.

3. Ålm-Liad.

(Singweiſe Nr. 14.)

1. Hiaz kimmt dö ſchenö Frůahlengs-Zeit,
As freu'n ſö Kůah und Kålb'm,
Buab'm låßt's enk ſaog'n, as is a Freudt',
Dö Senden ſaoſcht auf b' Ålm.
Dö Kůah, dö håb'mt ſchen Gloggnar ån,
Wia luſtög wiaſcht's åft ſeyn,
Da Kůahbua treibt dö Kůah vorån
Und b' Schafl hint'n drein.

2. Jå auf dar Ålm dao is 's a Leib'm,
Aß wiar en Himl ob'm,
's Beicht'n gehn und 's Pröbög hee'n,
Wiaſcht auf'n Höröſt g'ſchob'm.
Koan Håß, koan Neid, koan Eifaſucht,
Daos wagſt nit auf da Hech',
Und b' Sůndt'n dö wearn a nit gråß,
As freſſen's ållwöng b' Flech.

3. Da Sendaren iahr Årbat woaßt,
Is weitar a nit aus;
Sö ſoidt en Köſſl b' Mili
Und måcht an Kas-Loab draus.
Ban Taog a Bißei Butarůahr'n,
Bis daß da Topf'n ſitzt,
Auf b' Naocht a Bißei karaſiar'n,
Und tånz'n, daß 's frey ſchwitzt.

4. Nar oanö that i kennan,
Dö leit ma recht en Maog'n;
Thuas åſa nit gean nennan,
Dö weaſcht's ſchon ſelb'm dafraog'n;

Sö haot a schenö Hütt'n,
Steiht auf an öbma Plaotz,
Sö laßt sö nit lång bitt'n,
Is gaor a feina Schaotz.

5. A wetzlbraunö Glogg'n=Kuah,
Gåntz lieblar is 's ånz'schaun,
I geang so gearn den Kasa zua,
Wånn i ma na that trau'n.
Dö Senden, dö hoaßt Andl,
Is gaor a liaba Når,
Dö Krapfl båcht's en Pfandl,
Drum wean's so bresei mår.

6. Hiatz gehnt zo dera Toifls Hez,
Wol gao vö bössan Hearn;
Dö Knåppm, b' Jagar, an iada Fez,
Haot iahrö Krapfl gearn.
Dö Senden åfa g'scheidta,
Vasteiht en Händl gåntz,
Spaoscht iahrö Krapfl weita,
Geits nit en Jaga=Fråntz.

7. Ei du mein schenö Sendaren,
Hiatz saog is hålt gen dia,
Wånn i auf beinö Krapfl denk,
Aft beiß'n mi dö Knia.
I hån di gearn, du dårsst ma's glaub'm,
I kimm amål zo dia,
Aft leigst du mia dein Pudlhaub'm,
Glei daß i nit dafria.

4. Da Kuahbua.

(Singweise Nr. 15.)

1. As is koan schlechtas Leib'm auf Earn,
Als an årma Kuahbua wearn,
Früah und spat brav ummalauff'n
Und bitzblåbö Mili sauff'n,
Volla Hunga, volla Duscht
Muaß i gaor oft wieda fuscht.

2. Kas und Bråd an ötla Brockn,
Und stoanföstö Milli-Nockn,
Holz und Wåssa muaß i traog'n,
Wiar a Hundt muaß i mi plaog'n;
Auf, hoaßt's schon en ålla Fruah,
Du vadåmta Toifls-Bua.

3. D' Señdena send rechtö Trâmma,
Weas nit sach, bea glabats nimma;
En Schaot'n sitz'n, Maultrum'ln,
Ûnsaroan brav ummaschum'ln,
Und wånn a Rindl fölt en Graobm,
Muaß da Kûahbua b' Schuldt drån haobm.

4. D' Liegastaot is nit gao z'rar,
S' Gwandtl z'rissn, i traog nit schwar,
Gånzö Nacht kån i nit schlåffn,
Eppas måcht oan ållwöng z' schåffn;
E da gånzn Summas-Zeit,
Haot da Kûahbua nia koan Freudt.

5. Kemmant Knåpp'm oba Schitz'n,
Bleib'ms gånz Nacht banånna sitz'n,
Biar und Bråndtwein gånzö Juaban,
Dö gånz Naocht brav ummaluaban,
Is bös nit a Toifls Leib'm,
Ûnsaroan koan Brödei geib'm.

6. Kemman b' Schitz'n oba b' Knåpp'm,
Dao håbmt's na traod oan sû 'n Låpp'm,
's Heaschz ausschopp'm, sauba g'wandt'n,
En Aosch aufschutz'n wia dö Ant'n,
Alla Toifl fölt ean ein,
An iabö wül dö Schena seyn.

5. D' Senden und da Holzkneicht.
(Singweise Nr. 16.)

1. Bin a loadögö Senden, geih hea vo dar Ålm,
Suach schon lång um and um mein G'spanen dö Kålbm,
Hiaß wiaschbs schon gen finsta, daß i schiagr nix mea sich,
J bitt di, mein Holzkneicht, hilf ma suachn mein Vich!
„Senden waos büldt'st dar ein,
„Solt i dein Kûah-Bua seyn?"

2. Daß du folst mein Kuabua ſeyn, hånd nit g'ſaogt;
Z hån di na traod vaweig'ns Vichſuach'n g'fraogt;
Du dårſſt jå nit z'gehn umaſinſt, denk na nit drån,
Z gieb dar a Schüßl vol Goasſchott'n z' Lohn.
„Da Goasſchott'n wa ſchon recht,
„Wånn i'n na beiß'n mecht."

3. Geih Holzkneicht ſey g'ſcheida, ſey nit ſo zwida,
Wånnſt mit mia geih'ſt auf d' Ålm, kriagſt an Butan ſchon a;
Und wånn i dia's recht ſaog, geiht mia ſünſt nix ao,
Hån koan Vich nit valårn, traod z'weig'n dein bind dao.
„Senden, bös wa mein Freudt,
„Wånnſt weig'n mein gangſt ſo weit."

4. Holzkneicht, i ſaog da's kraod glei ohnd G'ſöpp,
Ba da Naocht alloan hoamgehn, daos hånd varödt;
Mia kunnt'n dö Geiſtar und dö wüld'n Thiar ſchaod'n,
Geih' mit mia z'ruck auf d' Ålm, geih' låß dö nit laod'n.
„Hiaz kån i mi gao nit ruahn,
„Hån netta 's Muas en ſian." (ſiad'n)

5. Bis dein Muas g'ſot'n is, wåſcht i da ſchon,
Geih' richt' dö na hea, lög dein Jopp'm båld ån:
Söz auf dein ſchwåſchz Kappl und thua di na ſchlein,
Wånnſt an Huat haoſt vonneth'n, leich i da den mein.
„Dein Huat ſöz i auf nit gean,
„Mecht mein Kopf damöſch wean."

6. Holzkneicht, i kenn di ſchon, z'ſchlecht bind dia,
Is ſchon öſtar a Narana gånga mit mia;
Z hån a guat's Bött, Bua, daos dårſſt ma ſchon glaub'm,
Und wånnſt mar a Bußl geiſt, koch i da Straub'm.
„B'hålt deind Straub'm meinthålb'n,
„Z hån koan Geldt zon zåhl'n.

7. Du narröſcha Holzkneicht, ſey do nit ſo z'ritt,
Saogſt ållwöng von Geldt dahea, brauchſt jå koans nit;
Z hån jå ſchon öftar oan kåltn auf d' Nåcht,
Hån koan Geldt nit valångt, hån's ſchon ſinſt einha bråcht.
„Senden, wia moanſt denn daos,
„Wiſſat gao nit mit waos?"

8. Holzknecht, i denk du woaßt nit amål wia,
Geih' na z'ruck mit auf b' Alm, åft faog i da's dia;
Bei mia tauggs ba g'wiß, as wiaschb ba g'wiß g'fåln,
Bist oamål bao g'weisn, suachst mi öfta g'wiß z' Alm.
„Senden, baos kunnt nit feyn,
„I wa vülz schiach gög'n bein."

9. Holzknecht, waos benkst ba, baß b' mi a fo schimpf'st,
Daos bärf bi nit z'wunnan, baß i auf b' Naocht kimm;
Bin ar a jung's Dianbl, hån niar an Buam g'håbb,
Muaß mi hålt umthoan, baß i oan batåpp.
„Senden, hiaz geih'st åft båld,
„Mia wiaschb e b' Aug'n vülz kålt."

10. Bua, du schåffst ma's gehn, baos kån i nit thoan,
I trau ma koan Schrit neama weitar alloan;
Mein låß mi bey bia e ba Holzhütt'n bleib'm,
Bey bia auf ba Straß bao was a zon baleib'n.
„Senden, hiaz faog i 's bia,
„Du bärfst nit bleibm bey mia."

11. So muaß i hålt fuschtgeh'n, i gåröß umfist,
Weil du a hålsstariga Toiflsbua bist;
Haost a Heaschz aß wia Stoan, låßt mi hungarögs gehn,
Haost koan Greifei koan Nachst'nliab, bös is nit schen.
„Senbaren bist bahi?
„Daos war a Glück fü mi!"

12. A fo muaß ma's feichn, wia fålsch b' Mentscha fenb,
Daß 's oft weig'n an Mannan entfößla weit gehnb.
I nimm koanö aus, fenb's åft groß ober kloan,
Auf b' Naocht traut fö koanö mea hoam z'gehn alloan.
Gelts Buam, g'wiß iß's waoh;
's G'fangl is aus, 's Liabl is gao.

6. D' Senden und da Hüata-Bua.
(Singweise Nr. 17.)

1. Bin i ba Hüata-Bua,
Mit meinen Steckn
Geih' i fchen stab
Ueba b' Alm aus und ein,
Gieb i mein Goaß'n

Und Ruahlan zon lecũn,
Reahr untaweigs
Bo da Senbaren ein.
„Grüaß dö Got, Hüata=Bua,
Bist amål dao,
Geih suach dar an Niedasiß,
Schneid' a wenk ao;
J bin na kfaob hiaz
Mit dar Årbat nit pfroad,
Bin z'lång nit aufg'ståndtn,
Muaß ma wåsch'n mein Pfoad.“

2. Senbaren, weig'n meiñ
Dårfst di nit z'sorg'n,
J kån jå leicht heasteh'n,
Bin jå nit miad,
Und wånn's da heunt z'gnethög is,
Åst kimm i morg'n,
Kfaob weil i auf Mittaog
Roan Aussagehn hiat.
„Hüata=Bua, låß da saog'n,
Bleib a wenk dao,
Wånn i z'såmm g'årbat hån,
Geits z' essn schon ao;
Hüata=Bua, muaßt ma gen
Sinst a no waos thoan,
Js ma 's Böttstatl brochn,
As is ma vülz kloan.“

3. Dao höbt hålt da Hüata=Bua
Hoamla ån z'låchn,
Ea benkt sö o Senben,
Waos büldt'st da denn ein;
Åsa 's Böttstatl muaß i da
Dennascht wol måchn,
Wa ma selbm nit recht,
Wånnk muaßt lieg'n auf da Weit.
Und ea wößt sö sein Hackl
Und måcht sö a Schneib.

Und b' Sendaren haot sö
Auf s' Böttstatl g'freut;
Åsa b' weitarö Freudt
Is en Graob'm einhö g'fåln.
Und mit'n Einbringan
Laßt sö da Hüata nit zåln.

4. Åft höbt hålt dö Senden
A schon ån z' koch'n,
Sö richt' sö a Mehl,
Und a Weinbörl hea,
Sö thuat hålt en Toag
A wenk mischn und båch'n,
Sö schütlt daos Pfandl
Bålß hin und bålß hea,
Und kocht eam hålt Straub'm
Oda wia ma's kraod nennt,
Und i' kån ent's nit saog'n,
Kraod wia guat aß sö send.
Dao haot sö da Hüata
En Hunga guat g'stült,
Und da Senden iahr'n Wül'n
Haot a do nit dafült.

5. Hüata-Bua bin i schon
G'weis'n förz Summa,
Hüata-Bua mecht i
Wol decht neama seyn,
Daos hån i varöb't,
Und daos g'schicht ma g'wiß neama.
Heescht oana dö gånz Zeit
Dö Sendaren schreyn.
Bålß bricht iahr a Noafl
En Rüahrkübl ao:
Wo is denn da Hüata-Bua,
Is a nit dao?
Da Toifl wa Hüata-Bua,
J åsa nit,
Haot oana dö gånz Zeit
Vo da Senden koan Frieb'.

7. Da Wüldschütz.

1. Luftög auf dar Älm und wea daos Ding recht woaß,
Wear an Gambsbock graof'n ficht tfaod neib'm da Goas.
Jå vo lauta Luft geih' i e b' Älm ein,
Kunnt auf da gäntz'n Welt nix fchenas feyn.

2. Wånnft en's Birg wülft gehn, fo muaßt a Schneid wol haob'n,
Dårfft koan Jaga nit fcheuch'n und koan Pulva fpaorn.
Wånnft an Jaga fcheugft, fo is's fchon g'fcheich'n um di,
Schieß'n thuat a g'wiß, åftnåcha bift glei hin.

3. Dofcht ban ftoanan Kafa haot's an Fleick an aban,
Magft daos fchenftd Graos, da böztö Wüldtbratfraoß.
Und dö Gambs fend ob'm auf'n hechft'n Spitz,
Maog koan Jagar auffö, glei da Schütz.

4. Åft fend i und b' Senden a Greifl auffö g'ftieg'n,
Haot ma b' Senden åft dö Gambfei zuaba trieb'n.
J nahm 's Stutzei hea, und hån frifch übag'fpånnt,
Und fchoiß b' Senden ftaot'n Gambsbock z'fåmm.

5. Hån an Gambsbock g'fchoff'n, dånha vo da Goas,
Jå as is a Freud', feyn thuat a butafoaft.
Haot dös Toiflsvich an Zent'n und an hålb'm,
J hån's felbm g'weig'n ob'm auf dar Älm.

6. Daß i a Wüldtbrat fchiaß, vonweig'n da Noth is's nix,
Glei vo lauta Freud' mit meina Kuglbix.
Månn oana haot a fchenö Bix, muaß ar Acht haob'm drauf,
Daß eam åft da Schuß nit einhö roft' en Lauf.

7. J hån Gambfei g'fchoff'n, i hån g'fchwöfchzt und g'rafft,
J hån Mentfcha g'liabt und hån ma nix dahauft.
Åfa hiaß fchau i koan Weibas neamar ån,
Åfa Gambfei fchiaß'n thua i wiar i kån.

8. Dö Senden und da Wüldtbratfchütz.

(Singweife Nr. 18.)

1. Dö Senden thuat e b' Älm auftreib'm, Juhe!
Sö fach hålt an Wüldfchitz'n fteig'n, Juhe!
Da Bua, dea wa fo frifch und fein,
Dö Senden denkt: ah, war a mein. Ju, ju, juhe, juhe!

2. Sö saogt: „Bua kimm za meina Hütt, Juhe!
Än Kas und Butan feilt's üns nit, Juhe!
Du kriagst wohl ar an Brändtewein,
Du saggra Bua, i läß di ein." Ju, ju, juhe, juhe!

3. Da Bua haot auf'n Gambsbirg g'jaogt, Juhe!
Ea haot jå glei a Gambsei g'haobt, Juhe!
Ea nahm sein Gambsei und dö Bix,
Und gang hålt zo da Kasa-Hütt. Ju, ju, juhe, juhe!

4. Sobåld a zo da Hütt'n kimmt, Juhe!
Dö Senden springt hålt aussa g'schwindt: Juhe!
„Bist dao amål du saggra Bua,
Låg d' Bix und 's Gambsei e dö Ruah". Ju, ju, juhe, juhe!

5. Da Bua haot d' Bix und 's Gambs vastödt, Juhe!
Und haot sö zo da Senden g'sößt, Juhe!
Sö geit eam Brändtwein, Butan, Kas:
„Bua, wånnst dao bliebst, åft wa's ma recht." Ju, ju, juhe, juhe!

6. Und wia's eam haot waos kochn woln, Juhe!
Dao kam hålt just da Baua z'weig'n, auweh!
Da Bua, dea springt hålt g'schwindt davon,
Und haot an frisch'n Juhschroa thån. Ju, ju, juhe, juhe!

7. Da Baua zo da Senden saogt: Juhe!
„Den Buam hiat'st kålt'n üba Naocht, Juhe!
Und wånn ih'n no a mål datåpp,
Åft wiascht du auf da Stöll vajågg." auweh, auweh, auweh!

8. Daos Liablein geiht biaz zan Böschluß, Juhe!
Dö Senden wa hålt vol Vadruß, auweh!
Sö kån dö gantzö Naocht nit ruah'n,
Weil iahr so load is um den Buam. Auweh, auweh, auweh!

9. Da Wüldtbratschitz und b' Schwoagaren.

(Singweise Nr. 18.)

1. I bin a frischa Wüldtbratschitz, Juhe!
I geih' auf b' Älm mit meina Bix, Juhe!
Und wiar i auf dö Älma kimm,
Is b' Schwoagren schon ban Kualan binn.
Ju, ju, juhe, juhe!

2. Han, Schwoagren, waos saogst heunt ja mia, Juhe!
Und daß i heunt bin dao ba dia, Juhe!
Und daß du heunt ba mia bist då,
Daos bin i schon von Heaschz'n fråh.
Ju, ju, juhe, juhe!

3. Da Kuahbua muaß en Stiar hoamtreib'm, Juhe!
Alloan trau i mar a nit z' bleib'm, Juhe!
Dö Schwoagren nimmt mi ba da Mitt
Und fuascht mi glei en iahrö Hütt.
Ju, ju, juhe, juhe!

4. Åst kennt' sö glei a Foiar ån, Juhe!
Und traogt mar a waos z'essn ån, Juhe!
Sö schlögt a fünf, sögs Oar en's Schmålz,
Auf daß i frischa wiar zon Pfålz.
Ju, ju, juhe, juhe!

5. Wiar i 's Oar=Schmålz gess'n hån, Juhe!
Åst weist's ma's Bött en Heu obm ån, Juhe!
Mia schlaosn suscht hinz auf'n Morg'n,
Um's Aufstehn muaß dö Schwoagren sorg'n.
Ju, ju, juhe, juhe!

6. Wia da hellö Taog ånbråch, Juhe!
Dö Schwoagren auf von Schlaof Kwåcht, Juhe!
Steih auf! steih auf! mein liaba Bua,
Und geih na glei en Gambsbirg zua.
Ju, ju, juhe, juhe!

7. Und wiar i åst e's Gambsbirg kimm, Juhe!
Schau i glei auf dö Gambswoad bin, Juhe!
Sich i an Bock, bea mia thuat g'fåll'n,
Åst låß i glei mein Bixei knåll'n.
Ju, ju, juhe, juhe.

8. Und wånnst du miar a Gambsei bringst, Juhe!
A zwo, drei Liadlan a no singst, Juhe!
Åst kimmst zo miar e's Naochtquatia,
I hån di gao so gean ba mia.
Ju, ju, juhe, juhe!

10. Wůldſchitz'n-Liad.

1. Auf, auf, ôs Schitz'n, mit miar en Wåld!
Hiaz is dö Zeit, da Schildthåhn pålzt.
Måcht's enk na ſchleinög auf, heunt müaß ma fort,
Daß ma morgn fruah ſand dort ån recht'n Ort.

2. Flint'n, Schret und Pulvahorn hån i ba mia,
Hiaz woln ma gen ſchau'n, wia's ſteht um's Nåchtquåtia.
Wånn's an iad'n recht is, i bin ſchon b'ſtimmt,
Gehn ma z' Nåchts zo da Senden, ſö kålt' ůns g'ſchwindt.

3. Daweil mia zo da Hütt'n kemm, wird Foia ſchon g'måcht,
Mia trink'n an Bråndtwein und rachn an Tabad.
Z' Nåchts ba da Senden g'leg'n, d' Ripp'm thand ma no weh,
Z' Morg'ns håt's ůns koan Fruahſtud geb'm, z'nagſt wiß ma's eh'.

4. Z' Morgns en ålla Fruah, hear i a Gſpůl,
Dar oan grudlt laut, dar oan grudlt ſtůl.
Zwen håb'mt ſchon g'ſchoſſ'n, is no nit recht Tåg,
I wear a nit lång paſſ'n, ſchiaß z'eaſcht daß i måg.

5. Båld mia 'n Håhn g'ſchoſſ'n håb'mt, tråg'n ma'n åft z' Haus,
Dö Fedan, dö reiß' mar eam hint ban Schwoaf aus.
Dö Fedan ſtöd mar auf, ſans krumm oba kråd,
Koan friſcha Bua auf da Welt, bea's nit håt.

6. Und båld ma's Gambs g'ſchoſſ'n håb'mt, åſt woad ma's aus,
Kimt da Jaga zon ůns, åſt låch' ma'n brav aus.
Biſt a loadöga Jaga, z'ſåg'n trauſt da jå niχ,
Daß b' mia mein Gambſei nahmſt oba dö Biχ.

7. Dö Buama ſand wundala, båld i's bötråcht,
Dar oan geht auf's Gaſſl, dar oan geht auf d' Jågd,
Dar oan geht es Köglſcheib'm, dar åndar es kårt'n,
Oft oana geht ſpåzian mit ſein Menſch en Gårt'n.

8. Hiaz is hålt da Schildthåhn-Pfålz a wieda füa,
So ålt daß i bin und ſo load is dås mia;
Håt mi niχ böſſa g'freut, als mein Fedal von Håhn,
Daß an iada Menſch ſiacht, daß i's Aufföſteig'n kůn.

11. D' Hüata-Beicht en Pinzga.

(Singweise Nr. 14.)

1. Luftög is's schon auf da Hech,
Dös hån i schon probiascht,
Da Goaßna ållwöng schreit, dech! dech!
Da Melcha Butan riascht.
Da Hüata haot a schwaschzö Pfoad,
Ea treibt dö Kuah schen auf dö Woad,
Ea muaß a Bissei nåchö schau'n,
Alloan war ean nit z'trau'n.

2. Dao faohr i schen stad auffö,
En groß'n Roßkopf zua,
Dabey maog i vaschnauf'n,
As geiht nit resch dö Kuah.
Und wånn i auffö kimm auf b' Hech,
Åst sich i glei a zwo, droi Rech,
I maog ma's kam gnuag schaug'n ån,
Sö springant glei davon.

3. Åst nimm i hålt mein Bütal hea,
Und streich ma's auf a Brod,
Und saog a g'seng ma's Got ba Hea,
Dabey leid i koan Noth.
Und Wåssa geits dös raröst hiar,
Is ma vül liabar åss a Biar,
Und wånn sö nieda lögg dö Kuah,
Lög i mi a dazua.

4. 's Beth'n hån i oft bötråcht,
Hån i vagess'n schia,
Hån en gånzn Summa Kreuz koans g'måcht,
Maog seyn amål a zwia.
Thua earnstla auf mein Got vatrau'n,
Auf b' Schårkruck und auf b' Wuschzn-Haun,
Schlimm leib'm wa wol gao koans nit z' Alm,
That glei a Kuah aowålg'n.

5. Mit'n Kirch'ngehn haot's gao koan Noth,
Danaoch's schen Weitar is,
Wånn oanar a guatö Moanöng haot,
Vül ploban is umsist.
Wånn na da Hüatar Ächteng geit,
Wånn Got von hoch'n Himl steigt,
Kimmt e bö priastalig'n Hånd't,
Måcht ea sein Kumplament.

6. Wånn's amål gög'n Höröst geiht,
Daos Mülchl wiascht schon kloan,
Vo siebmö g'wiß koan Mensch aufsteiht,
Woaß doscht no nit waos thoan.
Is's Weita schen, lög' i mi e b' Sunn'
Und drah mi oanstla um and um.
Wånn da Melcha kocht bö Straub'm,
Thoant b' Hüata Läus aoklaub'm.

7. D' Hüata send wol frischö Leut,
Daos hån i g'seich'n schon;
Wånn's glei a schenö Senden geit,
As greift's do koanar ån.
E b' Mentscha denk i gao nia drån,
Just schiach thoan a nit, bålß is hån;
Lustög is wol b' Hüata=Beicht,
En Himl kemmans' leicht.

8. Dahoama bleib' i neamamea,
As kimmt bö Früahlengszeit,
Einst wa ma jå bö Zeit vül z'lång,
Van Mahn hån i koan Schneidt';
Süaß Kas'n is jå gao koan G'faoh,
Wånn's sauar is, geit's Spealas ao,
Von Bod'n=Schott'n woaß i schon,
Wearn b' Fackl soast davon.

9. Luſtög is's hålt auf da Hech,
Daos hån i g'ſeichn ſchon,
Bål i den hoch'n Huat auffög,
Steih i en Himl ån.

Dö Engl hån i oft g'hefcht ſchrein,
As wiaſcht ean hålt recht luſtög ſeyn;
Dö ſchwåſchz'n Pfoad'n ſend bötrog'n,
Sinſt wari lången ſchon ob'n.

III. Fischer- und Schifferlieder.

—

1. Der Liefeßringer-Fischer.

(Singweise Nr. 19.)

1. Bin e's Fisch'n ausgånga
En Aumühlna-Båch,
An Fisch håni g'seha,
Den Fisch fåhr i nåch.

2. Hiaz håni mein Ångl
Glei dåni g'schmiss'n,
E da vorånög'n Schnuar
Håt a glei ånbiss'n.

3. Hiaz ziach ih'n hålt zuawa,
Und schau'n a weng ån,
Åst måcht ar an Schnöbla,
Is ma wieda davon.

4. E da Såmstanåcht drauf
Bin i wieda nåchg'fåhr'n,
I denk ma hålt ållweil,
Den Fisch muaß i håb'n.

5. Då schmeiß i mein Ångl
Zan zwoat'n Mål aus,
Håt ma glei wieda biss'n,
Kimmt ma neama meahr aus.

6. Wås is 's für a Fisch g'wen,
Wia håt a sö g'nennt?
A kreuzsaubas Diandl,
Hån's selba nit kennt.

7. I såg jå mein Båban
Koan Wachtl davon,
Und denk ma, dea Fisch
Geht mein Båban nix ån.

2. Der Schiffmann und die Jungfrauen.

1. Bin ein Mädichen aus Braunau,
Gieng in die Städt spåziren,
Geg'nt mir ein Schefmånn aus Passau,
Der wollte mich verführen.
Aus Linz und Krems und Schweigenau,
Aus Regensburg, Müncha und Passau,
Schwäbischö, bayrischö Dienei,
Mueß der Schefmånn führen.

2. Als ich ån dö Gränze kåm,
Språch dö bayrischö Dubl:
Såg mir, liaba Schefmånn mein,
Hab'n mir no weit zun Strudl?
Zan Strudl håb'm ma neama weit,
Nu seid's ma koanö vazågtn Leut'!
Han, Schefmånn såg' uns, wela
Ist denn gå so g'fåhla?

3. Ös meinö liab'm Jungfrau'n mein,
Um Dans muaß i enk fråg'n:
Mecht eppan oanö drunta seyn,
Thuat's ma's liaba såg'n,
Dö koan reinö Jungfrau is,
Hålt i en Strudl nit fůa g'wiß,
Dort unt'n ån da Deich'n
Kunnt's wieda glei einsteig'n.

6*

4. Als bö Jungfrau'n bös vanumma,
Häb'mt sö sö glei bösunna,
Sand glei ållö mitanånd
Aus'n Schef ausg'sprunga;
Koanö wolt mit'n Schefmån fåhr'n,
Als a Madl mit åcht, neun Jåhr'n,
Und bö låßt sö nenna:
Schenö Jungfrau Lena.

5. Geht da Wind üba Budweis hea,
Z' Neuhaus üba bö Doana,
Nindert geits koan Jungfrau mea,
Nix åls lauta . . . . .
Wül oanar a reinö Jungfrau håb'm,
Muaß oana nu en Halla fråg'n,
Dort'n sand's nit theua,
's Dußat kråd ån Dreha.

6. Ös meinö liab'm Jungfrau'n meiñ,
's Lieblein wol'n ma b'schliaßn.
Mecht eppar oanö drunta seyn,
Dös kunnt vüleicht vabriaß'n.
Hån i enk wås Loab's göthån,
Klågt's mi ban Stådtrichtar ån,
I wear' enk Antwort göb'm,
Solt's kost'n a mein Löb'm.

———— ··

IV. Lieder von Handwerkern und Gewerbtreibenden.

---

1. Der Mühlknecht.

(Singweise Nr. 20.)

Und wånn i mein Håndtwerch in Earnst wül böträcht'n,
So is's um an Mühlknecht a öllendtögs Leb'm,
A gånzö Nåcht årbat'n, sorg'n und tracht'n,
J wolt jå weit liebar an Buaßar ågeb'm;
Trink i a Halbö, zwoa, drey oda viar,
So hoaßt's glei, dea Mühlknecht sauft meahr åls a Stiar.

J kån's eascht en Leut'n no gå nit vabenk'n,
Sö håmbt jå en Mühlstoan åls zwenög probiart,
Ea thuat oan recht ausspean, jå kreuzing und kränk'n,
Als wa gå koan Wunda, wånn i långst wa krepiart.
Wånn 's Biar that bö Mühl treib'm, åst ließ i ma's g'fål'n,
Åst wolt' i recht gean bis e b' Ewögkeit måhl'n.

Und 's Trinkgeld dageit nit, as läßt sö nit kålt'n,
Und wånn is a ållweil en Såck ummatreib;
J stach oft an Mühlknecht an z'rißnan an ålt'n,
Håt kam um an kreuzawearth Gwandt'l en Leib.
Åst thua i ma benk'n hålt hoamla ba miar,
Grüaß di Got G'söljchaft, trinkst a gean a Biar.

Und weas nit probiart håt, bea kunnt's a nit glab'm,
Wås 's enara Mühl' für a Årbat ågeit,
Vo lauta Rumpump'ln und Rausch'n und Stab'm;
Als håt oft kam oana zon Trink'n a Zeit.
S' Wåssa, dås is nix, dås braucht mar auf b' Mühl,
S' Wåssa muaß g'spårt wean, båbm eb' selt'n z'vül.

2. Der Ueberflüssige.

1. J bin hålt dås übarög Ding auf da Welt,
J hån niç und triag niç, koan Haus und koan Feld.
Wånn i a Handtwerch kunnt, åft wari freila g'sundt,
Kunnt i a Moasta wearn, leb'm åß wia b' Hearn.

2. Wånn i a Schmied oda Gschloßa kunnt seyn,
Då trunk i bö Feyartag füa's Wåssar an Wein;
's Roat'n dås kunnt i schon, schreib'm kunnt i jå nit no,
Zwenk roat'n that i nit, war i a Schmied.

3. War i a Wågna und måchat an Wåg'n,
Wånn d' Radl vol Tadl warn, that is nit såg'n;
Dö Bauan vaflandtn's nit, geangan glei hoam damit;
Und thatn's a nit z'lång guat, füa d' Bauan warn's do no guat.

4. Wånn i a Mülna war und håt' a Mühl,
Liaß is nit z'laut umgehn, kråb a wenk ftül.
's Meff'n, dås kunnt i wol, von Star zwoa Maßl vol,
Und von an gupft'n Star, brey Maßl går.

5. Wånn i a Böck war und 's Brod båch'n kunnt,
Nam i brey Viertöng Toag hea ftåt an Pfundt.
Då måchat i mein Schnit, b' Leut' kunntn's kråt'n nit,
Kafatn's bennert wol, wånn's schon wa hol.

6. War i a Zimmamån und håt a Beil,
Nam i's schen güatla hea, liaß ma daweil;
Und wånn is schleif'n that, liaß i ma treib'm schen ftab,
Åft wöz'n ar a Stund, gang da Tåg z' Grund.

7. Wånn i a Maura war und håt an Köl,
Z' tråg'n håt i gå nia vül, wa's wia da wöl.
Då müaßt schon åls heagricht seyn, Stoan, Kålk und Sånd darein,
Und wånn schon nit vül g'schicht, i håt mein Schicht.

8. Wånn i a Schuafta war und gang auf b' Stea,
Dö Bauan gebm's Leda hea und a bö Schmea.
Und um wås z'vül thuat seyn, schiab i en mein Såck ein,
Sach mas koan Mensch neamt ån, i gang davon.

9. Wånn i a Weba war, håt a guat's Gårn,
Schnit i an Öln auffa, as müaßt ma's neamt gwårn.
Und wånn bö Bäuren kam, mit an Muas und an Ram,
Lüag i iahr 's Maul vol ån, glab'm that's ma's schon.

10. Koan Holzknecht und Kohlbrenna mecht i nit seyn,
J fürchtat mar ållweil, da Hauf'n gang ein.
Und wånn da Toifl kam und ba mia Heaberg nahm,
Dås war a schena Gruaß ållzwoa vol Ruaß.

11. s' Bauanbean woaß ma wol, mecht gå nit röb'n,
Då wolt i mi leichta mit'n Schneck'n klaub'm nöhrn.
Uebahapp's woaß mas schon, schlechtö Kost, schlecht'n Lohn,
Årbat'n spåt und früah, g'nuag thoan mågst nia.

12. Koan Gråf, koan großa Hear mecht i nit seyn,
Dö låßt jå St. Petar en Himl nit ein;
Hät i 'n Priasta-Gwålt, wurdt i füa's Beth'n zåhlt,
Wås kunnt i åft begearn von unsan Hearn!

13. J låß no recht vül Håndthiera mit Ruah,
Wånn is åll nenna wolt, geang's ma z'lång zua;
Vaståndt'n håbt's mi schon, wås an iad's Håndtwerch kån.
S' Leima is nit umsunst, dås måcht dö Kunst.

14. J hån nix und kriag nix, geht's zua wia da wöl,
Wås übableibt, geit ma da Sau såmmt da Schöll'.
Betln gehn dårf i nit, stehln kam i auf damit,
Åft kam i går es Soal, dås war ma foal.

15. J bin hålt und bleib hålt dös übarög Ding,
Miar iß's åft kråd gleich, wor i låch oba sing.
Jß's lustög sing i oans, iß's ed so brauch i koans;
Hiaz hear'n mar auf amål, is neama z'bål.

8. Da Wuschzngraoba.

(Singweise Nr. 21.)

1. Wånn da Früahleng åntimmt und dö Amsl schen singt,
Und da Guggu schen schreit, is a lustögö Zeit.

2. Munta wiaschd gaor ålls, und mein Heaschz ar en Leib,
Und so bålk's auf da Hech a kloans Årbatl geit.

3. J nimm's Körbl auf'n Buggl, und en Pickl e b' Håndt,
Und steig schen stad aussö, naoch da Grab auf dö Wåndt.

4. Åft hoaßt's Wuschz'n z'såmm thoan, koanö z'gråß, koanö z'kloan,
Koanö z'grean, koanö z'blaob, daß i's nit aussagraob.

5. Z'brauch'n fend's fchlag'r åll, za eppas fenb's guat,
J fenn jå bö Wufchz'n unb bö Kräuta vül z'guat.

6. Draus brenn i an Geift åft, unb ben gieb i an Råhm,
Unb an Spruch za fein G'ruch, baß's recht gnetög wiafchb brum.

7. Unb an Brånbtwein geit's ao, bea wia's Foia hearinnt,
Daß ar an ålts Mandl a jung's Dianbl böfimmt.

8. Unb a Wufchz'n bö fenn i, is nit lång unb nit fufchz,
Haot a Fårb åfs wia's Golbt, wiafchb zon Toiflbfchwöö'n g'holt.

9. J hån fchon mitgeff'n, trunt'n a wånn i wül,
Unb i hån oft an Raufch, unb låch's aus na vaftúl.

4. Dar Zillachthålar Dehlträgar.

(Singweife Nr. 22.)

1. Geaht's hear ålle Mentfchar unb Waibar,
Dar Öhlträgar Koibal ifch båå,
Car måcht enf roath Wångn, gfchlåcht Laibar,
Geaht's, fafts an Melifn = Gaifcht åå.
Håbt's öppar recht grantige Månna,
Geaht's hear bå, i gieb enf an Hrååth,
Aß's nimmar mögn graina unb grona,
Main Mittl fchuan vill'n g'holf'n håt.

2. Geah hear båå, bu ftuanålte Krüd'n.,
Håfcht a fchuan fuan Zåhnb meahr an Maul,
Geah' låß mi a b' Föß ainhn gügg'n,
Unb fai na zun unfchmirb'm nit za faul,
Åft will i bar's troila v'rfprech'n,
Sö frifch müafcht mar wearn wiar a Hrech
Unb Zåhnb müafcht mar triag'n wiar a Hrechn,
Sifcht a nö wait bravar aß eh.

3. Kafts åå ålle Mentfchar unb Dirnen,
Os fait jå fifcht a felt'n frifch,
Öft thiant enf bö Büabmen recht zirnen,
Öft uana geaht ftå ch af'n B'fchiß.
Kaft's Bålfåm unb Wuchz'n unb Kräutar,
A Pülvar, Låzir für 'n Neib,
Sifcht geah' i mit mainar Wåår waitar,
J woaß, aß's enf hint'n nåch hreut.

4. Mögt's öppar an Schneebergar schnopfn,
Geahts hear då, i gieb enk a Pris,
Gar wiard enk nit wiank d'rropfn,
Ziacht åhar vun Schedl dö Flüß.
Wenn uana kuan Bůam thůat bekemmen,
Aß öppar zwiank liab obar hrund,
Ajt därfts gråd a nåf'nvöll nemmen,
Ajt laff'n enk d' Bůabm nåch wia dö Hund.

5. Håt uana an Körpar dås Schwindt'n,
Isch öppar a Hexaray drun,
Då wear i a Mittl båld findt'n,
Geahts, schauts gråd main Löb'ms=Bålsåm un.
Dås Mittl isch går nit ze schaz'n,
As isch går a koschtbåra Såch',
D'rum laff'n mar vill sölle Maz'n,
Bis ainhn a's Zillachthål nåch.

6. Wenn's öppar that unv'rhofft g'schöch'n,
Aß går uana wurmstichig war,
Då war hålt båld wås übrsöch'n,
Då war hålt main Miadradåt hrar.
J will enk'n a wiank v'rsůacha,
As isch jå nix Bössars für d' Gåll,
Dåbey isch ar süaß aß wia Zůka,
Und lautar aß wiar a Krischtåll.

7. Und uane wölln völleg åserbm,
Wal se za kuan Tånz nimmar gian;
Isch derumbegen nö nit zun Sterb'm,
Du můascht na dö Handl v'rstian.
Du můascht hålt dö Wuchz'n recht d'rbeiß'n,
As kimmt aus Egypt'n=Land gånz,
Ajt thent enk dö Bůabm schier z'reiß'n,
Und führ'nt enk ålle Suntåg zun Tånz.

8. Dar Koibal bear isch går a G'schaidar,
Mar sicht im's sö nett nit gråd un,
Gar håt jå vill Wuchz'n und Kräutar,
Und håt enk öst ze gůat'n gethun.

D'rum måcht enk nit går sövl Mück'n,
Und laßt 'n bey güatar Zeit aus;
Åst nimmt ar sain Trüchl af'n Rück'n,
Geaht luschtig a's Zillachthål z' Haus.

5. Dar Zillachthålar Oehltrågar.

(Singweise Nr. 23.)

1. Griaß enk Gött, ös kennt mi schun,
I bin dar Zillachthålar=Mun,
Herausse aus Tyröl.
I bin jå wöll, glaich aß ös's wischt,
An ausgeschornar güatar Chrischt,
Glaich wia as iaz sain söll. rep.

2. Bun Mittrsöll kåm ich zürück,
I hun vrlaßt bey zwoanzig Stück,
Büa såggara, dös isch brav.
An Pflögar hun ich recht betrög'n,
An Bikar an gånz'n Güld'n åg'lög'n;
Büa såggara, dös isch brav,
Gråd öftar sö vrlaf! rep.

3. Dös isch dar Kåznkroitl=Gaischt,
Und wenn di då a Hunde beischt,
Dear hoalt dö Wundt'n züe.
Streichs nar un, as zoicht dars aus,
Und wenns nit hilst, måch dar nicht draus,
Dar Bålsåm, dear isch güet. rep.

4. Dö Mentschar håbmt's V'rtrau'n za miar,
Und wenn i bin a dear Reviar,
Mit Öhlwerch hånbln thüa.
I hun jå Öhlwerch gnüeg ba miar,
An groaß'n und an kluanen G'schiar,
Gråd wia me's håb'm will,
A wiank odar vill.

5. Dö Weibrnleut, dö håbmts gearn still,
Se håbmt nit gearne 's plöbarn vill,
Wenns na gråd helfn that.

Und Hilfe laischt'n kannt i schun,
Wal ich a Zillachthålar-Mun,
Und wal's hålt helf'n sollt,
Und warch as, wås as wollt.

6. Und Miabradåt und Krqwatöhl,
Dös hun ich a an uanar Stöll'
An mainen Kaschtl brinn.
Und Gaischterwerch vun ållar Kråft,
An Rûab'm- und an Gerscht'njåft,
Glai wia me's håb'm will,
Uebarlaut odar still.

6. Dar Zillachthålar Oehlträgar.

(Singweise Nr. 24.)

1. Jaß bin ich schuan meahr amöl aus'n Zillachthål dåå,
Såggra main Dadl, und wås kaft's mar denn åå,
Dumtischt'n und Sulfar und Bålsåm drzûe,
Für Åll's gûat wo's fahlt, say's ban an Mentsch'n odach Kûeh,
Und Sålb'm gråd g'nûe. —

2. Jaß låßt mar amöl hoalach main Krazl åthian,
As schmöckt jå main Zoigl so såggarisch schian,
Aß miar g'wiß a påår Gröschla schuan derweg'n gebt z'leas'n,
's ischt nö drzûe g'meicht, åll's gög'n den g'huanggat'n beas'n,
Den Toifl den beas'n! —

3. Sechzg Kröpfpûlvar hun ich! wenn di bain Gründ amöl fürmt,
Aß g'schwindt bössår wearn mûaß, wal's nöch örgar stürmt.
Sechzg Windtlåxir a vun ar höllisch'n Måcht,
Aß ma Würkung droun bis auf b' Lent auffn g'wåcht,
Wal's vrtoislt döll kråcht! —

4. Åbar uans eacht hat ich, håbt g'wiß schuan droun g'heacht,
An recht'n Wundargaischt, 's gånz Pinzgar ischt'r weacht.
An Kröpftraibar hoaß ig'n, Bûa, dö Kröpf mûass'n's glab'm,
Wenn bear ûbar soi kimmt, wia soi då meahr drstab'm!
Jå, jå, dös mögt's mar glab'm! —

5. Und z' Hollachsbåch ob'm b' Huanßl-Ůch kinnat's fåg'n,
Jahr Kröpf håt dö Kräft vun den Gaifcht går ze hrar drfåhr'n,
Jahr Kröpf wår Kröpf-Kinig Lånd auf und Lånd åå,
Den Kröpf z' föch'n fend's hearg'roaft vun Engalånd går,
Jå, jå, dös ifcht bååhr! —

6. Und g'wög'n håt iahr Kröpfl, wia foi's g'hoaß'n håt,
Söchs Pfund und drei Vierleng, nett fieb'm hålt nit gråd.
Sövl håt's hålt g'wög'n, vrfteat's mi nar wöll,
Wås iahr austrunnen ifcht, wår a gånßes Star völl.
Ifcht main Gaifcht nit recht völl? —

7. Jaß lafft mar ös Blettarar, ent thûat's jå fö noath,
Für ent hun ig'n kålt'n, fifcht war i långfcht g'froat.
Und kriag'n thûats'n nindacht ban an Krumar fifcht meahr,
Ich hun jå den maining vun Brûfilien går hear;
Geah, geah, und geah, geah!

8. Wia hat denn fifcht ich und main Waib a fö z'löb'm,
Wånn nindacht kuan Mentfch meahr wås z'leaj'n that göb'm.
Und nimmt mar ban Toifl na gråd gröfchlargwais ain,
Wia kinnat denn dås åft a Brånbtwaingeldt fahn?
O fchenkt mer uan ain! —

9. Und wenn ich an Taback toi, und main Waibal v'rfchtill
Sechzg Schalal Kåffee trinkt, ifch dås öppar åft vill?
Drzûe hun ich finf Låpp'm und a Lappin za vrnöhr'n,
Dö kroicht af ålln Viar'n, mar mûaß fe höb'm und lög'n,
S'ifcht nit zun Kroizar vrzöhr'n.

10. Ban Såggra, ban Toiçl, går nit b'rhång ich'n un!
I woaß fchuan wås i thûe, i måch mi gien broun.
Kåltet's enlarö Rapp'm, enlrö Kröpf, enlrö Oaß,
Für bia går dar liab Herrgött kuan Mittl meahr woaß!
I måch mi gien auf b' Roas.

11. Ban Såggra, ban Toiçl, nett uan Ding thûat mi hroi'n,
I mecht mi vor Örgar gråd felbar völl brploi'n;
Mûaß i iaß den Blettaran då main Noathigfain llååg'n,
Und den Schwänß'n vun main Låpp'm und mai'r Lappin ålls fååg'n;
I mecht mi brfchlååg'n, und i mecht mi brfchlååg'n!

7. Ueba d' Handtwercha.

1. Hiaz hån i schon wieda wås g'heart,
As håt's wol koan Apostl nit g'leahrt,
Hiaz sand's üba d' G'werba hea g'råth'n,
Ban oft oan då håb'mt sös daråth'n,
Abar iabat oan håb'mts schon z'vül thån,
An iab'n geht's nåcha nit ån.

2. Zan easch'tn geht's üba bö Bräu,
Sö såg'n åll, sö sand schlecht dabey,
Koan Hopf'n und Målz woln's nit nemma,
Und Biar sied'n thoan's decht gean vül Emma,
Då wischl'ns und waschl'ns hålt z'såmman a Brüah,
Wånn's do tråd an Gschmåchn håt von Biar.

3. Dö Wiarth, bö sand wieda nit fein,
Dö gieß'n eascht Wåssa brav drein,
Dö Krüag sand båld z'eng und båld z'niada.
Sand's lar, so schenkns schon wieda,
Und wånn ma drei Mååß g'soff'n håb'm,
Åst steh'n schon a fünf, a söchs ob'm.

4. Ban Mötzga då geht's åba schen,
Då muaß's auf oan Viartöng z'såmmgehn,
Und nimmt mar a Fleisch auf a Woch'n,
Då kriagst a hålb Pfund und vül Knoch'n,
As is jå so boanög, so spear und so zach,
Daß ma leicht sö dö Zåhnd ållö brach.

5. Da Böcka måcht's a wieda so,
Ea fåhrt a mit dö Preis wolta hoh;
Dea wägt um an Grosch'n,
Als wånn's 's Troad viarzg Guld'n that kost'n,
Dö Semml und Loabl sand åll wolta z'kring;
Geht's daß ent nit schåmt's mit den Ding.

6. Da Müllna bleibt bössa ban Zül,
Von wenög Troad målt a nit vül,
Koan Troad dårf da Müllna nit nemma,
Um's Keahr-Mehl muaß d' Müllnaren kemma,
Da Mühlknecht paßt a wia dö Kåz auf a Maus,
Daß eam nu koan Trinkgeld kimmt aus.

7. Dö Bindta, dö häb'mt hält geän näß,
Äst springans hält ummar um's Fäß,
Däs Wåssa, däs is ean recht zwida,
Daß ållömål aussa findt' wieda,
Äst pid'ns hält åll's volla Bindta=Pech ån;
Däs Wåssa vasitzt sö åst schon. —

8. Da Schuasta pickt d' Löcha kråb zua,
D'rum häst ållweil's Kreuz mit dö Schuah,
Däs Wåssa, däs rinnt aus und ein,
Is oans, wånn's a noi kunnt'n seyn;
Und d' Solna, dö klopft a so dünn,
D'rum sand's ållö Fingalång hin.

9. Und gengan dö Schneida e d' Stea,
Springan's wia dö Kitzl dahea,
Hab'mt a Bißl an Werchzeug zon tråg'n,
Såg'n dennert, sö müaßn sö plåg'n,
Sö låss'n oan Furtz um den oan,
Mit dö Weibaleut hätt'ns gean z'thoan.

10. Dö Wagna, dö sand a nit b'fliss'n,
Wo sö oft a Geld han oan wiss'n,
Dea derf kråb an Årbat ankimma,
Dea wiardt åst dö Noatöng schon inna,
Håt d' Årbat a oft nit lång g'weahrt,
A Trinkgeld wiardt vo glei bögeahrt,

11. Da Schmied, dear is schlechta dabey,
Wås's bring'n, däs hätt'ns gean glei,
Äst måcht ea schon glei schlechtö Glieda,
En Hoamtråg'n schon brech'ns oft wieda,
Låßt oanar a 'n Ochsl böschlåg'n,
Solt ear an Kruag Biar mit eam tråg'n.

12. Dö Zimmaleut schlåfn hält geän,
E da Früah låßt sö koana gean hean,
Zan Eff'nschrein, däs heans hält g'schwindt,
Daß koana nit z'spåt dazua kimmt,
Mit'n Hennan gehn's wieda e d' Ruah',
Schmålz=Nubl mecht'ns a gean dazua.

13. Dö Maura hand a gean spåt drån,
Und bennert håbmt's gean eanan Lohn,
Ban Tåg than's a wieda gean feian,
Thant gean mit da Pfeiffn umleian,
Und ploban den gånz'n Tåg fort,
Aba Beth'n thoan's nia mit an Wort.

14. Da Baua is a hübsch hoch drån,
Ea spöt'lt d' Håndtwercha tråd ån,
Ea sågt, ea muaß mit seina Måss'n
Da gånz'n Welt Nåhröng vaschåff'n,
Aba kam nit da Wåchsthum von Got,
So hätt'n a d' Bauah koan Brod.

V. Verschiedene Gelegenheitslieder, sowohl historischen als satyrischen Inhalts.

—·—

1. Klage-Lied der Zillerthaler über ihre Zustände im Jahre 1645.

(Aus L. Hübner's Beschreibung des Erzstiftes Salzburg.
III. Band, pag. 724, 725 et 726 et 727).

Ach Gott! ach Gott! laß dich erbarmen!
Das Zillerthal ist worden arm,
Durch Leibsteuer und Geldaufschlag,
Und auch andern Anlagen und Beschweren,
So jetzt täglich zunehmen auf der Erden,
Das jetzt der arme Bauersmann
Schier gar nimmer erschwingen kann.
Die Leibsteuer hat gewährt acht ganze Jahr,
Der Aufschlag lang zuvor da war,
Die Kriegs-Musterung auch deßgleich,
Die thät auch Niemand machen reich,
Dieweil es schon so lang hat gewährt,
So ist dem Beutl das Untere oben zu gekehrt.
Der Hunger war bey vielen groß,
Der Leib war an der Kleidung bloß.
Noch wollt's den Herren all's nicht erklecken,
Sie nähmen etlichen die Leibsteuer aus den Bettelsäcken.
Sie thäten so noch weiter wagen,
Und oft ain in die Eisen und Schellen schlagen.

Das geschah etlichen Männern
Zu Fügen in der untern Schranen,
Da wollt sich schier der Handl rühr'n,
Sö thaten ain Schörgen und ain Schreiber schmier'n;
Das thäten sö gar unbesonnen,
Ain Prokuratá ist ihnen noch entrunnen;
Der wollt das Trinkgeld nicht erbeiten,
Er thät bald auf sein Bräunl davon reiten.
Das geschah im sechzehnhundertisten Jahr
Und im fünfundvierzigsten, das ist wahr.
Den neunzehnten Tag im Mayen,
Da thäten sö gar wenig freuen,
Es hätt schier geb'n ein grobes Koch,
Daran man hätt' zu lecken noch,
Wenn nicht Gott mit seinen Gnaden
Uns hätt bewahrt vor solchen Schaden.
Es war schon allbereits all's in Gewehr,
Die Bauern und G'main, ein ziemliches Heer,
Sie laufen zu der Rüstkammer mit Hauf,
Dieselbig muß man machen auf,
Die Kriegsrüstung nimmt man heraus,
Es war fürwahr ein grober Strauß.
Durch das Pinzger wollt man gezogen seyn,
Da kommt der Herr von Stachlburg herein,
Und noch damit zween and're Herren;
Der mehrere Theil hat sie gesehen gern,
Sie haben das Volk dahin bewegt,
Daß man die Rüstuug von ihm hat gelegt.
Der Herr Stachlburger macht ein Beschluß,
Es soll mit ihm ein kleiner Ausschuß,
Hinaus auf Salzburg in die Stadt
Und zu Jhro Hochfürstlich Gnaden,
Da möcht' man noch Gnad' erwerben,
Und das Zillerthal nicht gar verderben.
Der Herr Ueberäcker sollt dieweil da bleiben,
Es thät ihm aber sein Bruder schreiben,
Er soll hinüber in das Pinzgäu,
Da wär er mehrer Sorgen frey;

7

Dann unſer gnädigſter Fürſt und Herr
Schickt in das Pinzger gar viel Kriegsvoll her,
Die ſollten zu denſelbigen Malen
Das Zillerthal bald überfallen,
Das haben die Zillerthaler bald vernommen,
Seind mehr als ſechs Tauſend zuſammen kommen,
Gar eilends und bald.
Sie zogen hinein in Pinzger Wald,
Daſelbſten wollten ſie ſo wöhren;
Wie wohl ſie hätten nit viel zu zöhren;
Etliche wollten ſchier fliehen davon,
Doch waren die mehreren tapfere Mann.
Zu Ranach die Salzburgiſchen lagen,
Und thaten ſich mit einer Schanz verhagen,
Und thaten dort auf die Bauern loſen,
Es hab'n ihnen auch oft gezittert die Hoſen,
Und gedachten auch oft in den Herzen,
Mit den Lappen iſt nit gut ſcherzen.
Da hat man noch andere Mittel vorgenommen,
Damit man zu einem Vergleich iſt gekommen,
Es mußte auch daſſelbe Mal
Ein Ausſchuß aus dem Zillerthal
Gar eilends und gar ſchnell
Hinunter in's Pinzger und Mitterſell.
Da hat man ſich verglichen zu gleicher Zeit
Miteinander zu beyder Seit.
Und wann nur Gott den Herrn bäth,
Daß man dieſen Vergleich halten thät,
Die Reichen ſowohl, als die Armen,
Gott wolle ſich unſer noch erbarmen,
Gott hat uns dadurch zu verſtehen wollen gehen,
Daß wir hinfür ſollen anderſt leben,
Die Oberkeit ſoll merken dabey,
Daß ſie nicht ſo tyraniſch ſey.
Tyranney iſt ein Mutter der Rebellion,
Das iſt fürwahr ein grober Stam:
Es iſt aber nit anderſt beſchaffen,
Nicht gar ſo unterdrucken die Armen,
Sondern ſollt ſich über ſie erbarmen.

Gott thut halt ain mit den andern strafen,
Ein jeder sucht zeitlich Gut und Ehr',
Verachtet dadurch Gottes Gebot und Lehr',
Und wann wir thäten, wie wir sollten,
So thät' Gott auch, wie wir wollten.
Es hat aber ein solche Gestalt:
Wenn oft einer hätt' der Obrigkeit Gewalt,
So möcht ich wohl sagen rund,
So wär' er der allergrößte Hund,
Zu dem Nehmen wär' er nicht faul,
Er riß ain andern das Brod aus dem Maul,
Darum will's gar langsam besser werden,
Dieweil wir leben auf der Erden.
Hilf Gott, daß wir uns bald bekehren,
Und alsdann wird es besser werden,
Und wird die Obrigkeit und Unterthanen
Ganz freundlich mit einander wohnen,
So werden sie sicher seyn vor der Rebellion;
Das wünscht von Herzen ein alter Mann,
Der dieses kurz in Reim verfaßt,
Der hat allzeit den Unfried gehaßt,
Herentgegen hat er geliebt den Fried',
Die Rebellerey gefällt ihm nit.

2. Kirchweihlied, welches dem Erzbischofe Sigismund, als er im September 1759 die Weihe der Kirche St. Laurenz beendet hatte, während der Mittagstafel zu Maria-Pfarr abgesungen wurde.

(Aus Ignaz von Kürsingers Werke: „Lungau", Salzburg, bei Oberer 1853.)

(Singweise Nr. 25.)

1. Got g'seng ent's ållö Hearn und läßt's ent's brav schmöda,
Und läßt's ent z'wög'n meina von Öss'n nöt schröda,
J wûl ent daweil öppas wundaligs såg'n,
Wås si bey da Kirweih fûa Handl zuatråg'n.

2. J lag no en Strohbött, åft hear i gach schiaß'n,
J zitar då Schrod'n auf Händt und auf Fûaß'n,
J roat ma, poß taus'nd, hiaß is's um uns gå,
Da Kinig von Preuß'n is wirkli schon då.

7*

3. Aſt bin i wol fluggs vo mein Häuſl wöt g'loffa,
Und hån untawögs glei mein Nåchban åntroffa;
Aſt ſåg i, han Nachba, wås thoans ſo rebell'n?
Aſt ſågt a: da Füarſcht weicht gen b' Lenz'n=Råpell'n.

4. Wiar i nu en Füarſcht'n bey'n Nåhma hear nenna,
So dent' i ma, hålt! heunt' learnſt'n gen kenna!
Is, glab' i, a kloanar, a går g'ſteiſta Mån,
Als kunnt eam a Graoßar en g'ſcheidt=ſeyn nöt ån.

5. Bua! wiar ih'n hålt g'ſeg'n hån, då thats mi frei paoß'n,
Und that ma vo Freud'n mein Hearzl daſtaoß'n,
Als wånn ſi a Schmied en mein Bauch håt vaſtöckt,
Und håt mit ſein Leahr=Buaman Huafnögl g'röckt.

6. Bey'n Füarſcht'n war oanar a Hear går a netta,
Is moan i en Füarſcht'n ſein leibliga Wötta,
Is oana, dea ſågt ma, ea hoaßt da Gräf Bitz,*)
D'rum is a ſo rantig und ſchnel wia da Blitz.

7. Hiaz mauſat da Füarſcht ſchen ſtab hin zu ſein Standl,
Aſt ſötzt a ſi niedar, åſt göb'ms eam a Gwandl:
A ſchneeweißö Pfoad volla Fålt'n und Spitz,
Sö muaß jå recht guat ſeyn en Summa fûa b' Hitz.

8. Aſt thoans eam a Kreuz üban Håls åni hånta,
Wås dößl bödeutat, kunnt i ma nöt denka.
Aſt fial ma dö Kindaleahr Bruadaſchåft ein,
Da Füarſcht weil a 's Kreuz håt, muaß Voſtehar ſeyn.

9. Aſt göbm's eam an Måntl dea måchat mi wundan,
Ea`håt jå an Furm gråd ſovül an b'funban
Von ållaloa Fårb'm, i that jå gråd ſchau'n,
Wa gſchekat, grean, ſchwårz, blåb, weiß, gelb, raoth`und braun.

10. Aſt håbms eam hålt aufg'ſötzt a ſpizatö Kåpp'm,
Dö måchat mi ſchia zun an hålbat'n Låpp'm,
Sand ſtoananö Warz'n und Heahnaraug'n drån,
Dö glinzeln und glånz'n åls wia Sunn und Mån.

---

*) Graf Vinzenz Schrattenbach, Fürſtbiſchof zu Brünn.

11. Aft häbms eam en d' Hånd göb'm an wundalign Sted'n,
Dea war en da Hech kloan vabraht åls wia b' Schnel'n.
Ea that gråd aon Gold und von Sülba schwa wög'n,
Mein Drischljtåb war jå gråb hülz'ra vagög'n.

12. Und wia nu dås Ånlög'n wa völli vorüba,
Aft geangs mit da Kirweih råsch übar und üba,
Dö Geistling von Lungau warn ållö beynånd
Und håt schia an iadar a Buach en da Hånd.

13. Zeascht thatns oans bracht'n und åft wieda beth'n,
Ållö Heilign von Himl zo da Weich åba neth'n,
So oft da Füarscht nennat an Heilign beyn Nåhm,
Schreins Oarbrod und Arbös*) åll mitgnånd z'såmm.

14. Wiar i auf den Håndl that gå so nett spech'n,
Då håt mi en Füarscht'n sein Wåchta dasech'n;
Då hoaßt 's: geh zapf di, thua di nu glei böb'n,
Sunst wül i da b' Rippmstöß duzatweis göb'n.

15. Bua wiar a dös gsågt håt, hån i mi nöt b'sunna,
Bin fluggs wiar a Diap aus da˙ Kirchar entrunna,
Aba dös that mi woin, daß is nöt hån gseg'n,
Wås sunst bey da Kirweih füa Handl sand g'scheg'n.

16. Wiar åft da gånz Håndl vorüba is gwöf'n,
So hoaßats da Füarscht thuat bö Kirweih=Möß löf'n.
Då hån i mi fluggs en bö Kirch' eini druckt,
Und wur bey da Möß schiaga völli vazuckt.

17. Sobåld nu da Füarscht is en d' Kirch eini tret'n,
Då håbmt's glei an Dusch gmåcht mit Pauck'n und Trumpett'n,
Bua, dös war a G'rumpl, i hån jå frey g'schaut,
Dahoam, wånn ma brösch'n, thuats lång nöt so laut.

18. Sobåld nu da Füarscht is beyn Hochåltår g'stånna,
Aft geangs auf dar Orgl eascht toll hintranånna,
Båld auffi, båld åbi, båld weni, båld vül,
Båld graoßö, båld kloanö, båld laut und båld stül.

---

*) Ora pro nobis.

19. Åſt håt b' Jungfar N<!---->arl zon Einga ång'fånga,
Si tunnt mit da Stimm ſchiar åns G'wölt åni g'långa,
Bua! dö håt a Stimmarl, ſo tlår tamms ma fúa,
Åls wiar a recht ålt åglögns Halenga=Biar.

20. Sö måcht ſchenö Zitra und ållaloa Nabl,
J glab jå, iahr Gurgl hängt ſchiar ån an Drahtl,
Sö håt jå an Åthen ea weahrt jå ſchiagår,
A Tauſ'nb Siebmhundart und Neunafufz'g Jåhr.

21. Da gnädi Hear Pfåra dea gſial ma gånz bſunda,
Ea geigat vans åba ſo g'ſchwind wia da Plunda,
Ea håt a graoß gwåmpatö Geign auf da Seit',
Als håt' dös beartsgåbnariſch Landl drin weit.

22. Da Kirſchna vo Mautandorf that ſö toll braucha,
Ea geigat, daß eåm ållö Håår that'nt raucha,
Ear is mit'n Fiedelbog'n auf und ågrennt,
Oan Strich geht von ålt'n ens neu Teſtament.

23. Daweils a ſo ſingant und geig'nt úbar und úba,
Daweil wiardt en Füarſchtn ſein Mößl vorúba,
Åſt thatn mar uns åll auf b' Knia niedalög'n,
Åſt geit uns da Füarſcht z' Lohn ſein drepfåch'n Sög'n.

24. Und wia da gånz Håndl vorúbar is gwöſ'n,
Åſt thatn's en Füarſcht'n ſein Leahrbriaf valöſ'n,
Åſt hån i mi fluggs aus da Kirch aufſö g'ſtohl'n,
Und that nu en Wiarthshaus en Åblåß åhol'n.

25. Weil i mi bepn Biaglås no luſti that måcha,
Då tammant dö úbrig'n Nåchban a nåcha:
Da Veitl, da Thomarl, da Jådl, da Zenz,
Da Bartl, da Woſarl, da Hias und da Lenz.

26. Mia ſaß'n bepnånda, mia liaß'ns uns ſchmöcka,
Mia ſuff'n a rechtſchåffns Noagl awöcka,
Z'lötzt trunkmar en Füarſchtn ſein Gſundheit åll z'gleich,
Daß eam Got a gſcheidö Regiarung valeich.

27. Dö Gsundheit dö hån i mit Freud'n austrunka,
Åst is mein Vastånd schiaga völli vasunka,
As kamm ma da Schwindl, koan Fuaß wolt mi tråg'n,
Und wias mar åst gångar is, dårf i nöt såg'n.

28. Hiaz b'füat enk ållö Hearn, thoats mias nöt vadenka,
Daß i's då so bäurisch vazöhlt hån vor Enka;
I hån vülz grob z'eff'n, drum låns hålt nöt seyn,
As fålt ma dås hearischö Bracht'n nöt ein.

8. Dö Pinzgara wolt'n Kirsiart'n gehn. *)

(Singweise Nr. 26.)

1. Vor: Dö Pinzgara wolt'n kirsiart'n gehn,
Chor: Widi wadi we, eleison!
Vor: Sö wolt'n singa, åba kunnt'ns nit gå schen,
Chor: Widi wadi we, eleison!
Vor: Kirsiart'n thoants gean, dös woaßt jå von eh',
Chor: Juhe! widi wadi we!
   Gelobt sey dö Christl und b' Salome!

2. Vor: Dö Pinzgara gengant um an Dum herum,
Chor: Widi wadi we, eleison!
Vor: D' Fåhnastång is brocha, hiaz gengans mit'n Trumm,
Chor: Widi wadi we, eleison!
Vor: Ung'schickt sand's jå, dös woaßt jå von eh',
Chor: Juhe! widi wadi we!
   Gelobt sey dö Christl und b' Salome!

3. Vor: Dö Pinzgara wolt'n en Dum hinein,
Chor: Widi wadi we, eleison!
Vor: D' Heilög'n that'n schlåf'n, sö kunnt'ns nit daschrey'n,
Chor: Widi wadi we, eleison!
Vor: Guatö Tag håbmt sö, dös woaßt jå von eh',
Chor: Juhe! widi wadi we!
   Gelobt sey dö Christl und b' Salome!

---

*) Von diesem alten Spaß-Liede finden sich weit verbreitet unzählige Varianten. Viele davon wurden sogar im Auslande mit beliebigen Zusätzen, die oft die größte Unkenntniß vom Lande beweisen, fabrizirt und gedruckt. Wer kann noch den Urtext verbürgen? Die Melodie ist schön, beinahe zu würdevoll für diesen Spaß.

4. Vor: Dö Pinzgara gengant en Dum hinein,
Chor: Widi wadi we, eleiſon!
Vor: 's großö G'ſchlamp voraus, däs kloanö hint'n drein;
Chor: Widi wadi we, eleiſon!
Vor: Pinzgara ſands jå, dös woaßt jå von eh',
Chor: Juhe! widi wadi we!
Gelobt ſey dö Chriſtl und b' Salome!

5. Vor: Grüaß dö Got, Sålvåta, du guldana Mån,
Chor: Widi wadi we, eleiſon!
Vor: Schau üns ſein gnädög und güatla heunt ån,
Chor: Widi wadi we, eleiſon!
Vor: Allö Jåhr lemma ma, dös woaßt jå von eh,
Chor: Juhe! widi wadi we!
Gelobt ſey dö Chriſtl und b' Salome!

6. Vor: 's Dorf låßt di grüaß'n, davontweg'n ſamma då,
Chor: Widi wadi we, eleiſon!
Vor: Mia klåg'n dar ünſa Noth, en Seg'n hol'n mar å.
Chor: Widi wadi we, eleiſon!
Vor: A guata Datl biſt jå, dös woaß ma von eh',
Chor: Juhe! widi wadi we!
Gelobt ſey dö Chriſtl und b' Salome!

7. Vor: Thua ünſan Füarſcht'n 's Hearz damåhn',
Chor: Widi wadi we, eleiſon!
Vor: Daß ear üns mecht mit'n Stoian vaſchon';
Chor: Widi wadi we, eleiſon!
Vor: Ärmö Haſcha ſamma, dös woaßt jå von eh',
Chor: Juhe! widi wadi we!
Gelobt ſey dö Chriſtl und b' Salome!

8. Vor: Thua ünſan Pflegan 's Concept varucka,
Chor: Widi wadi we, eleiſon!
Vor: Daß ſö üns thoant nit går a ſo drucka,
Chor: Widi wadi we, eleiſon!
Vor: Leutſchindta ſands jå, dös woaßt jå von eh',
Chor: Juhe! widi wadi we!
Gelobt ſey dö Chriſtl und b' Salome!

9. Vor: Wånnſt üns liaßt a b' Schörgn varöcka,
Chor: Widi wadi we, eleiſon!
Vor: That ma dar epps en Opfaſtock ſtöcka;

Chor: Widi wadi we, eleiſon!
Vor: Wolta z'fürcht'n ſands jå, bös woaßt jå von eh'
Chor: Juhe! widi wadi we!
  Gelobt ſey dö Chriſtl und d' Salome!

10. Vor: Låß üns 's Korn und 'n Woaß'n tråthn,
Chor: Widi wadi we, eleiſon!
Vor: Aſt woln ma üns brav Dåmpfnudl bråt'n,
Chor: Widi wadi we, eleiſon!
Vor: Freſſ'n mög'n ma vül, dös woaßt jå von eh',
Chor: Juhe! widi wadi we!
  Gelobt ſey dö Chriſtl und d' Salome!

11. Vor: Schick üns Kölba, ſchick üns Rinda,
Chor: Widi wadi we, eleiſon!
Vor: Aba dazua nit gå z'vül Kinda,
Chor: Widi wadi we, eleiſon!
Vor: A Stubm vol is gnuag, dös woaßt jå von eh',
Chor: Juhe! widi wadi we!
  Gelobt ſey dö Chriſtl und d' Salome!

12. Vor; Und wånnſt üns hoia mit'n Schaua thuaſt plåg'n,
Chor: Widi wadi we, eleiſon!
Vor: Thoan ma da d' Heilögn üban Åltår åbö ſchlåg'n,
Chor: Widi wadi we, eleiſon!
Vor: Grobö Liml'n ſam ma, dös woaßt jå von eh'
Chor: Juhe! widi wadi we!
  Gelobt ſey dö Chriſtl und d' Salome!

13. Vor: Såg en heilög'n Petan, daß ear auf üns paßt,
Chor: Widi wadi we, eleiſon!
Vor: Daß' wånn ma ſterbm, ear üns en Himl laßt,
Chor: Widi wadi we, eleiſon!
Vor: A hårta Mån dös is a, dös woaßt jå von eh',
Chor: Juhe! widi wadi we!
  Gelobt ſey dö Chriſtl und d' Salome!

14. Vor: Gieb üns hålt nåcha a ſeelöges Endt,
Chor: Widi wadi we, eleiſon!
Vor: Daß ſö hålt koanar e da Höll en Årſch vabrennt.
Chor: Widi wadi we, eleiſon!

Vor: Es Fegfoia muaß ma, dös wiß' ma von eh',
Chor: Juhe! widi wadi we!
  Gelobt sey dö Christl und b' Salome!

15. Vor: Heilögö Måria, junkfräulöchö Ziard!
Chor: Widi wadi we! eleison!
Vor: Måch, daß koan Bua üns koan Diandl vafüart;
Chor: Widi wadi we, eleison!
Vor: Valiabtö Kåtzn sands, dös woaßt jå von eh',
Chor: Juhe! widi wadi we!
  Gelobt sey dö Christl und b' Salome!

16. Vor: Heilöga St. Leanhart, dea 's Vich ålls kuriart,
Chor: Widi wadi we, eleison!
Vor: Måch, daß üns hoia koan Rindl nit krepiart;
Chor: Widi wadi we, eleison!
Vor: D' Ochs'n sand jå thoia, dös woaßt jå von eh',
Chor: Juhe! widi wadi we!
  Gelobt sey dö Christl und b' Salome!

17. Vor: Heilöga St. Floriån, du Wåssaküblmån!
Chor: Widi wadi we, eleison!
Vor: Vaschon ünsrö Häusa, zündt åndarö ån,
Chor: Widi wadi we, eleison!
Vor: 'S Foia dös fürcht' ma, dös woaßt ja von eh',
Chor: Juhe! widi wadi we!
  Gelobt sey dö Christl und b' Salome!

18. Vor: Dö Pinzgara gengant aus 'n Dum heraus,
Chor: Widi wadi we, eleison!
Vor: Und laff'n glei einö es nagstö Wiarthshaus,
Chor: Widi wadi we, eleison!
Vor: Då trinkn's Sålvåtas G'sundheit von eh',
Chor: Juhe! widi wadi we!
  Gelobt sey dö Christl und b' Salome!

4. Dö Dura-Möß.

Singweise Nr. 27.

1. J giang amål ge Zeall hinå,
An Süntach ain dar Fruah',
Ast warn går viele Låite då,
J denk wås thent wöll dia.
Ast håbmt's a groaßa Schelle glåit',
Hun går nit gwißt, wås dös bedåit',
As håt mi schiar darschröckt,
Hun gråd 'n Grind aufströckt.

2. Ast blieb i nöch a Boißl stiahn,
Und hun gråd glöst und gschaut;
Ast höf'nt dö Låit un ainhn z'giah'n,
J hun mach kam getraut.
Und drinn hends ausanåndar g'löff'n,
Js 's uana dörcht, 's uan dåhin g'schlöff'n,
Ain dar groaß'n Hütt',
Und i blieb a dar Mitt'.

3. Dia Hütt', dia war vun Schott'n g'måcht,
Und Kraffl drain woaß wås.
Wear öppar sölla Ding drtråcht,
Wia wunderlach ischt dås?
Ast håt ar mit an långn Lünt'n
Waiße Stabl ungezündt'n,
Mi wundacht gråd ban Tåg;
Gråd züegiahn thüets wias måg!

4. Ast håbmt sö meahr a Glöggl glåit,
Hun gmoant as kömman Kuah;
Hun går nit gwißt wås dös bedåit',
Då gwöß'n bin i nia.
Ast hend a dreie fürhn g'löff'n,
Woaß 's nitta wö se hear hend g'schlöff'n;
Ain dar Pfoad, i wött',
Sö hend gråd hera vun Bött.

5. Aft höf'nt so ze zäpp'ln un,
Håbmt zäpp'lt, håbmt so gnoagt,
An iabar zäpplt wås ar kun,
Ins håbmts en Rück'n zoagt.
Und ain bar Heach håts ung'höft z' giahn,
Und uanr håt ållwal Låit zåmm g'schrian,
Und wenn dös Låitzåmg'schroa
Båld går war, war i sroah.

6. Aft håt ar meahr an Schroa gethun,
Aß's ålle Låit håb'mt g'heacht,
Und ain· bar Heach håts Rumplar thun,
Dös Ding håt lång geweacht.
Aft galling ischt ar går wegg'löff'n,
Und ischt åst ain a Krautbrennt g'schlöff'n,
Gekriagt a gånze Stünd,
Und g'hublat ins wia b' Hünd.

7. Aft z'löscht håt ear meahr sein gethun,
So bückt und herrisch g'noagt,
Ear schaugt dö Låite ålle un,
Håt ins 'n Güli*) zoagt.
Håt åstang b' Schuastarkåpp heartkriff'n,
Und ischt durch ålle Låite g'schmiff'n,
Ischt åst voarsürhn krennt,
Wåscht so mit Bråndtbain b' Håndt'.

8. Aft höf'n so meahr z' glöggln un,
Dös Glanglwerch und Thuan,
Und ain bar Heach håts Krachzer thun,
Still, laute, groaß und kluan.
Af uanmål hend dö kluanen Knoch'n
Zue ben groaß'n züehn kroch'n,
Håt so bar Groaße gnoagt,
Und ins an Boarmaß**) zoagt.

9. Dös Ding håt nar a Boisl g'weacht,
I woaß's nit, wia mach's nennt,
Aft håt ar nu gezöcht ameacht,
Aft nahm dös Gjoad an Endt.

---

*) (Den) Güli (Pusterthal Gulli) zoagn = die Feigen zeigen.
**) (Der)Boarmaß — ‿ (bei Innsbruck Vormueß) = das Frühstück.

Aft thũat ar sö meahr umhrlearn,
Und zoagt miar söll'n ins waitar schearn,
Nimmt äft en Fuchsschwänz hear
Und loapt ins nimmarmeahr.

19. Ear hät a kũrzes Röckl un,
Ischt auf und auf vanänd,
Und um und um hend Boacht'n drun,
Und Blũamlang ãllarhänd.
Äft hend dö Läit äll weggelöff'n,
Hun schiagar niambt meahr ungetröff'n,
Sö laffn hin zon Wiacht,
Häb'mt Kranbötan probiacht.

5. Änglöckna-Liad.

(Aus Hübner Fol. 387 und 388 im II. Bande, Salzburg 1796.)

„Ihr meine lieben Brüder, stehts zusamm in a Scheib'm,
„Und so woll'n mar ein Bois uns mit 'n Singa vatreib'm,
„So gehn ma daher hält a bei da Straff'n,
„Daß ma nit zualehrn, däs mögn ma nit lass'n.
„Wohl unter der Hausthür steht dort der Hauswirth;
„So grũeß'n ma zum Ersten den ehrsamen Hauswirth,
„Wohl am fruhen Morgen, da fallet der Thau,
„Und grũeß'n zum Andern die ehrbare Hausfrau,
„Wir grũeß'n die Knecht, wir grũeß'n die Diern,
„Wir grũeß'n das Kindlein wohl inner der Wieg'n,
„O du lieber Hauswirth, das Grũeß'n is aus,
„Wann du uns nit aufthuest, gehn mar zu an andern Haus.“

Wird nun aufgethan, dann wird weiter gesprochen:

„Wir wũnschen dem Hauswirth viel Glück in das Haus,
„Das Unglück mueß weit über die Berge hinaus.

NB. Das Änglöckeln kömmt jetzt ab. Man hielt es einst für ein
Vorzeichen eines fruchtbaren Jahres, wenn sich viele Anglöckner mel-
deten. (Hübner).

„Wir wünschen ihm Glück, wir wünschen ihm Seg'n,
„Wir wünschen ihm fruchtbaren Thau und auch Reg'n,
„Wir wünschen ihm Glück, wir wünschen ihm Heil,
„Damit ihm das Glück werd' alles zu Theil.
„So wünschen wir Glück ihm halt überall,
„Wir wünschen ihm Glück zu dem Vieh in dem Stall.
„Nun wollen wir das Wünsch'n beschließ'n,
„Es möchte dich Hauswirth das Los'n verdrieß'n".

6. Danklied der Sternsinger nach den empfangenen Geschenken.

(Singweise Nr. 28.)

1. Wir wollen dankbar sein,
Jetzt und vor Allen,
Für jene Gaben,
So ihr uns habt geben.
Gott der Allmächtige
Wird euchs bezahlen
Und euch belohnen
Im ewigen Leben.
's Kristkindelein im Krippelein,
Maria, Joseph und die Engelein.

2. Diese zusammen seind
Groß in Vermögen,
Weil sie im Himmel
Beisammen jetzt all;
Woll'n auch erhalten
Den göttlichen Segen
Ueber die Feldfrücht'
Und 's Vieh in dem Stall;
Und euch bewahren vor aller Gefahr,
In G'sundheit erhalten beisammen dieß Jahr.

3. Nun denn, so wünschen wir
Euch und noch eben
Ein freudenreiches,
Glückseligs neu's Jahr.

Gott der Allmächtige
Wird es euch geben
Und unſer Wünſchen
An euch werde wahr.
's Letzte soll ſeyn, o Jeſulein,
Führe uns all in den Himmel hinein.

4. Endlich komt an die Zeit,
Daß wir uns ſcheiden,
Und wollen ſingen
All zum Beſchluß:
Gott und Maria
All Ehr zu erweiſen
Mit dem ſo ſchönen,
Gewöhnlichen Gruß:
Gelobt ſei dann Jeſus ſein Nahm,
Laß uns genießen die himmliſche Kron.

7. Ueber das Abſchaffen der Feiertage in unſerm benachbarten Bayern.

1. Schauts loſt's tråd iatzunda, wås i enk wül ſåg'n,
Wås ſö meahr bein Plundar en Boarn håt zuatråg'n;
Hån z'nagſt'n an boaröſch'n Kålendar ång'ſchaut,
Hån a wenög drein g'leſ'n, åft håt ma glei grauſt.

2. J nimm hålt dö Blatl und wirfs hin und hea,
Då fundt i koan oanzög'n Feyartåg mea.
Måthias und da heilögö Sebåſtiån,
Dö håt'n jå ſünſt ean' g'wiſſ'n Tåg ſchon.

3. Georgi fial ſünſt den 24. Abrül,
Dea håt ſö varit'n, Bua dås is a G'ſpül!
Philippi, Jåkobi, dö zwen dö i ſåg,
Dö gehnt hålt gånz traurög herum e da Klåg.

4. Sö hand gånz vadroſſn und vola Kumma,
Daweils ean ean' Tåg håb'mt gånz weda g'numma.
Dea Tåg wa ſünſt ållzeit en 1. May g'ſåln,
Hiatz håbmts 'n hålt ar auf'n Suntåg hing'mål'n.

5. Und wia mit åll'n ben, dö i hiaz hån gnennt,
So håbmt sö en gånz'n Kålenba vawendt (verkehrt),
St. Beno alloanög, den håltns nu schon,
Warum? weil ear is eana Lånds-Patron.

6. En Månat'n July, wånn i's recht wül såg'n,
Dort that ma sünst ållweil brei Feyartag håb'n,
Måria Hoamsuachöng den 2. is gfåln,
Den thoants a schon wiebar auf'n Suntåg hinmål'n.

7. Da Heilög St. Jåkob und bö Mågbalena,
Bua bö weant hålt ar a Weil ummaflehna,
Dös Ding wiarbts vabriaß'n, i kån ba's nit fågn,
Als wiarbts a nix nutz'n ean' Woan' und ean Klågn.

8. Nåch'n July fålt ållzeit 's August-Månat ein,
Dort weant a zwen ågschåfftö Feyartag seyn,
En St. Lorenz håbmt's leb'mbta bråt'n und g'rest',
Dear is hålt sünst ållzeit den 10. g'west.

9. St. Bartlmä is den 24. g'fål'n,
Dea muaß's mit seina Haut theuar bözåhl'n,
Und bennert leid't ear ålls mit graoßa Göbuld,
Als wånn a bös håt ålls rechtla vaschuldt'.

10. Hiaz kemma mar en Setemba hinein,
Dort weant zwen ågschåfftö Feyartag seyn,
Måtthäus, den håt ma sünst ållzeit schon gwißt,
Daß ea den 21. Månatståg ist.

11. Måtthäus, bea bö Evångeli thuat b'schreib'm,
Dea wiarbt neama gfeyart, den låss'ns schon bleib'm,
Dar Erzengl Michel mit såmmt seina Wåg,
Den håb'mts a wekgnumma sein oagnan Tåg.

12. Ea wiarbt eana's åba gånz orbentla zåhln,
Sobåld 's auf da Wåg sitz'nt, laßt a's hålt fål'n,
Ea frågt nix banåch, füln s' hin, wo sö woln,
Als is eam oan Ding, wånns ba Toifl thuat holn.

13. Von Månat Oktoba kån i nit vül såg'n,
Dort thoan ma nu kråb oan Feyartåg håb'n,
Simon und Jubi fålt a bort'n ein,
Dö håbmts a wekgnumma, wiarbt ean a nit liab seyn.

14. Dar easchtö Novemba, dea thuat sô no g'freu'n,
Daweil ållö Heilögn beinånda thoant seyn;
Dea wiardt nit vakeahrt, bleibt en sein' Ståndt,
Dear is jå en Reich'n und Årman bötånnt.

15. Den 11. Novemba, von den i hiaz såg,
Dort fållat en Heilögn Mårtini sein Iåg:
O heilöga Mårtini, du mit deina Gåns,
Du wiarst neama g'hålt'n, wohl åba da Iånz.

16. O heilögö Kåtharina, dia fåg i's gen tråd,
Dih håbmts a welg'worf'n mitfåmmt bein' Råd;
Dih håt jå koan oanzöga Mensch neama gearn,
Weil du uns dö Hohzat'n und Tanz thuast åspearn.

17. En heilög'n Ånbrå låff'nts a nit beifeit's,
Den woln's hålt a peinöng mitfåmmt sein' Kreuz;
Mein, schåmts enk meinö Hearn und denkts do a brån,
Wås håt enk da stoanåltö Ånbrå'l thån?

18. Hiaz geht da Kålenda schon völlög zan Endt,
Dös lötzt Månath wiardt da Dezemba gönennt,
Nidolai und Thoma dö zwen wúl i fåg'n,
Dö zwen thuat ma funst ån oanazwangöst'n håb'n.

19. Wås fol i vo dö Weihnåcht-Feyartag fåg'n?
Dort håbmts zwen welgnumma, tåns neambt meah bafråg'n.
O heilöga Johånnes, du Evångelist,
Wea woaß, wo du mit'n Evångeli hin bist?

20. Zan Schluß fålt mar åba hiaz eppas nu ein,
Wås thuat's mit'n Ostar-Oerchtåg denn feyn?
Da Pfingstörchtåg war a funst bötånnt,
Sö håbmt'n ausg'strich'n, håt nindert an Ståndt.

21. Ös unschuldögna Kinda leidt's ös 's mit Göduld,
Ös findt's bei dö boaröfch'n Hearn koan Huld;
Ös feidt's bei dö felböng hålt wolta varåcht',
As g'schiacht enk hålt a, wia fö's mehran håbmt g'måcht.

22. Wia moants ös denn eppan, ös boaröfch'n Hearn,
Warum fol'n ma hiaz koan' Heilögn meahr eahrn?
Wås håbmt enk denn eppan dö Heilögn meah thån,
Daß's hiazund auf oanmål so zeonög feidt's drån?

8

23. Und oans eascht is wirklar a wolta rar's Gspül,
Aß's den no woln sträf'n, dea nit årbat'n wül,
Wear ån an Feyartåg dö Årbat laßt seyn,
Dea kån auf a Viartljåhr e 's Zuchthaus hinein.

24. I geh nit e's Boarn unımö, läß's schon beiseit,
Mi håt jå mein Lebtåg koan Årbat nit g'freut,
En Sålzburg und Inviartl is 's dårum guat,
Weil ma za dar Årbat hålt neambt zwinga thuat.

8. Dö Bauarn=Wålfåhrt.

(Singweise Nr. 29.)

1. As gang amål a Bauarsmån
Wålfåhrt'n mit da Sein',
Dö Bäuaren dö gang vorån,
Da Bauar hint'n drein.

2. 's Weta håts en Ånfång thån,
Bis sih da Windt håt draht,
Då fångts auf oamål 's Tröpfln ån
Und enbla reg'nts schen stad.

3. Då höbt es Weib en Rock auf d' Heh,
Und ziacht'n úba's G'sicht;
Då hängt sich ån dö Pfoad auweh!
Daß mar en H . . . . . . sicht.

4. As gengant går vül Leut vobei,
Und ållö håbmt's recht glåcht;
Denn so wås sicht ma nit ållwei,
I håts hålt a so gmåcht.

5. Drauf sågt es Weib zan iahrn Mån:
„I woaß 's nit, wås 's bödeud't,
As schaugnt ållsåmnt mih wel ån
Und låch'nt ållö Leut."

6. Só låch'nt diħ hålt bößtweg'n aus,
Weil sö dein' H...... seg'n;
Doħ geħ du zua, måch dia niȥ draus,
Wås is denn a drån g'legn?

7. Då schreit hålt volla Zorn es Weib:
„Du bist a dumma Stiar!
Du håst as g'segn dö gånzö Zeit,
Und sågst koan Wartl miar!"

8. Drauf sågt da Bauar: Thua nit a so!
I hån wol g'seg'n hi,
Hån g'moant, du håst diħ so valobt,
Wås woaß denn weitar i?

9. Ueber den Lurus der Mentscher.

(Singweise Nr. 30.)

1. Seidt's lustög åll Buabma
Und bleibts a wenk då,
Jaȥ wolln ma gen singa
En Mentscharn ean Baħ;
Wås schen und wås thoiar is,
Kaff'nts ean ein,
Und weil håt an iadö
Dö Schena wül seyn.

2. Zan Leibl und Miada
Då kaff'nts ean ein,
Da Stosst is ean z'niaba
An Åtlåß muaß's seyn.
Wås iaȥ so a küaħbreckögs
Ståll=Diandl trågt,
Dös håt jå vo Zeit'n
Koan Grafenn nit g'håbt.

3. Und Tüachl håb'mts um,
Wia dö Damaj'n tråg'n,
Wås kost' eaȥt da Kopf
Und da wuȥlbraun Kråg'n!

s *

Dö Haub'm zwölöf Gulba,
Da Huat kost' glei neun,
Da Flor a sör Thåla,
Äst geht da Kropf drein.

4. Und eh's e dö Kirch'n geh'nt
Oba zan Tånz,
Då nimmt schiar an iabö
An Spiagl e b' Håndt;
Då richtn'ts eans schon,
Aß schen g'schnuaggalat sand.
Håt oanö zwenk Färb
Und so reibt sö sö's G'sicht.

5. All Mentschar, ös Maß'n,
Dös Ding is nix nuß,
Dö Buabm wollt's ånraß'n
Mit enkan Aufpuß.
Ös håbts enkan Stolz,
Biß's enk werf'nt es Gråb,
Damit aß da Luzifa
Ar a Freud håt.

6. „Seidts då mejnö Mentscha,"
Wiardt da Luzifa såg'n,
„Und weil ma na koanö
Meahr untreu is wårn!
Dö Buabm wearnt båll kemma,
Dö ös vafüahrt håbt,
As wiardt enk gen glei
A wårms Ertl vaschåfft."

10. Ein ähnliches.

1. Gehts hear und i muaß enk wås såg'n,
J wül enk mein Ånlieg'n klåg'n;
J hån jå ban Tåg und bo da Nåcht niar an Ruah,
Dö Weibaleut lassnt mar überåll zua.
J bin jå a Jung-Gsöll so keusch,
Drum håni a går so a Kreuz.

2. Mein, schauts na kråd ån den Aufputz,
So moanants, krieg i gen a Lust;
I hån jå dagög'n an Schrock'n, an Graus
Und sö brennant sö går no dö Håarlockal aus.
Åst thoant's hålt zan Spiagl hinstehn,
Da Toifl schaut außa zan ean.

3. Und wånns hålt an Spülmån thånd hearn,
So mecht'ns vo lauta Loab reahr'n,
Då gebmt's hålt en Buaman båld dös und båld dås,
Månns oana na hinfúahrt, wo Tånzmusög is.
Und wånns hålt nit kemmant zan Tånz,
So wearn's vo lauta Loab krånk.

4. Von Heireth'n dårf i nit röd'n,
Då kammants glei buzatweis zweg'n;
Då nammants glei wiedar en Spiagl e b' Hånbt,
Und lögat an iadö s' Neumodö-Gwåndt ån.
Da Luzöfa geit eans hålt ein,
Ea wiardt wol ean Hofmoasta seyn.

5. Meinö Mentscha, dös wül i enk såg'n,
Dö Buabm håbmt enk kloan für an Nårn.
I gieb enk an Råth: mein bleibts kråd alloa'n,
Künnts ös's denn wol aso neama bathoan?
Dö Jungfaschåft is a schens Ding,
Wånn oanö koan Buabm nit bökimmt. —

6. Drum Buabma, mein seidts na kråd gscheid
Und låßts sein dö Mentschar en Keib;
Laffts nit bei da Nåcht wia dö Sautreibar um,
Sünst kriagt enk da Luzöfar a e sein' Schlungg;
Åst kemmts en oan Ruahböttl z'såmm,
Dös sö so schen aufpflånzt håbm.

11. Ueba d' Mentscha.

1. Seidt's lustög Buabm åll beinånd,
Hearts mi a wenög ån,
Jatz sing i gehn a Mentscha-Gsång
Und trau ma nit recht drån;

Denn b' Wåhrhat måg koan Mentsch daleib'n,
Dös weardt's schon selbm vastehn.
Sö wearnd ma wol mein Gsicht nit z'treil'n,
J sings hålt dennert gehn.

2. Dös Ållareascht, dös mia nit g'fålt,
Is b' Hochfåhrt und iahr Windt,
Is oanö jung, is's a stoanålt,
Sö roatt'ns füa koan Sündt.
J kenn enk åltö Weibaleut,
Thant a no gå so nett,
Mi zimmt sö wearnd gå neama gscheidt,
Bis's dålieg'n auf'n Bret.

3. Dö junga Diandl schimpfn's gean,
Sö wissnt oft nit wia,
Weils ean åll Ritt an Buabm åstean,
Dås is ean nebmhin z'schia.
Wånn i hålt wa von Pflegaståmm
Und håt' en Gwålt woast wol,
So schmiß i's auf an Hauff'n z'såmm
Und brennat draus a Kohl.

4. Dö Gwantöng is iatz sovl ra,
J kenn mi gå nit aus,
Mi zimmt aß wånns påpiara wa,
Weils auf und auf ålls rauscht.
Koan Grafenn und koan Bräurenn kån
Nix bfundas neama håb'm,
Kråd netta daß sö koan Goldhaub'n,
Koan Uebarock mit tråg'n.

5. Iatz kimm i auf dös zweitö G'söß,
Als is jå frei a Graus,
Ean Jungfaschåft wiardt glei valößt,
Sö måchant sö nix draus.
Sö hearnt kam auf 's Schuala geh'n,
Då sands schon glei variart,
Då thants aß wolln's schon ålls vasteh'n,
Warnt ållweil gean ban Wiarth.

6. En Wiarthshaus bin i selba gean,
Is a mein greßtö Freud't;
Mit ean megst åba 's Toifls wean,
Gehnt nia hoam z'rechta Zeit.
Koan Polizei wiardt neama g'måcht,
Dö seyn soll übaråll,
Wånns hoamgeh'nt eascht um Mittanåcht,
So moants as is no z' båll.

7. Und ållö guat'n Ding sand drei;
Zon dritt'n und zon B'schluß —
I pfeif ean auf ean Lumparei,
Dö måchat mi konfus.
Weg'n meina geht's zua wia da wöll,
I måch ma gå nix draus,
I hån na gsunga kråd füa mi
Und's Gsangl is iatz aus.

12. Dö Pfandla Buab'm *).

(Singweise Nr. 31.)

1. Lustög mia Pfandla Buab'm,
Heunt send mar åll beinåndt,
Waos ma send fürö Leut',
Is schon bökånnt.
Lauta Stocknårn,
Åll z'såmm vaschwårn,
E da Stül, e da Koam
Findt nia niar oan.

2. As is gaor oft da Fåll,
Daß gschicht a Raupparei,
Ißs ban Taog oda Naocht,
Send ma dabei.
I wüls nit daprob'n,
Daß ålls is dalog'n;
Bül gschicht auf ünsan Råhm,
Daos b'haupp, i schon.

---

*) Die Heimath der Pfandler Buben (einst lustiger Vögel)
befindet sich in Schwarzach.

3. Wånn mar es Wiaschtshaus gehn
Trink'n a halbö Bia,
Röd'nt schon d' Leut von üns,
Wiß'nt nit wia.
Weig'n a Hålbö trink'n
Håb'mts schon a Böbenk'n,
Wo oft oana 's Gelbt heanimmt,
Daß's eam nia z'rinnt.

4. Ös meinö dumma Nårn,
Haobßs ös denn nia g'heescht saog'n,
Daß's Freymån=Osßnloch
Weitar is wårn?
Dao dårf' ma glei kemma,
Wia bö Knåpp'm· e's Ausnehma,
Da ma mög'n lustög seyn,
Neg'ln und schrein.

5. Wånn kemma solt bö Zeit,
Dåß's üns boscht z'wenk aogeit,
Is s' Låmprechts·Osßnloch
A no nit weit.
Send vül schon umg'schloff'n,
Hab'mt nia nicht åntroff'n,
Wiaschd für üns Buabm seyn,
Bülbn üns 's ein.

6. Hiaß håbmar ents åsa g'saoß,
Uschtelt's becht neama meahr;
Låßts üns en guat'n Nåhm
Und ûnsar Eahr!
Mia send jå nit z'neib'n
Um bös Löchar aussteig'n.
Hiaß wißts, wo's Gelbt heakimmt,
Daß's üns nia z'rinnt.

13. Ueber den Luxus der Mentscher.
(Singweise Nr. 32.)

1. 's Pfeiff'n und Geig'n,
Dös thuat mi nit ånweig'n,
Kaod singa und bös wa mein Freub.

A Gsangl a neus
Freut mi gaor aus da Weis:
Waos d' Mentscha hiaz håb'mt für a G'säus.
D' Hoffaoscht en Gwandtl,
Dö haot gao koan Zül,
Da Körpa kån ausschaun,
So g'schleicht aß a wül,
Sö thand ålls probiarn,
Zon Buama vasüahrn,
An iadö so guat aß sös kån,
Geiht ean åfa nit ån.

2. Und daß as mecht moan',
Dö Diandl dö kloan',
Daß a schon åll Handl vasteh'nt;
Mit zöchn, zwölf Jaohrn
Håb'mt sö's schon dafaohrn,
Wånns schon eascht e d' Schual gånga send;
Sö gengant dahea,
Aso üppög und öb'm,
Aß wånn's mecht'n unmügla,
Koan Fuaß nit dahöb'm.
Und wånn a Feyschtåg sölt ein,
Åst thoant sö sö g'freun,
Kaod waos sö sö putz'n und z'waog'n,
Buabm, i kunt enk's nit saog'n.

3. Dö Schuach g'jålnt ma wol,
Sö håb'mt schmålö Sohl',
Daos Uebagschia muaß seyn nit schwa,
Dö Schritzai nit z' lång,
A Maschai vor drån,
So gehnt hålt dö moastn dahea,
Dö Stümpfai schen sein
Und nit z'kuschz und nit z'lång,
Dö Füßai schneeweis,
Aso stöll'nt sö sö z'såmm;
S' Kitai nit z'lång,
Åst sicht mar en Gång;

Oft oanö lögt drei ån ban Taog,
Daß's zwen auffö höb'm maog. —

4. A Fútuach håb'mts um,
Daß's schiaga g'långt brum,
An iabö vasichascht sö bol.
Schenö Bloama senb drån,
Buab'm schauts ös laob ån!
Waos gült's unb as gfölt enk recht wol.
Bergalanö Dermleng,
A rupfanö Pfoab,
Dö Spitz müaß'nt seyn,
Weigst a zwerchö Hånbt broat;
's Miaba nit z'brång,
Nit z'kuschz unb nit z'lång,
Weil dö Såtl-Roß a leichta gehnt,
Wånns guat aufg'såtlt senb. —

5. A Miabaleibl,
Kost's waos unb ba wöll,
Unb um an Håls muaß's seyn ganiascht,
As gült netta gleich,
Senbs årm oba reich,
Senbs ban an Bauan oba Wiascht;
Um an Håls håb'mts a Tûachl,
Is a wolta schwa,
Sö broat'ns vanånbt,
Wånns zan ausfliag'n wa;
Denn wånn vorauffö nix wa,
Dös wa jå nit ra,
Dös that ba greßt Mårkt-Tâbl seyn,
That bö Buabm nit g'freun.

6. A Spensa muaß's seyn,
Daß schia nit mög'n brein,
Sinst is a vûl z'groß unb vûl z'weit;
Da Spensa schen kloan,
Åst is a wiar i moan,
Sinst håbmt's jå ån Spensa koan Freubt.
Mentscha, waos theats
Mit'n Spensa ben schen?

En Körpa, den künnts enk
Hält do nit mea gwöh'n.
's Gwåndt soll enk ziarn,
Zan Buabma vafüahr'n,
Grauft dennascht an iab'n woaß wia,
Geiht an Annan wia mia.

7. Båll sös ålls håb'm,
Åst bindtnt sös z'såmm,
Daß Koanö valiaf'n nix kån.
Sö schatz'n waos drauf,
As klaubats neamt auf,
As wa jå koan Greisl Schaod brån.
Dö seiban' Tüach'l,
Dö sollt'nt ålls thoan;
Dö Spitz aufn Leibl
Theants no nit alloan,
A Hålstött'n muaß seyn
Und an Amalet drein,
Vorumhö a Uhrkött'n brån,
Bua, wånnst wülst, greifst as ån.

14. D' Zeitarenna.

(Singweise Nr. 33.)

1. Hiaz kimt schon dös saggarösch Zeit'n mein Lad,
Dao wiaschd ma båll hee'n auf'n Kirchweig dös G'joad;
Aufn Gåss'nan und Straoß'n dao heescht ma nicht saog'n,
Aß ållwöng dös kloan vaboant' Zeitarenn=Fraog'n.

2. Zäurenna gengant gråß Råtscht'n hearaus,
As hängant ean b'Ränz'n üban Bugl abaus;
Gråß Råscht'n mitanåndt und bö füahrnt an Muath,
I mecht na laod seich'n wea's ånstölln thuat.

3. Åst saogt amål vanö: sey Du na laod keith'n,
Kim du bö nagst' Woch' za miar ar e's Zeit'n.
O du, mein Trautl, du kimst schon vül z'spat,
Völlög z'ritt mecht i wean, wånn an iadö so that.

4. Ajt faogt amål oanö: dea Baua hauft guat,
Dear und dear a fchon båll aufhauf'n thuat.
Dear und dear Baua haot den Diandl zåhlt,
Dear und fein Trautl weant a dahear ålt.

5. Wieda faogt amål oanö: dea Baufneicht thuat ra,
Aß wånn a da raröft Bauanfuhn wa,
Ea fchaut koanö ån, ea geit koanar an Acht,
Wånn fein Urfch dao wa, wur's ångehn daos G'jchafft.

6. Nåcha faogt amål oanö: dös thuat ma vafchmaoch'n,
Daß üns da Låpp ållwöng's G'jeit muaß austraog'n,
Weil üns da Schoppa vül z'guat wa dazua,
Und wa fo a fchenar und luftöga Bua!

7. Z'lößt geiht dö Båuarenn åjt ar amål ein,
An Kübl vol Mülch und an Knoll'n Schmålz drein,
An Zentaleng Fleifch und a hålbs Loabl Bråd;
Vagelt da's, mein Trautl, wia thuat's ma fo nåth!

8. Und hiaß geh'nt dö Weiba fo dafög dahea,
Nit wiar en Suma fo håchg'feichn meah.
Sö gehnt mit an Kübl und fend da fo g'leig'n
Und fchaunt afo hea, wia dö Goaß ban an Reg'n.

15. Is nit hoaggl.

(Singweife Nr. 34.)

1. Weil's nit hoaggl is, wolln miar oans finga
Recht a luftögs üba d' Waibaleut;
Weil's nit hoaggl is, wiardt's koanö zirna,
Wånn ma's fchon a bißl übatreibt.
Mit'n hoaggl feyn då måg ean gå neambt ån,
As muaß All's fov'l fauba fteh'n;
'S Gwåndt wa gå nit z'ra, wånns na glei wolj'l wa,
Ajt wa's z'rantög niar und a nia z'fchen.

2. As is hoaggl füar an Schneida,
Båll ear en Weibaleut'n 's Gwandtl meßt;
Aß frimmans hoaggl ån wol eanö Kleiba,
Aß wånn da Schneida war a gmåchta Fer.

Solt sö schen ånziag'n, as solt koan Faitl kriag'n,
As solt a z'eng nit seyn und a nit z'weit.
Wånns 's Gwandtl g'fåltat wa, 's Gsicht is eh nit z'ra
Hät'n jå bö Buab'm en ean koan Freudt.

3. As is hoaggl fûar an Kråma,
Wånn dö Weibaleut es kaff'n geh'nt;
Sö suach'nt hoaggl ummanånda,
Wånn dö meahran schon nit vûl vastehnt.
Båll is d' Fårb nit recht, båll da Zeug vûl z'schlecht,
Dö oan wûl Ältåß håb'm, dö oan an Stoff.
Båll i Kråma wa, nahm i en Ölfiåb hear
Und jågat b' hoaggln Her'n aus ban Loch.

4. As is gå nit hoaggl fûa bö Weibaleut,
Båll's es Wiarthshaus gengant zon an Tånz,
Då is's gå nit hoaggl, håt an iaba Schneid,
Fûahrt's da Bartl oba sûahrt's da Frånz.
Wånn nar oanar a Hålbö zåhlt, måg a schiach seyn obar ålt,
Hutt'n, z'rissnö Hof'n, Pfoad und Rock,
Då is's gå nit hoaggl, wearnd glei mår wiar a Toagl,
Daß ean b' Aug'n glåf'nt wiar an Bod.

5. Wurdt hit hoaggl seyn, so fåg'nt bö Weibaleut,
Wånn a sûa bö Mannaleut a G'sötzl wa;
Sö fand a nit hoaggl mit da Mentscha-Schneid,
War oft guat, wånns na glei oanö wa.
Måg an åltö seyn, dös geht jå a no drein;
Kropfat oba sinst a gåschtögs Thia,
Dös geht a no ån, båll neambt wås woaß davon,
Bei da Nåcht fand's ållö schwårz bö Kåah.

6. As is wieda hoaggl fûa bö Bauanleut,
Wånn bö Mentscha kemmant spåt es Haus;
Wånn då Baua greint, und fågt: wa lång schon Zeit!
O då måchn't sö sö nit vûl draus.
Då hoaßt's glei: asoba, schau bea hoaggl Loba,
Håt en greßan Neid, aß wiar a Hund,
Ea håt ållweil 's Weib und üns wa gå koan Freud,
Jå koan Untahålteng nit vagund.

7. Weil's nit hoaggl is, so woln ma's b'schliaß'n,
'S Gesäng hät eh schon vül z'läng g'weahrt;
Weil's nit hoaggl is, wiardt's koan' vadriaß'n,
Dazua häbt's ös ös selba wohl begeahrt.
Wänns di brenna thuat, is 's blas'n no bäll g'nuag,
Denk'n mäg an ieda, wås a wül.
Dös bingan miar üns ein, hält nit gå z'hoaggl seyn;
Wänns eppa hoaggl wurdt, äft san ma stüll.

16. En Mentschan ean Kreuß.

(Singweise Nr. 35.)

1. Jiaß wül i vans singa, heanåch wear i gehn,
Wear Ohrn hät, dea glaub i, dea wiardt mi vastehn;
Drum bitt' i enk Leutl, hearts mi a wenk ån,
Weil i nöt so schrein, wiar a Nåchtwåchta kån.

2. Mörkts auf liabö Leutl, wen geht dås Liad ån?
Dås trifft dö schen' Mentscha, dö müaß'nt iaß drån.
As klågt si fåst an iedö, so hålb en da Thåt,
Si glaubt hält, iahr Buarsch dea muaß wearn Soldåt.

3. Bögögn't ma dö eascht dort unt'n en Öck,
Ei hät ma's glei g'fågt, iahrn Måthiasl häbmt's wöck;
Bei miar is a g'wös'n, wea solt denn dås glaub'm,
Jaß häb'mts ma'n wöck g'numma mitsåmmt da Schläfhaub'm?

4. Dö Zweitö dö schreit a, o mein liaba Got!
Wås solt i ånfånga, i schiaß mi gen todt:
Hearst Nanö, um söchsö kråd, wia ma håbm g'rolt,
Då håb'mts ma mein Seppl e d' Schiaßståt åg'holt.

5. Dö Drittö dö schreit a, dås is går koan Löb'm,
Jaß häb'mts ma mein' Lippl zon Fuahrwös'n göb'm.
Mit an solchan Soldåt'n då is's jå a Pein,
Ear kån nix eroban, ea fåhrt hint'n drein. —

6. Dö Viartö hät åba füa si hoamla g'låcht,
Hearst Gret'l! mein' Hansl häb'mts a zo wås g'måcht.
Ear is Kanoniara, a tåpfara Mån,
Du solst as kråd seg'n, wiar a's åfeuan kån. —

17. Dö nåthög'n Mentſcha.

1. Hiaz håbmt's hålt ſchon mear a noi's Liad'l dabåcht,
Wia's zwo friſchö Buabm håbmt ban Gaßlgehn g'måcht;
Sö låſſ'nt en Mentſchan wol dennar an Fried,
A Greiſ'l åntreib'm, åſa liab'm thoant ſös nit.

2. S'Bua ſeyn is luſtög, daos muaß i enk b'ſtehn,
Åſa nit weig'n den, da i aufs Gaßl dårf geh'n;
Waos nußat mi daos, wånn i mi that pråhln,
Wånn's an Bråndtwein aogab, müat ih'n do ſelbm zåhl'n.

3. Oft oanar is naröſch und nimmt ſö's zan Heaſchz,
Wånn oanö oft ſaogt, Buar i gieb da mein' Scheaſchz;
Waos nußat mi mein Umanånna-Laſſ'n,
Müaß'nt ſö b' moaſt'n Bauan 's Kårn ſelbm kaſſ'n.

4. Båll oanö an Klåß'n haot, åft moant's as is ra,
Mia wa jå vül lieba, wånn a Toag dabei wa;
Schwåſchzbör und Spaitl thoants a wel drein ſtöckn,
Wa ma liabar a klauſögö Schneidaflöckn.

5. Zan Weihnåcht'n is hålt a zwidana Taog,
Weil oft a Besdiarn koan Gwåndt ånz'lögn haot;
Wånn da Liachtmößtaog ehnta wa, nåcha that's ſchon,
Åſt mechtn's aufs Brånbtwein-Kaſſ'n a leichta brån.

6. Za Sebåſtianö haots wiedar a Nåth,
Is da Loab ſchon lång g'eſſn, da Bua haot no koan Bråd;
Åſt lüag'n ſö hålt doſcht en Sebåſtiån ån,
Aß wånn ean daſell hiat en Bodn-Scheaſchz davon.

7. Zan Liachtmöſſ'n is hålt a ſchrecklana Taog,
Weil oft a Besdiarn nicht meahr außa z'triag'n haot;
Dao måcht ſö's hålt z'tråcht'n, dao höbt's ån z'ſtink'n,
Und da Bua maog ſö richt'n zan Wåſſatrink'n.

8. Dö Fåſchengtag gehnt dö Kråpfn' en Schwung,
I mecht mi nit ſchandt'n, i thua mi nit um;
Weant wol wieda kemma b' Buabm, daos war eppas Noi's,
Håbmt aſo b' moaſt'n Bauan koan Schmålß dö ſell Bois.

9. Zan Oſtan håbmts wieda mit'n Darthoal'n a Gaob,
Und i nimm ent toans ån und as wa ma vülz' laob;
Und i nimm ent toans ån und dös ſaogi ent recht,
Und toan Da-Såmla wiar i nit, wa ma vülz g'ſchlecht.

10. Zan Zådastag'n geiht's wieda d' Sendennar ån,
Wånns a Juhſchroa'l hee'nt åſt litz'lt ſö's ſchon;
Sö gehnt hålt davon, låff'nt ålls lieg'n und ſtehn,
Und ſchaunt, wo's von Weit'n toan Buabm ſeich'nt gehn.

11. En Höröſt håbmts wieda mit'n Schnuraus a Bah,
Aß wånn an iads Bendei ſein' Thåla weaſcht wa;
Sö zöhl'nt eans ſchon ein, as is laod zan låch'n,
Weign meina dårſts ös jå toan Schnuraus nit måch'n.

12. Mentſcha hiaz kenn i hålt enkarö Pfiff,
Und a Kuah muat i ſehn, wånn i dös nit bögriff;
Ös ſeidts ma ſchiaga z'låppat, dös mua i ent b'ſtehn,
Und von Kopf bis zan Füaß'n ſeidts g'füattaſcht recht ſchen.

13. Buabm, i ſaog ents, låßts en Mentſchan an Fried,
Sö mög'nt neama thoal'n, haob'm thoant ſö's jå nit;
Sö mög'nt neama thoal'n, ſend a ſo nicht meag z' neid'n,
Mua oft oanö iahrn Bråndtwein a Jaohr ſchuldög bleib'n.

14. Mentſchar, i ſaog ents, folgts ös mein' Råth,
Bleibts ös en Bött lieg'n, åſt kemmts g'wiß e toan Råth;
Da Bråndtwein is thoia, zan Schliggara-Witz,
Wånns a zwo Biaſchtl trint'nt, håbmts eaſcht no toan' Spitz.

15. Hiaz mua i daos Liabl gen aufheen zan ſinga,
Wånns mein Diandl dafraogat, åſt mecht's mi gen nimma;
J bin iahr aſo ållwöng z' g'ſpöttög haots g'ſaogg,
Und ſo gean aß wia mi, haots hålt do no toan' g'haobb.

16. Mentſcha hiaz weaſchb's mi vaſtåndt'n wol haob'm,
Wea daos Liabl haot dicht', und dös mögt's nit da fraog'n;
An J und an M. daos is mein rechta Nåm,
Und wånns füwitzög ſeidts, ſo ſtudiaſchts ent'n z'ſåmm.

18. Impflied.

(Balb nach Einführung der Impfung in Gastein bekannt
geworden.)

1. Allabåndt Freud'n auf da Welt thuats hiaz geib'm,
Dö Jug'nd haot z'hoffn a wolta långs Leib'm;
Hiaz håbmt hålt dö Hean a Stubö dabåcht,
En Tod dånt'nts åo, i hån do a wenk g'låcht.

2. Wånn da Füascht kimmt es Firma, dao impf'nt sö's ein,
Dös mua jå wol gao da greßt Untaricht seyn.
Sö schnei'n ean a Kreuzl, daß's Kindt a wenk zuckt
Und dao is schon da Sell a g'wiß's Zoach'n eindruckt.

3. Da Tod haot von Kinig a Pension kriagt,
Haot's Jaohr a söchs Kreuza, bleibt do no vagnüagt;
Mit Doktar und Baoda füascht ear an Proceß,
Und da zaundürö Häuta mua z'lößt en Åreft.

4. Da Todt'ngraoba bea klaogt a sein Noth,
Daß ea hiaz valiaf'n sol sein täglig's Brod;
Daß ea naoch dö Woch'n koan Årbat that haob'm,
Aß glei åltö Mandl und Weibl eingraob'm.

5. Und beancht haot sös bögeib'm a hoiar aß wia feascht,
D'eing'imft'n Kinna sterb'm just aß wia z'eascht;
Und en Hearnan ean Stubö is a nit dö böst,
Und da Doktar und Baoda send Hoppar auf z'lößt.

19. Impflied aus Pinzgau.

1. Hiaz freut mi auf oamål koan Singa, koan Saog'n,
Steißt ma neama guat ån hiaz e mein' ålt'n Taogn;
Mi druckt hålt daos Gwiss'n, i bin kloan vazaogg,
Auf'n Himl koan Ånspruch, hån's neula dafraogg.

2. Daweil i nit eing'impft bin, saog'nt dö Hearn,
So kunnt i koan guata Christ a neama wearn;
J hån jå koan Tug'nd, koan Rechtschåffnheit,
J blib heålt a Ösl und wea neama g'scheidt.

9

3. So wia mi bö Glaub'msleahr deutlar ånweist,
E da Tauf haot üns g'heilögt da heilögö Geist;
Dao warn ma jå ållö vo dar Örbfünbt böfreit,
As thuat nicht meahr zua und hiaz wear i kloan z'keit.

4. Dö Einimpföng måch'nts zan Sakrament,
Wear eppa dabey seinö Gnaob'n ausspenbt?
Dö Doktar und Baba wearnb sovl nit seyn,
Da heilög Geist thuat nicht, ea mischt sö nit brein.

5. D'eing'impft'n Kinna senb sovl hoch g'eascht,
Senb sittsåm und tug'nbhåst und sovl göleascht.
Danlaf Jaohr gehnts e b'Schual, sol koans nit ausbleib'm,
Z'lößt kunnants oft gao wenk leis'n und schreib'm.

6. Dö eing'impft'n Kinna thoant gelt'n so vül,
Maog's Got gao nit straof'n, geiht's zua wia da wüll.
Dårf'nt koan Göbot meahr hålt'n, dös is fü sö guat,
Åst mögnt's na kaob füahrn an leibfrisch'n Muath.

7. Sö wearnb wol böschama recht üns ålt'n Leut,
Sö brauchn't koan Müah um bö Glückselikeit;
Dao gehnt Milliona es Himlreich ein,
Åst wiaschb für üns Ält'n koan Plaoz neama seyn.

8. Dö liab'm Åpostl en uhimlösch'n Reich
Und ållö Freundt Gottes vültamf'nb zugleich, ·
Is gwiß koanar eing'impft, håb'mt Got hålt bötrog'n,
Und håbm't sö es himlöschö Reich einhö g'log'n.

9. Dö åsa nit eing'impft senb, weants schon no kriag'n,
Z'lößt mua hålt da Petrus no åll visötiarn;
Und bö hålt koan Schein und koan Måsan thoant haob'm,
Dean' wiaschb a mit sein' Schlüßl auf b'Naos'n hinschlaog'n.

20. Da Nofigkeits-Kråma.

Grüaß Got meinö Hearn, grüaß Got meinö Leut',
Kemmar ar amål z'såmm, hån a-hearzlahö Freubt.
En Winta då wa hålt a lustög's Leb'm,
Weils ållahånbt Får'n und Schnar'n thuat geb'm.

J bin hålt dar Når bear um Ålls glei frågt,
Dear Ålls wûl wiff'n und bea'n wås ma fågt.

2. J hån jå dös nagſt ſchon mea går ſovl g'heart,
J hät mias mein Dad nit zan wiff'n bögeahrt.
Als geit recht vûl z'leſ'n von geiſtlög'n Stånd,
Von Burgan und Bauan, ſö llåg'nt ſö ållſånd;
J woaß nit wia's zuageht då dauſt e da Städt,
Ålba ſovl ſiacht ma, daß loan Menſch a Noth håt.

3. Dö Hearn bö ſåg'nt freila, 's Solarö is lloan,
Wånn bö Thoiröng ſo furtgeht, wås wean ma benn thoan?
Da Geiſtla bötlågt ſö: Koan Opfa geht ein,
Wia lunnt e da Welt no a Glüd und Seg'n ſeyn!
Wånn oans bögråb'm wiardt, hoaßt's e bö lößt Klaß,
Då lams bûld brauf ån, daß bö Köchenn niz aß.

4. Da Håndtwerchsmån muaß mit dar Årbat aufſchlåg'n,
Sinſt thats eam loan G'ſöln und loan Leahrbuabm nit trågn;
D'Friſer bö ſand wol an ſchlimmöſt'n drån,
Weil d'Hearn ållö g'ſcheart ſand, jå ſchauts ös nar ån.
Da Baua vazweiſlt, bö Stoian ſand hoch,
Wånn ea glei nit zåhln lån, ſo zwidt ma'n hålt boch.

5. Dö Frauan bö brahnt ſö wia b'Ånt'n ſo ra,
Aß wånn går loan Menſch eanas Gleich'n nit wa;
Dö oan trågt an Måntl, bö oan trågt an Schawl,
Dö ånba bö trågt a rauchs Weſ'n ums Maul.
Dö Finga ſand ång'ſtödt mit gulbanö Ring,
Klågnt beancht üba b' Zeit'n, wia limmt benn bås Ding?

6. Da Burga bea geht no gånz eahrla bahea,
Daſûa ſpreißt ſö ſein Frau'l wol tauſ'nbmål mea;
A g'ſchaftögö Goldhaub'm ſchen g'ſtüarzt auf'n Kopf,
Mit Gold a g'ſtidts Tûachl vabödt iahr 'n Kropf;
A ſchwårzſeibas Mantal und Spißal vorån,
Aſo geht's e b'Kirch'n, loan' Mentſch'n ſchauts ån.

7. Da Geiſtla bear is hålt an ſchlimmöſt'n drån,
Weil ea bö Städt=Mobö nit mitmåchn lån,
Schwårzö Hoſ'n und Weſtö, an frånzblåb'm Rod,
Von Silba bid b'ſchlåg'n, e dar van Håndt an Stod;

9*

Zwoa speckfoaſtö Roß unb an glånzat'n Wåg'n,
Eo thuat da Hear Pfåra e b' Stådt einhö fåhr'n.

8. Beyn Bauan då wa no a luſtögas Leb'm,
Wånn z' Troabl thåt kråt'n und recht that dageb'm;
Mit Gerſt'n, mit Håban, mit Woaz und mit Kårn,
Kån ea wol bös gånz Jåhr en Woch'nmårkt fåhrn;
A Heu und a Stroh håt ar a zon Valauf,
Aſt lögt ar eaſcht 's Holz und en Hånöf no nit auf

9. Und åſt'n en Såmſtåg gehts Fuahrwerch e b' Stådt,
Wånn b' Båuren iahr Mårktſchåft recht z'fåmakricht håt;
An Kas und an Butan, an Dar und a Schmålz,
An Ant'n, a Henbl, is a no nit ålls.
Eo fågts mar, ös Leutl, wo is denn a Noth?
As leibt Koanar an Hunga, an iaba håt Brod.

21. Dö Modöſucht ta Weibaleut.

1. Hiaz wüntſch'n mar enk åll'n von Heaſchz'n
Schon wiebar amål a noi's Jaohr;
As is jå unmügla z'vaſchmeaſchz'n,
Hiaz is 's um dö Weibaleut gaor.
Eö mög'nt hålt gao nicht meahr batråcht'n,
Koan Modö fölt ean neamar ein,
Da Schneiba kån gao nicht mear måch'n,
Dös nit ſchon an Öllendt thuat ſeyn. —

2. Hiaz låſints dö Schneiba z'fåmmkemma
Von Engalåndt, Wean und Påris,
Eö ſolt'n a Muſta mitnehma,
Wol kaob auf'n örgöſt'n B'ſchiß.
Eö mög'nt åfa koan Schneiba bagrutſch'n,
Ean' Schuaſta woln's eih neama haob'n:
As föſcht jå koan Frau e da Kutſch'n,
Dö ean bö recht Modö that traog'n.

3. En Kopf bipbtn's hiaz en a Tüach'l
Und traog'nt 'n ajeba mit ean,
Und ünta bar Jaz'n a Büach'l,
Aſt thuat ſös vül wenöga mealy'n (mühen).

En Kit'l ben wolns ar aobringa,
Nåtünlar en Kitlfåd a;
Åft mecht da Gugg ruawöga finga,
Sinft is ean da Kitl vůl z'fchwa,

4. S' Miada mögnts vo nit gåntz kraot'n,
A hålbat's lög'nts bennafcht no ån;
Sö fchmöd'nt vå Weit'n en Braot'n,
Dearatweig'n is jů a Thůůl vorån.
Senb lauta nåtünlahö Såch'n,
Ma trögts e ba Kirch unb en Fell (Felb),
Dao bårf'nts glei 's Thůů'l aufmåch'n,
Dao is fchon åll's rogl unb hell. —

5. Hiaz můaß' ma's hålt fchon amål låff'n,
As kån amål ånnafcht nit feyn,
'S Naröft is ållwöng no båff'n,
Koan' Bruftfleik thoants gao neamar ein.
As mecht fö bar Aoth'n vaftöd'n,
Åft wa's ean glei z'brång auf ba Bruft,
Åft höbatn's åll zwen ån z'fchmödn,
Hiat wieba ba Buar an Vadruß.

22. 's Hiata-Gföß.

(Ober auf oan Kuah geihts nit z'fåmm).

1. Loft's Nåchbabuabm, mua ent waos faog'n,
I hån juft g'heefcht waos Neu's.
Recht luftög is 'bös Hoamafaohrn,
Is ůbaråll a G'fåus,
Z'Ålm bao fenb's wol gfcheibtö Leut,
Sö håbmt recht hoch ftubiafcht,
Fünfözöl'n bös kunnants fchon
Unb mear håbmt's nit pråbiafcht.

2. Daos Z'fåmmpåd'n braucht a fein Fleiß,
Wia felbm an iaba woaß;
Åß's oanar ålls e 's Sadl bringt,
Dö Bödl zåmmt bö Goaß.

Dö Schafl müaß'nt ar åll ſeyn,
Dös is daos eaſcht Göbot,
Dös ånnar is nit hoaggl meahr,
Dös woaß da liabö Got.

3. Daos is dös nojö Hiata-Gſötz
Und dös is hiaz a Leahr,
Wånn ſö na laob dös Canög håbmt,
Sinſt lümmaſcht's gao nicht meahr.
Fü'n Bauan is 's ean juſt oan Ding,
Dao brauchnt's a nicht z'zöhln;
Wånn ſö na laob ean Kraffl håbm't,
Da Baua maog ſchon ſchnöll'n. —

4. Dan Kuah håbmts gao valizötiaſcht,
Als haot ean Neamt waos geib'm,
Daos Ausfoal'n dös haot a nicht g'nutzt,
Zan Kaff'n håbmts loan Leib'm.
Aſt håbmt ſö's wiedar einſtalliaſcht,
Sö håbmts gao neama wölln,
Sö håbmt no g'müaßt a Zeug'nſchåſt
Und gaor a Weiſöng ſtölln.

5. Wia's i hån gheeſcht, ſo gieb is hea,
Nicht drein, und nicht davon,
Und daß auf d' Lötzt a G'ſpoaß ſeyn ſollt,
Vaſteiht an iaba ſchon.
Und wånn ſö oana z'vül draus nimmt,
So is bö Schuld nit mein;
Und daß's an iab'n k'reicht åls gang,
Dös kunnt nit mügla ſeyn.

6. Hiaz ſchlaoſt's na wol, i måch en B'ſchluß,
J mecht nit meahra ſaog'n;
Wånn i en ållö Thöla gang,
Wuſcht i wol meahr daſraog'n.
Aſa hiaz is ſchon da Winta dao,
Hiaz geiht dös Ding nit ån,
Hiaz mua i jå e d' Schual åſt geh'n,
Da i auf Zwoanz'gö zöhl'n kån. —

7. Hiaz guatö Naocht, hiaz geih' i gen,
Hiaz wißt's en moast'n G'spoaß,
I hån neambt ånklaogt schiaga kaob,
Wia i's en G'wiss'n woaß
Nit weit wa no a Kirchtaog wol,
Aft wißt i fruadla ålls,
Afar i fraog neama meahr,
As wiaschd ma z'brång beyn Håls.

8. A Greifei hiat' i no waos z'röb'n,
Mia fölt's vůl'z långsåm ein;
Und wånn i måch a Dopp'lbeicht,
Wiaschd's a nicht Nois meahr seyn.
En Winta dao is's gao nit aus,
Geit's hübsch vůl Zoig no z' Ålm,
Daos Schmåltz is freila neama z'ra,
Dö Kas send guat ausg'fåln.

9. Von oana Kuah håbmts zwen Loab gmåcht,
Dahoam geit's bös nit ao;
Seit i bös Ding hån recht auskråcht'
Z'nagst lå i meahra dao.
Dö Knechtl bö send a wol z'fried'n,
Hån i ean Ålmkas z'geibm;
Dö Måus bö håbmt fö recht bödånkt,
Håbmt g'haobb a hearkas Leibm. —

23. D' Sålzburga Låndtwöhra.
1809.

(Singweise Nr. 36.)

1. Jaz můaßma g'schwindt en Feindt entgög'n,
Dås måcht an iab'n schiach vaweg'n;
Nu schen långsåm voran, nu schen långsåm voran,
Daß bö hintabeyög Låndtwöh' fein nåcha kemma kån.

2. Ůnsan Hauppmån håb'm mar ar aufg'wödt,
Ea håt fö hintan Zaun vaftödt;

Nu fchen långfåm vorån, nu fchen långfåm vorån,
Daß bö hintabeyög Låndtwöh' fein nåcha kemma kån.

3. Von Ploanberg håbm mar åhö gfchaut,
Åba koana håt fö åhö traut;
Nu fchen långfåm vorån, nu fchen långfåm vorån,
Daß bö hintabeyög Låndtwöh' fein nåcha kemma kån.

4. Dö Laufna håb'mt fö probuziart,
Sö håbmt 'n Fåhn mit Dreck ång'fchmiart;
Nu fchen långfåm vorån, nu fchen långfåm vorån,
Daß bö hintabeyög Låndtwöh' fein nåcha kemma kån.

5. Jaz geh'n ma gen auf Rof'nhåm,
Und freff'n en Bauan b' Henbl z'fåmm:
Nu fchen långfåm vorån, nu fchen långfåm vorån,
Daß bö hintabeyög Låndtwöh' fein nåcha kemma kån.

6. En Biar wiarbt wohl koan Åbgång feyn,
Kråd guat und gnuag, fo thats üns g'freun;
Nu fchen långfåm vorån, nu fchen långfåm vorån,
Daß bö hintabeyög Låndtwöh' fein nåcha kemma kån.

7. Koanö Mantl håbmts üns a nit geb'm,
Weil's fchon wiß'nt, ba ma nit z'lång leb'm;
Nu fchen långfåm vorån, nu fchen långfåm vorån,
Daß bö hintabeyög Låndtwöh' fein nåcha kemma kån.

8. Mia müaß'n går e's Frånkreich geh'n,
Da Toifl wiarbt bö Språch vafleh'n;
Nu fchen långfåm vorån, nu fchen långfåm vorån,
Daß bö hintabeyög Låndtwöh' fein nåcha kemma kån.

9. Und wånn mar en Påris åft hann,
Åft fchreib i meina Muata hoam;
Nu fchen långfåm vorån, nu fchen långfåm vorån,
Daß bö hintabeyög Låndtwöh' fein nåcha kemma kån.

24. 's Goldögga-Liad.

1810.

(Singweise Nr. 37.)

1. Daß's gaor aso zuageïht bei hiatzöga Zeit,
Daß's schiagr åll Woch a Noiögleit geit;
Di da rialalala, bi da rialalala,
Di da rialala la la la la!

2. Dös Ältö gült nicht meah, dös is schon bölånnt,
Drum is's a koan Freudt meahr en Sålzburga Lånbt;
Di da rialalala, bi da rialalala,
Di da rialala, la la la la!

3. Da Krauthåcka Hiasl und da Höf'nbindta Veit,
Dö send a wenk drutschat åsa denna recht g'scheibt;
Di da rialalala, bi da rialalala,
Di da rialala la la la la!

4. Sö håbmts schon lång gsaogt, as wiaschb neamar eïh Frieb',
Bis dar Untasberg-Koasar en Såndtwiascht hülst mit;
Di da rialalala, bi da rialalala,
Di da rialala la la la la!

5. Von Uebareita Jåggl mua i a no waos saog'n,
Ea wül va meina Saokuh' dös Stemplgeldt haob'n;
Di da rialalala, bi da rialalala,
Di da rialala la la la la!

6. An sülbaran Schlaogring, e mein' Finga brån,
Häng i eam auf b' Naos'n glei 's Stempl-Geldt ån;
Di da rialalala, bi da rialalala,
Di da rialala la la la la!

7. Wånns gaor aso zuageïht, is's neama z' baleib'n,
Dös Feldar aomess'n, dös Hauståsln schreib'n;
Di da rialalala, bi da rialalala,
Di da rialala la la la la!

8. E da Hech auf'n Bergn håbmts a Stångar aufg'stöckt
Und an Schab obmat drauf, haot åst's Vich åll's vaschröckt;
Di da rialalala, bi da rialalala,
Di da rialala la la la la!

9. Da Goldögga Pfleügar is gao bö greßt Wuuſcht,
Haot ſö gaor aſo g'freut mit bö Lånbtwöhrä fuſcht,
Di ba rialalala, bi ba rialalala,
Di ba rialala la la la la!

10. Is kemmar e's Hala, haot an Voglſchuß g'heeſcht,
Aſt haot a g'ſchwinbt umbraht, haot hear unb hea kreeſcht;
Di ba rialalala, bi ba rialalala,
Di ba rialala la la la la!

11. Unb wånn i's böträcht, laob ſo wiar i's vaſteïh,
Koanö ſo guat'n Zeit'n geits neama wiar eïh;
Di ba rialalala, bi ba rialalala,
Di ba rialala la la la la!

12. Sö woll'nt hålt bö Gmoan en an Neigaloch haobn,
Wånn ean ba Zäpf'n e's Gſicht ſpringt, åſt wearnt ſös wohl g'waohn;
Di ba rialalala, bi ba rialalala,
Di ba rialala la la la la!

13. An Kirchnan unb Kleſtan keit ean weita nicht brån,
As röbt hålt an iaba ſo guat äß a kån;
Di ba rialalala, bi ba rialalala,
Di ba rialala la la la la!

14. Dö gao gräß'n Hearn lög'nt an Aff'ngwånbt ån,
Haot umabum Spiß, hängt a Luthathum brån;
Di ba rialalala, bi ba rialalala,
Di ba rialala la la la la!

15. Dea bös G'ſangl haot bicht', haot koan Haus unb koan Felbt
Gar is glei a Manbl alloan auf ba Welt;
Di ba rialalala, bi ba rialalala,
Di ba rialala la la la la!

16. Ea måcht nicht, ea bricht nicht, ajo is ſein Nåhm,
Bis ba Schweißaſtia*) kimp, g'weaſcht's ajo neama lång.
Di ba rialalala, bi ba rialalala,
Di ba rialala la la la la!

---

*) Mit dem Namen „Schweizerſtier" bezeichnet man im Salzburgiſchen ein bevorſtehendes Ereigniß, dem von den Gebirgsländern mit zuverſichtlichem Glauben entgegen geſehen wirb. Es heißt nämlich:

25. Ueba 's G'sanga dicht'n da Goldögga-Buabm, 1810.

Singweise Nr. 38.

Auf da Welt is nix luſtögar aß ſeyn a friſcha Bua,
Wånn ſo vana kaob woaß a wenk z'ſchick'n dazua;
Wänn ma b' Leut gehnt auf b' Eahr, låch is' kaob a wenk aus,
Bin's ſchon g'wöhnt hiaz dahea, måch ma neama vül draus.

Und våraus bö Goldögga, bia håbmt ſchon a Freudt
Und låß'nt bö ålt'n Leut a nit en Keit;
Is mein Vaotar a Mån, is da Baoſcht ſchon ålls gra (grab),
Håbmt eam denna noh a Gſång dicht', moan't b' Nårn as is ra.

Und g'moant hiat' i nit, daß's ean einfial ſo dumm,
En Pfleïga håbmts a dabei, woaß gao nit wårum;
Und g'ſcheiba wa's wol g'weiſ'n, wänn ſo's nit hiat'nt thån,
As is oft amål zan Ausſtåndt geïb'm, kimmts a ſo leicht nit ån.

„Es wird eine Zeit kommen, wo die Grundbeſitzer ſo viel Steuern
zu entrichten haben werden, daß 3 Bauern mitſammen nur einen
Sack vor Armuth haben werden. In dieſer unerſchwinglichen
Zeit werden dann die Schweizer das Land mit Krieg überziehen
und auf ihrem Zuge durch's Salzburger Land alle wehrhaften
Männer mit Gewalt mit ſich nehmen, um ihr Heer zu verſtärken.
Der Einbruch in das Land wird ſo plötzlich geſchehen, daß wenn
ſie in Oberlend ſeyn werden, man in Mitterlend und im Arz-
hofe noch nichts davon wiſſen wird. Durch dieſen Durchzug der
Schweizer wird das Land Salzburg ſo von den Männern ent-
blößt werden, daß drei Weiber um einen Schuſterſtuhl ſich raufen
werden, worauf ein Mann geſeſſen iſt. Dieſer Schweizerzug wird
ſich auf drei Straßen vertheilen, durch Kärnthen, Salzburg und
Bayern."
„Der Zug durch Salzburg nach den Waſſer-Felbern wird
jedoch ſo lange ſeyn, daß, wenn die letzten Schweizer an der Zil-
lerbrücke vorüber ſind, die erſten ſchon an der Duſchbrücke bey
Golling ſtehen werden. Uebrigens ſoll er nicht von Dauer ſeyn
und zwey Laibl Brob für eine Perſon werden zur Nahrung auf
einer allenfallſigen Flucht genügen. Sollte Einem indeſſen auf
der Flucht im Gebirge ein Laibl abrollen, ſo ſoll er dem Laibl
nicht nachgehen, ſondern nur fliehen, die Nahrung wird ſchon doch
ausreichen. Die Grauröckeln (die Bewohner von Rauris, Gaſtein
und Großarl) werden aber zum Anſchluß an die Schweizer zu
ſpät kommen. Die Zeit dieſer Schweizer-Fehde wird in der
Schweiz mittels einer großen Glocke, die auf einem hohen Berge
auf Steinen ruht, bekannt gegeben werden.

D' Weihnåchtfeyaſchtag ban Loana doſcht måchatn's an Kroas
Und an iada mua ſaogn, ſo vůl aß a woaß;
Stehnt z'ſåmm auf a Scheib'm und mach'nt an Ring,
Wia dö Toiſlbånna thån håbmt en Gensbichl dinn.

Is a Wunna daß's auf Oſtan ſchon föſchtög ſend wårn,
Send nit meahra gweïjn aß a 32 Nårn;
's Gſång 16 G'ſötz, braucht a woltas Trůcht'n,
Můaß'nt eanar a zwo a gåntz G'ſötz ausmåch'n.

So håbmt ſö's hålt z'ſåmmdicht' wol mit greßt'n Fleiß,
Håbmt an unlångs Exempl g'haobb åſa koan Weis;
Åſt ſends åll zwoaradreyß'g um a Weis umg'ſchmiſſ'n
Und håbmt koanö dafraogt, kaod glei d' Schuach z'ſåmm z'riſſn.

Und z' Dorf ob'm en Böd'ndl doſcht kemmants wieda z'ſåmm,
As Thoal vo da Lendt und as Thoal vo da Klåmm,
Wolta vůl vo dar Aorl, a zwo drey dů St. Veit,
Und haot koana koan Weis, Buabm kaod dao haots ean g'fait.

Åſt haot dar ålt Důrfar a Greiſl g'ſinniaſcht,
Dar ålt Buachöbma Mößna dea wa penſaniaſcht,
Daſell hiat ſchon Weiſ'n, den bring ma gen hea,
Selbm is a ſchon aog'ſötzt, ea braucht koanö mea.

Wia's b' Weis amål ghaobb håbmt, åſt håbmt ſö's g'ſunga,
Wiaſchb en Leut'n kreuzluſtög, ſend åll entrunna,
Kaob da G'ſotſchneidar Örg bear is freila no bliebm,
Haot eam a wol dö Zacha ban Augnan hea trieb'm.

Z'lötzt ſaogg ah dar Örg: hiaz böbank i mi ſchen,
Und g'moant hån i wol, i maogs nit übaſtehn;
Weil's hiaz gaor is wårn, haot's ös endla no thån
Und ſinſt wa ma mein G'ſotbånk en Haus außt davon.

Ös meinö Goldögga, vaſtehn theats mi ſchon,
Waos 's mit enkan Vaploban haobb bracht auf dö Båhn;
Zan G'ſanga dicht'n haobb's an extaran Stean,
Und zan Lacknar austrink'n hiat's Annarö geän.

Hiaz måch mar en G'ſangl hålt wiedar an B'ſchluß,
Wånn a Ding gao koan Endt nimmp, is's ar a Badruß;
Daß 's mar Urſåch haobb geïb'm, dös weaſchbs wol vaſtehn,
Wia da Håll en Wåld geiht, muaß a z'ruck wieda geh'n.

25. 'S Böö-Riffln en See-Ålm-Moaß. *)

(Singweise Nr. 39.)

1. Hiaz kimmt dö schen Früahlengszeit, daos is mein Leib'm,
Dös lån an bötrüabt'n Heaschz ar a Freud gelb'm;
Weant d'Hochålma grean wia dö Felda ban Låndt,
Und hiaz måch i mi glei mit a Senden bökånnt.

2. Auf'n Hoam-Ålman dao is hiaz nit vül z'måch'n,
Waos d'Sendena send, thand laob aufſö trächt'n,
Auf'n Hoch-Ålman ob'm, dao håbmt's dö greßt Freudt,
En Hoch-Summa gao, wånns brav Moosbör aogeit.

3. Åſt håbmts hålt wol g'riff'lt, håbmt gao nicht entraut,
Daweil haot 's Böömandl üban Riedl heag'ſchaut;
Åſt haot a g'ſaogg: heunt ſeid's ſchon wieda mea dao,
Und hiaz pådts enk na g'ſchwindt obar i ſchneid enk d'Zöpf ao.

4. Åſt håbmt hålt dö Sendena recht ſchen beït'n,
Nåcha haot ear ean dråht mit'n Kerbl z'treït'n.
Åſt ſaogg da Wåld-Chriſt: „und ſeyn that a nit gråß,"
Daweil geit eam dö Thres ſchon an ſchölmöſch'n Ståß.

5. 'S Mandl ban Hoamgehn wiaſchd ållweil z'nichta,
Haot 's Kerbl auf'n Bugl und geiht gao zan Richta.
Åſt ſaogg hålt da Richta: wea haot da's denn thån?
Drauf ſaogg hålt 's Mandl b' Seeålm-Moaß Senden ån.

6. Åſt ſaogg hålt da Richta: hiaz zoag ma dein Schaob'n!
Åſt ſaogg 's Mandl: mia müaßn alloan an Åſcht haob'n;
Und dös Ding haots hålt freyla recht ſchiach vadroß'n,
Daß eam gaor auf a ſo hoaggl's Åſcht hin håb'mt g'ſtoſſi'n.

7. Da Zwoaleng-Hüatta kam boſcht a nett recht,
Denn zan Böö-Riffln hiat ear an meahröſt'n's Recht;
Aſar ea haot ſö denkt, i måch hiaz nit vül draus,
Eppa geïhts auf an ånnan Åſcht no kreïchtar aus.

*) Die Einſammlung oder Einbringung der ſogenannten Moos-Schwarz- oder Augl-Beeren im ſalzburgiſchen Gebirge, woraus man Brandwein brennt, geſchieht mittelſt kleiner, kammartiger Handrechen (Riffeln), daher das „Beer-Riffeln."

8. Da Húatta geïht hoam und wiaſchd kloan vabiſſ'n,
Haot en Melchar en Raskösſtl einhö g'ſchmiſſ'n.
Und åſt ſaogg da Melcha: du biſt gao da greßt Fer,
Haoſt ma d'År'l auskeit und dö Húſt aus da Der.

9. Åſt traut eam da Húatta drauf wol nicht mea z'ſaog'n,
Is fúr und ſú gångar en Sendenan z'klaog'n.
Und dö Bergmoar Senden haot gao nit lång trächt'
Und haot eam an kúahwårman Uebaſchlaog g'måcht. —

10. Und aus is hiaz 's Liabl, as geïht ſchon zan B'ſchluß,
Und waos d' Sendena ſend, haobbs na laob koan Vadruß!
Ös múaßt enk glei denk'n, as haot nit ſchen thån,
Aufs Jaohr ſchlögt enk 's Böö=Rifſln g'wiß bößar ån. —

27. D' Heuret-Lappenn. *)
(Singweiſe Nr. 40.)

1. O Hear ſich denna zua, wås iß bi bitt'n thua,
Thua mi dahearn:
J ſeufz' mit lauta Stimm, da i koan' Mån bökimm,
Dås måcht mi z'rear'n (weinen).

2. Går ållweil löbögſeyn, is mein' Dad nit ſein,
Thuat mia nit taug'n;
Dös wa hålt gå ſo ra, wånn i vaheuret wa,
J kunnts nit laug'n (laugnan).

3. Wia wolt do i ſo ſein, mit eam ſo freundlia ſeyn,
Wia ſö's that ſchid'n,
Mein ållagreßtö Freud und hålbö Selögkeit,
Wa 's Hoſ'n ſlid'n.

4. Wånn's na kråb oana wa, mecht a ſeyn ålt und ſtaa',
Oda ng ſchlechta,
Wånn's wa da greßtö Lump, budlat und blindt und krump,
J mecht'n dechta.

5. Mia war a decht ſchon liab, wånn ear a gå nir hiat,
Und hiat nir z'leb'm;
Wånn a kuñt nir vadean, ſo wolt i betl'n geh'n
Und wolt eams geb'm.

---
*) Eine heurathſüchtige Weibsperſon.

6. Wånn a glei ålls vasuff, und dabey rauschög wurdt,
Und that mi ploin;
Schliag a mi hålbat todt, so siag i do Gotlob,
Mi that's nit roin.

7. Åba mein Hear und Got, dös is da greßtö Spot'
Gå koan' bötemma.
J dean jå schon gå lång, schick miar a Mandl z' Lohn,
Dea mi thuat nemma.

8. J glabs, i glabs, i sig's, as hülft hålt denna nix,
As hilft koan rearn,
Wånn i koan' Mån nit kriag, so mua i mißvagnüagg
A Bethschwösta wearn.

28. Da Mauthna-Baschtl. (Lend.)

(Singweise Nr. 41.)

1. Und d' Leut' send schon vanaweïgst recht husig auf da
Lendt,
Maogst a woltas Trumm gehn daß's so umthoanat send,
Maog a frempa Mensch temma, maog bögean waos a wül,
Koan G'würg geit's nit ao, as kimmt g'wis oana sü, jå sü,
Kimmt g'wis oana sü.

2. Und rascht znagst an Offazia, und waos hiat a denn
thån,
Wånn nit oana gweïs'n war a deanstlacha Mån?
En Gsicht åll's vawår'n und an Baoscht an endtstaan,
Und a lötza Bålwiera maog sö eïh nit dabahn, jå bahn,
Maog sö eïh nit dabahn.

3. Da jung Mauthna Toni, dea liaß sö glei drån,
A kloans Greisl trump, Buabm as kennts'n do schon,
Nimmt dö G'schpådl unta d' Jagsʼn, an Brot'n Soaft'n
e d' Håndt,
Aso zoicht a sö ban Postmoastar umhö naoch da Wåndt, jå Wåndt,
Jå umhö naoch da Wåndt.

4. Geiht einhö e dö Kuchl wol va Leib und va Leib'm,
Und laßt sö en an Mülchstoz a Wåssar außageïb'm;

Geïht umhö e b' Stub'm und wol hin zan Offazia,
Steïht eam einhö e dö Gridl mit sein' g'schpitzat'n Knia, jå Knia,
  Mit sein g'schpitzat'n Knia.

5. Åft streicht' a'n mit da Soast'n hålt wol umandum ao
Und zoicht eam mit da dengg'n Håndt 'n Kopf auf ban Hao;
Und wiar a hålt en recht'n Wång sein' Zug a wenk vasuacht,
So springt ar eam schon auf von Stual und haot nix thån
  aß g'fluacht, jå g'fluacht,
  Und haot nix thån aß g'fluacht.

6. Åft haot ar a wol eib'mweïgst zan auffitz'n thån,
'n Postkneïcht den saogg a: „und dia denk' i schon drån,‟ —
'n Postmoasta saogg a: B'fiat dö Got bis i kimm!
Und dös a wol recht sinntla und mit hålbbrochna Stimm
  jå Stimm,
  Mit hålbrochna Stimm.

7. Und wiar a hålt en Baod dinna aogschtieg'n is,
Springant b' Hea'n åll zåmm, wiss'nt gao nit, waos 's is,
Auf dar oan Seit'n gschundt'n und va Soast'n no ålls graa,
As wånn a hålt wol justament von Haochgschloß hea waa,
  jå waa,
  Von Haochgschloß hea waa.

8. Und 's Baod hiat eam sinst weita gao guat ång'schlaog'n,
Waxt eam schleunög a Haut, maog sö glei wida zwaog'n,
Und aß roiat'n b' Roas es Baod gao koan Greisl,
Wånn a nar amål baußt sü wa ban Mauthnahäusl, jå Häusl,
  Ban Mauthnahäusl;

  29. Da Reithausa Hiasch. (Saalfelden).

   (Singweise Nr. 42.)

1. Ein Liablein zu singen, as is schon bökånnt,
Von einem Wüldschitzn „Reithausa" gönånnt;
Ea geiht auf dö Jågbt aus, en dunklgrean' Wåldt,
Ea schiaßt e dö Hiasch'n, daß dunnascht und knållt.

2. Dös is recht a Ding dös mea b' Jaga vadroißt,
Aß ear ean gao so groß' Hiasch'n daschoißt;
An Hiasch haot a g'schoßn, waß gao nit wia groß,
Ea haot hint åhö g'haobb, an Schwoaf aß wi'a Roß.

3. Ey du mein Reithaufa a Fraog is do frey:
Wia vül mâcht a Zoach'n, waos haot a fü G'weih?
As is an Aofötza, da Kopf is schen öb'm,
Sinst hiat ar e d' Hälfta nit dreinschliaff'n mögn.

4. Dao geang da Reithaufa es Buabm einlaod'n,
Ea that recht an eb'l guats Hiasch'nfleisch haob'n;
Ea hiat Biar und Brándtwein und Spülleut dazua,
Dao kunnt ös recht tånz'n und lustög seyn gnua.

5. Und wia hält dö Göst send zan Eſſ'n z'ſâmm g'hudt,
Âſt bâbmt's no an übarög'n Seſſ'l heak'rudt;
En Stodinga müaß ma haob'm, dear is da büſt',
Weil ear en Reithaufa sein' Hiasch'n haot g'möſt.

6. En Brandtl untan Hollweig'n, den müaß mar a haobm,
Ea haot von den Hiasch'n an Gruagg'n ausgraob'm;
Ea woaß ſö nit z'helf'n, hiat's Eiſ'n ſo gean,
Ea schlaogt'n üban Stod, daß da Huaf davon geang.

7. Hiatz mua i gen auſſö en Schörhoſſchmied fraogn,
Wia vül ar en Reithaufa-Hiasch Nögl haot g'ſchlaog'n,
Aß d' Eiſ'n ſo ſöſt send und ſtehnt no ſo ſchen,
Aß ehnta haot müaß'n da Huaf davon gehn.

8. Dar ârgliſtög Schmidinga büldt ſö's ſchiagar ein,
As mecht weig'n da Ripp'm koan Hiasch'nfleiſch ſeyn.
Ea laßt no brav heatraog'n, as haot nit daklödt,
Weils ean von an g'ſchedat'n böſza haot g'ſchmödt.

9. Wånn kaod da Schloßjaga ſo güatög that ſeyn,
Und that mas dakenna, waos dös Wüldtbrat thuat ſeyn:
„O du mein Reithaufa vå den biſt ſchon pfroat,
I hån jå koan g'ſchedat'n Hiasch' e mein G'joab."

10. Da tâurar Åbl is a Mån, wea'n guat kennt,
Ea haot ſö mit 'n g'ſchedat'n Hiasch ſchen vabrennt;
Ea lögt'n ſchen hear auf'n Steffl-Ånga,
Ea that um ſein Schneidzoig g'ſchwindt einhö g'länga.

11. Hiatz geihts na kaod g'ſchwindt hear und theats nit
vül röd'n,
Eiſt mecht ſö dös Toiſ'ls-Vich ünſa noh wöh'n;

10

Geibı's gschwindt miar a Jaod hea, sünst leit a nit stül,
J mecht mit 'n Bugl nit thoan wiar i wüll.

12. Den täurar Abl ben kenn i a schon,
Ea haot en Hiasch g'schnitt'n, hiaz is a sein G'spân;
Wänn 's Hengstschlachtln austamm, hialt ea's für a G'faoh',
Wänn a nit so maoga wa, farcht a'n gao.

13. Schmidinga und Klingla für enk is 's nit g'sundt,
As war enk vül nützar, ös wascht maoga wia b' Hundt;
As is enk nit nußla, as is enk vül z'wiach,
Von an söllan Wüldbrat wagst b' Feast'n vül z'schiach.

14. O du mein Reithausa waos haost benn baträcht'?
Wia haost beinö Salzla so bauchwehög g'macht?
Sö gehnt jå dahea wia bö noi g'schnittna Hundt,
As wa jå kaod ållwöng Nâth, b' Hos'n war unt'.

15. D' Haut wolt ar en Weißgarba z'årbat'n geib'm,
Ea kriagat brav Hofnar und Joppma daneib'm;
Ea that 'n schen bitt'n, wänn ear eam's årbat'n that,
Solt eam's kaob nicht vabörb'm, as wiaschb ålls ohnö Nahb.

16. Weign's årbat'n that sö da Weißgarba wöh'n,
As wiaschb bein ausströd'n da Bugl nit öb'n;
As is jå vülz schredög, as is kloan varudt,
As haots jå schon vülz oft da Sam-Sâtl drudt. —

17. Z' lößt hån i g'moant, i wül 's Liabl b'schliaß'n,
Hiaz mua i am eascht no en Almwiascht grüaß'n;
Ea haot jå sein Weißhat so vül Jaoh' baströdt,
Hiaz lå ihn' gen fraog'n, wiar eam 's Gaulsleisch haot
g'schmödt.

30. 's Schlachtln z' Zell en Pinzga.

(Ein Faschinz Brief.)

1. Hiaz hâmbts hålt schon mear a noi's Liabl babåcht,
Waos 's hoiar en Höröst fürö Stüdl håb'mt g'mâcht;
Vo Kirchâm auf Zell hear und bis auf Kâprunn
Is 's übaråll finsta, scheint niamåls a Sunn.

2. En Tischla-Häusl aust'n, doscht fång i zeascht ån,
Doscht is ean dö Fåck zåmmt'n Messa davon.
Sö laßt si nit stech'n, as thuat iahr vülz' weiß:
„Is da Hunga vül z'gråß, i hån Zeit aß i geiß."

3. Dö Fåck haot sö aufdraht, sö richt' sö zan geh'n,
Åft saogt dar ålt Baota: Buabm bös thuat nit schen;
Aso hån is g'seich'n nia, bös dårf i saog'n,
Droi so gråßö Lödar oan Fåck nit dahaob'n!

4. Dö Fåck haot sih g'flücht', sö woaß husög wo aus,
Sö is zåmmt'n Messa zan Scheff'n åbaus.
„Dao bin i schon sicha, wånn i zruck neama geiß',
Wånn i's Scheifmåch'n kån, faohr i gaor üban Sei."

5. Åft saogg oans zan ånnan, waos fånga mar ån,
Wo mua dö Fåck hin seyn, wea saogt üns as ån?
Dö Diarn haots daraothn, sö bülbt iahrs schiagar ein,
Dö Fåck wiaschb wol sichar en Mårkt einhö seyn.

6. Åft saogg hålt dö Kellnarenn: doscht hiat sös kreicht,
Wånns hin zan Müllnan kamm, geang's iahr nit g'schleicht;
Åsa da Toixl, dao is no a Gsaoh',
Håbmt übarål Jackl, sö stechn't koans ao.

7. Und hiaz låß ma dö Tischlahäusl-Fåck e da Ruah,
Keah'n ma ban Fischawiascht ar a wenk zua;
Doscht haot hålt dö Köchenn a Böckl g'schunt'n,
Haot a Fatl en Ståll und haots deancht nit g'fundt'n.

8. Ban Fischa-Wiascht doscht håbmt dö Knåppm 's Quåtia,
Håbm't ållahånd G'spoaß, is recht lustög anbia; (anbiaband*
Da Loastschneidar-Orgei bea wuschb enk's dazöhln,
Ea haots amål g'seichn wia dö Gruagg'n aufschnölln.

9. Und en Saålhof unt', i hiat båll vagess'n,
Håbmts a Ruah'l wol'n schlaog'n, schon vår'n Fruahstuckess'n;
Steiht da Baua nit auf, bleibt no ba da Ruah,
Geit da Bäuknecht en Schårfrichtar ao ba da Kuah.

---

*) iabanb, anbiabanb = manchmal, irgenb.

10*

10. Unb wia's hålt bö Kuah e's Haus einhö håbmt g'fuascht,
Aft haot fö's schon kennt, aß a Måschtarenn wiascht;
Dö Kuah fångt ån 's zittan unb 's zåppl'n unb 's schrein,
Dö Bäurenn e ba Kåmma traut iahr neama recht z'fein!

11. Ban Weißgarba z' Zell hån i a schon g'heefcht faog'n,
Aß' gaor afo a bamöfchö Möflfåck theant haob'n;
Is ba Mötzga kloan z'loab, haot fö ar a wenk g'iascht,
Ea haot ba ba Diarn am eascht 's Meffa probiascht. —

12. En Fålögg, en Schmiebhof hån i wieba g'heefcht faog'n,
Da Kneicht is vaweig'n wårn weigns Saufchwoaf hoamtraog'n;
Da Biarfuahra-Hanfl haot'n åha g'meffa,
Warn oft ban an Schafl bö Dutt'n greßa.

13. No oan Stübal wiffatö, i trau ma's nit z'faog'n,
En Hofmårk-Mötzga fein' Leahrbuabm müaßt's fraog'n,
Zan Schafl aoftech'n is a gao wolta g'scheibt,
Auf a gånz nojö Mobö, afo is 's a Freubt. —

14. Båld bö Weibaleut schlacht'ln, geihts felt'n gao guat,
Sö kriag'nt hålt glei Dreick unb balöbing koan Bluat;
Unb i thua nicht bazua, as is nicht übatrieb'm,
Dar ålt Jub haot fö richtög åls Zeug untafchrieb'm.

15. Hiaz wol'n ma's gen b'schliaß'n, aß is neama z'fruah,
Wånn as ålls wolt' durchfuach'n, auf an Åfcht kamm aß nia;
I wiffat en Mårkt gråß Böck no a neun,
I thålt ma's auf z'nagft, fü heunt lå is feyn.

31. Dö Kuahfchlåchtöng ban Bögei en Pinzga.

1. Hiaz hee'n ma, waos 's Noi's geit
Unb wo's is eppas g'scheibt's!
Dö Schlåchtöng thuat fö hoia röh'n,
I kån enk jå nit gnaun bazöhl'n —
Ban Bögei wiascht bar Ånfång g'måcht —
Wiar ob'm en Pinzga bös Kuahfchlaog'n kråcht.

2. En ålla Fruah ftehnts auf,
Wia's hålt wohl is ba Brauch;

Sö theant sö guat böreit'n,
Da Mößna höbt ån Zúg'n läut'n;
Waos denn eppa daos bödeut',
Aß a heunt gao so lång läut'? —

3 Sö gehnt åft hin en Stål
Dö Mannaleut wohl åll,
Sö theant's mit Strick'n bindtn guat,
Aß's neama meahr entrinna thuat;
Auf da Wassa thuats ean ålln
Zan Füaß'n nieda fåln.

4. E's Haus hin wiascht's åft g'fuascht,
ö Kuah is recht bötriabt,
Vor Ångst haot si sö nieda g'wårff'n.
Mößga kriagts gen g'wiß an schårff'n,
Weils'n braocht håbmt weita hea,
Haot ar a wohl g'wiß koan G'schea.

5. En Haus dao wiascht's z'såmm g'schlaog'n,
Dö Kuah thuat nit vúl g'wao'n;
Da Mößga schlögt vúl z'lind,
Aß dö Kuah no auf daspringt.
Bo da Kuchlthú håbmts außa g'lost,
Und zittascht wiar a Frosch.

6. Wia da Mößga stech'n thuat,
Dao geang koan Tröpfei Bluat;
En Bauan thuat dös Ding vabriaß'n,
Saogg: reißt sö's auf ban Schwoaf und Füaßn!
Hiaz haot si wol åns Sterbm denkt
Und måcht iahr Testament.

7. Daos Ing'woad geit si hea
En Melcha fü sein G'schea.
Dö Blaotan keescht en Mößgar ån,
Aß ear auf b' Kuah oft denk'n kån;
Gåll und Dreick is unta'n Bluat,
Wißts, åft haobts ållsånd schon gnuag.

8. Dö Kuah höbt hiaz ån z'blearn,
Weit danhö thuats ma's hee'n,

Dö Zung haot ſi läng außa g'röckt,
Dö Haoſ'n haots weit danhö g'ſchröckt;
Da Mötzga wirft ſö auf dö Kuah
Und hält iah's Maul g'ſchwindt zua.

9. Hiaz geiht wohl hea dös Endt',
En Bauan haots no kennt,
Si ſchaut'n wohl recht traurög ån,
Weil ea iahr neama helf'n kån.
Dö Bäurenn dea ſchickt's no an ſchen Gruaß,
Weil ſi hiaz gen varöck'n muaß.

10. Dös G'ſangl is hiaz gåo,
Dicht' haots a gåntza Når;
As dårf enk nit vadriaß'n,
Dö Kuah haot jå vül leib'n müaß'n,
Aſa ſeidts na wohl götreſt',
Dö Kuah is läng daleßt.

32. Kontumaz*-Lied.

(Singweiſe Nr. 43.)

**Auf die beim Ausbruch der Cholera im September 1831
an der Saalbrücke vorgenommene Gränzſperre und er-
richtete königliche bayeriſche Kontumaz-Anſtalt.**

1. Gehts hea meinö Poarn, i muaß enk wås ſåg'n,
Os weardt's ma wol åba varübl nix håb'n?
Os håbts enka Graniz recht wåda böſötzt,
Daß enk koan beſårtigö Krånkhat ånſtöckt.

2. Dö boaröſch'n Füahra dö hand ſovl g'ſchickt,
Sö kennant ſchon b' Luft wånn ſö beſårtög is.
D' Soldåt'n dö ſchiaß'nt da Luft glei entgög'n;
Is dös nit a Freud e den boaröſch'n Leb'n!

3. Z'nagſt bin i hålt ar auf dö Graniz hin kemma,
Då that i hålt ar a wenk umhöſpecha;

*) In Volksmund gewöhnlich „Contrumaz.“

J siach daß en Füahra da Kopf eing'låst is,
Und an ålta Goasbock sein Domestic is.

4. Dö boarösch'n Dolta dö håbm't jå ålls g'wißt,
Sö såg'nt daß ba Goasbock dö Kränkhat welfrißt.
As håbmt fåst Allö an Goasbock ban ean,
Dö auf da Graniß s' Komando thoant füahrn.

5. Mia hand dö Stiarwåscha, dös woaß i vohear,
Dö Boarn dö wåsch'nt dö Kuah und dö Pfeardt;
Und wås 's no ålls thån håbmt, dös jåg i enk nit,
Sö temmant en Faschöngbriaf, dös woaß i gwiß.

6. Auf da Brugg'n dö Gåttarn dö hand hålt wol g'schidt,
Weil drån fö dö Kränkhat von Weit'n schon schridt.
Sö traunt fö nit zuahö, jå dös woaß i b'ſtimmt,
Bis da Kommiſſarö mit dö Handtſchuach åft kimmt.

7. Dö Briaf dö fö triag'nt von üns, hand jå vagift,
Drum wearnt fö nit kupſaran Zångan recht zwidt;
Åst geht hålt dås Gift wieda z'ruck e sein Låndt,
Und hiaz wiardt en Boarn gå koan Menſch neama krånk.

8. Zan B'ſchluß, meinö Boarn, wüntſch i enk vül Glück
Got håt ünſa Sålzburga Låndt no ållweil böſchüßt;
Es brauchts koan Schuß Gottes, heit's ſelbar en Stånd,
Drum hån i Reſpedt füar enka tüpfas Lånd.

33. Ueba b' Salzburga im Jahr 1842.

(Singweiſe Nr. 44.)

Iß's ums Roaſ'n ſågta,
Do a Freud ſågta,
Siacht ma Stödt ſågta,
Siacht ma Leut ſågta,
Und auf Linz ſågta
Bini g'roaſt ſågta,
Auf an Dampfſchif ſågta
Wia ma's hoaßt.

Kloanö Thürma ſågta
Sand um b' Städt ſågta,

Dö koan Feindt no fågta
G'numma håt fågta,
Und en Fried'n fågta
Weans wol höb'm fågta,
Und koan Kriag fågta
Wiardt's nit göb'm.

Und bey Linz fågta
Nebm ån fågta
Håbmts von Eif'n fågta
Eine Båhn fågta;
Går koan G'fåhr fågta
Is dabey fågta,
Geht schen långfåm fågta
Allöwei.

Då en Sålzburg fågta
En schön Lånd fagta
Steht oan' ftül fågta
Da Baftånd fågta;
Iå, ma fiacht's schon fågta
An dö Leut' fågta,
Aba d' Göög'nd fågta
Is a Freudt.

Und dö Stådt fågta
Is schen baut' fågta,
Wånn von hint'n fågta
Ma's ånschaut fågta;
Håt vül Kirch'n fågta,
Vül Göbäud' fagta,
Vül Soldåt'n fågta
Und vül Leut.

Und dö Madl fågta
Dö håb'mt g'rath'n fågta,
Spület dö Groß'n fågta
Mit Soldåt'n fågta,
Und dö Mufi fågta
Liabn's önorm fågta
Vo dö Sabl fågta
Und dö Sporn.

Un ån Fer'n sagta
Is koan Noth sågta;
Da Moos-Tabbädl sågta
Is zwår tobt sågta,
Wår bereahmt sågta
Mit sein Kopf sågta,
Seinö Ord'n sågta
Und sein Kropf.

Und da Mozatt sågta
Is von hiar sågta,
Denn ma zoagt no sågta
Sein Quatiar sågta.
Bo den Mannas sågta
Is a G'röb sågta
Seit'n Denkmål sågta,
Früaha nöt.

Bo sein' Föst sågta
Is a G'schroa sågta,
Mlåch'n thant's eam sågta
Ällaloa sågta;
D' Musökant'n sågta
Geb'mt Konzeart sågta
Und a Nennats sågta
Geb'mt bö Pfeardt.

Drum giebt's Musi sågta
Hiar so vúl sågta
Täglö drei mål sågta
's Glogg'nspül sågta;
Bökanntö Liada sågta,
Spúlt's a Graus sågta,
Denn wås 's is sågta,
Bringst nöt draus.

Und drei Wüntsch sågta
Håbm't da b' Leut sågta,
Z'eascht a Biar sågta
Håbmts a Freud sågta;

Da zweytö Wuntsch sågta
Wida Biar sågta,
Und da drittö sågta
No mea Biar.

Und 's Theata sågta
Is a Pråcht sågta,
Is so hell sagta,
Wia dö Nåcht sågta:
D' Säng'ren schreit sågta,
As brüllt da Påß sågta,
's woant da Tenor sågta
Dås is wås!

Und en Mozatt sågta
Zon Vadruß sågta
Sötzent's ent'n sågta
An Pegasus sågta;
Schaut fåst aus sågta
Wiar a Roß sågta,
Nur håts Flüg'l sågta
Und is groß.

's Roß is grean sågta
Schon vo Gåll sågta,
Weils koan Ruaß håt sågta;
E sein Ståll sågta;
Sö zarent's außa sågta
Aufn Plåtz sågta
Und stöllnt's auf sågta
Wiar an Schåtz.

Bau'nt von Stoan sagta
An kloan' Hauff'n sågta,
Låßnt's Wåssa sågta
Åba lauff'n sågta;
's Roß muaß auffö sågta
Mit ålla G'wålt sågta,
Got b'hûat's sågta
Daß's nit fållt!

34. Ueber das jetzige Geld. (1859).

(Singweise 45).

1. Wås såg'nt denn hiaz b' Leut auf da Welt?
Sö greinant ållweil üba's Geld,
Weil's gå sovl Kupfar ågeit,
Springst eascht mit an Haussa nit weit;
Zåhlt oanar a påår Maßl Bia,
Iß's a Haussa, as is jå frey schiah;
I hån ma seithea nix dahaust,
Weil miar a den Geldt aso graust.

2. Dös Kupfageldt, dös is a G'fraßt,
Weils hålt zan austålt'n nit paßt;
's Papiageldt darinnt üns ållwei,
Wånnst as tåltst, håst an Umlassarei,
Und Büachl håbmt's g'schrieb'm, håbmt ma g'sålln,
Då håbmt's lauta Sülbageldt g'måln;
As håbmt üns nar üba tråb g'stimmt,
Weil's Sülbageldt bössar åtimmt.

3. Dö Sö̱xa sand häustög dåg'wön,
Iaz låßt sö gå koana mea seg'n;
Sö liegnant beynånd en an Nest
Und håb'mt auf ean Löbtåg Arest.
Mit dö Zwanzga is 's g'wöst a Målear:
Håt g'hoaß'n göbts dö Zwanzga na hear,
D' Leut håb'mt sö vo dö Zwanzga losg'måcht,
Und dö Geldtwechsla dö håbmt brav g'låcht.

4. Håbmt's enar an Zwanzgar a kloans Löchl g'seg'n,
Håbmt's da na 23 Kreuza göb'n;
Dö Zwanzga håbmt's wolf'l z'såmm g'fångt
Und håb'mt vül Rabat glei valångt.
Vo dö Thåla då is gå koan Nöd,
Då sand schon dö Geldt-Wechsla b'stöllt;
Zon Geldtwechf'ln sands jå so g'schnell,
Wia da Toifl wånn a kriagat a Sell.

5. Wånn i Heargot wa, wolt eanß vatreib'm,
J måchat ean 's Geldt ålß za Kleib'm;
Aft kunntn'ß b' Sau fuatan damit,
Aft håt ba Geldt=Wechſl an Fried.
Und zan B'ſchluß muaß i no ſåg'n,
Koan Menſch kån ma varübl niɣ håb'n,
Wånn i bö Geldt=Wechßla hålt ſtråfat recht gah,
Daß's Geldt ålß zan Saufuata wa.

**35. Zwo Jɣlinga=Bauan üba b' Eiſnbåhn
im Jahr 1860.**

1. Glei gen Nåchba håbm ma geſſ'n,
Aft ſchaun ma zo bar Eiſ'nbåhn;
Ma kån ſo wol ſchia nit g'nuag wunban,
Wåß bö Welt ålß zauban kån.

2. Jå mein Rûapl, bu wiarſt loſ'n,
Wia böß Ding bahin rebellt;
Möcht'n frei bö Hoſ'n ſieban,
Volla Rauch bö gånzö Welt,

3. Nåcha thuat böß Ding recht pfeiſſa,
J moan as hoaßt Lokomotiv;
Daß's hålt weit um laut thuat höllan,
Wåß war's benn um an Bauan=Pfif.

4. Åba bu mein liaba Rûapl,
Glabſt ma'ß baß's niɣ guats böbeut'?
Prophözeit und k'röbt håbmtß lång ſchon,
En ünſarn Dorf bö ålt'n Leut.

5. Schau na hin, ålß iß von Eiſ'n,
Daß ba gå niɣ brecha måg;
Haus und Hof thoantß weɗa reiß'n,
Daß's ålß Plåɣ håt vå ba Ståbt.

6. Auf ba Welt freut's mi biaɣ neama,
Weilſt niɣ Guats zan hoff'n håſt;
Eſſ'n ſol mar a ſchia niɣ mea,
Weilſt koan Geldt zan laſſa håſt.

7. Richtög Rûapl g'freuts mi neama,
Weilſt nix mea håſt åß tråd bö Plåg;
Schuld'n håſt, koan Geldt zan zåhln,
Und mein Bua dear is Soldåt.

8. Geh Nåchba geh, ſei nit vazågt,
Dås tån ſö ålls no geb'm;
Ewög dauart eh nia nix,
Wiardt ſchon no bößa 's Leb'm.

9. Schau, ſchau, es geit jå gå vûl Leut,
Dö Zeit håb'mt zan Stubiarn;
Då tån da Baua wieder a
Dabei wås profidiarn.

10. Dö Eiſ'nbåhn dö is ſchon guat,
Geht g'wiß durchs gånzö Låndt;
As kimmt ålls wolf'l hin und hea,
Ma braucht jå ållahåndt.

11. As kemmant Ochſ'n, Kölba, Kûah,
As kemmant Roß und Sau,
Von Ungan und von Öſtarrei
Und vo da Stockarau.

12. Håſt Recht mein Nåchba, glab da's ſchon,
Nu, nu, en Gottes Nåhm!
Mia gehnt nit z' Grund, dös ſiach i ſchon,
Mia Bauan hålt'n z'ſåmm.

36. Ueba d' hiatzeng Zuaſtåndt 1860.

1. Wås måch'nt denn hiaza dö Leut' auf da Welt,
Ma heart na, daß oan Menſch den åndan tråd quålt;
Ma jåmmart und klågt, as is ålls übatrieb'n,
Und d' Hoffårt is dennar auf's ållahegſt g'ſtieg'n.

2. As klågnt vûl G'werba, ſö kemmant ums Brod,
D' Fabrigg'n ſtöll'nt ålls jå hear um an Spot;
Wås ſollnt denn åft d' Leut wol måch'n ån End't,
Wånn ma gå ſovl neuchö Maſchina badenkt.

3. Då jåmmant dö Fuahrleut, as is neama z'leb'm,
Koan schlechtarö Zeit kunnts für üns neama geb'm;
Ma waaß jå fåst nit, wia ma furtkemma solt,
Is koan Toifl nit då, baß a b'Eif'nbåhn holt?

4. Koan Postillion kån hiaz neama bösteh'n,
As thuat jå vül g'schnella ba Telegraph geh'n.
Kimmt ea mit a Neuögkeit auf b' Station,
Då is 's Telegraph'n = Amp, wiss'nt sö's schon.

5. D' Fiakar und b' Fuahrleut und bö Postillion,
Dö schimpf'nt an meahröst'n b' Eif'nbåhn z'såmm;
Då sand schon bö Schefleut vül glücklöcha g'wen,
Sö håbmt na bös Dåmpfschif an oanzögs Mål g'sehn. —

6. Und heart ma bö Krama zan Mårktzeit'n ån,
Wiar an iaba sein Krafflwerch heapreis'n kån.
Sö sågnt, sö gebm'ts wolfl, thoants nit übaschlåg'n,
Und lögt mar ean b' Hälftö brauf, muaß ma's schon håb'n.

7. Dö Bindta håbmt a går a schwiarögö Zeit,
Müaß'nt Kitlroaff måchn hiaz süa b' Weibaleut;
Und brachst söllö Trümmar auf'n Kirchthurn ob'm ån,
Sö hångat'n kråb wia bö Glocknar ob'm b'tån.

8. Dö Weibaleut bringant a Modö hiaz auf,
Dö moast'n jå schopp'mt sö übaråll aus;
Und ån böstn gehts hiaz beyna Någbarenn ån,
Dö recht an tüchtöngar Arsch måch'n kån.

9. Dö Weibaleut gengant hiaz åll auf'n B'schiß,
Buabm låßts enk nit sopp'm, as is sovl nit;
Dö Weibaleut sopp'mt enk mit 'n schen Gwåndt,
Wia ma bö Gimp'l mit'n Vog'l=Leim fångt.

37. s' Lokomotiv als Geißteufl:
1860.

1. Wåhrhåftö hiaz g'fållts ma fåst nimma,
As geht nimma guat auf ba Welt;
As meahrt sih mit an iab'n Tåg imma
Dås Jåmman und 's Klåg'n übas Geldt.

Da Werl steigt oft ungöheua,
D' Leut theant sö jå laut schon beschwean,
Is åll's so schen g'sålz'n und theua;
Wo's nit amål ånbas thuat wean?

2. As haust hiaz en neuöst'n Zeit'n
Da Geißteufl åls a wülds Thiar,
Ma heart 'n schon sauf'n von Weit'n,
Ea rennt jå aß wia da Bliß füar.
Ea thuat sih um's Geldt schia darenna,
Auf da Station måcht ar an Pfif,
Ös weards'n beinåhö schon kenna,
Dås nennt mar a Lokomotiv*).

3. Då siacht mar en Geißteufl renna
Gånz lüftö auf dear Eisenbåhn;
Is oft a långmåchtöga Traina,
Den hångants eam hintnåchö ån.
Ea schleppt jå gå vül tausnd Zent'n,
Då laßt a no hurtö davon;
Und d' Fuahrleut dö sollt'nt 's wendt'n:
Månns kunnt'nt, so that'nt sös schon.

4. Dö Eis'nbåhn is jå vül Standt'n
Jå recht a graoßmåchtöga Schlåg,
Dö Geldtjub'n künnants schon sahndt'n,
Daß 's Geldtl ålls fålt en oan' Såck.
Und sollt da Messias nit kemma,
Dear ean lång vahoaß'n is schon,
So theant sös nit gå so hårt nehma,
Sö beth'nt ean Geldthaufar ån.

5. Koan Sülbageldt is neama z'findt'n,
As is jå ålls wekkemma schia;
Dö Geldtbeutl kriag'nt wieda 's Schwindt'n,
Ma siacht jå fåst lauta Påpia.

_____

*) Hie und da auf dem Lande besteht der Glaube, der Teufl durchfahre als Lokomotive das Land und von jedem Train verfalle eine Seele in seine Gewalt.

Hiaz g'hoaß'nts ean gå so vül Weh'l
Und sopp'mt ean 's Sülbageldt å,
Und z'löst mit dö z'riss'na Fleckl
Muaßt fürcht'n an graoß'n Åschlåg.

6. Dö Briaftaschl und dö Geldtbeut'ln,
Dö sand a schon längar en Kåmpf,
Und hiaz en neuan Zeit'n,
Kriag'nt b' Briaftaschl b' obarö Håndt;
Hiaz müass'nt dö Geldtbeut'l fliaha,
I glab as vaweis'nt ean 's Låndt,
Iå weil ma hiaz ållö schon wieda
Zan Neugeldt dö Briaftaschl håb'mt.

7. Dö Bräu dö sand a üba b' Måss'n,
Sö sand hiaz so theua mit'n Biar,
Und dennar is 's no b' Hälftö Wåssa,
As is oft koan Saussa nit schia.
Gehn miar oft zan Biar mitanånda,
Wol'n üns untahålt'n recht guat,
Muaß oana ban Saussa frei zåhna,
Weil's moast'ns krensaua seyn thuat.

8. Aso theants dö Geitzög'n måcha,
Sö glab'mt auf koan' Himml, koan Höll,
Sö thoant iå a no dazua låcha,
Geht's ånban Leut'n kråb wia ba wöll.
Iå weil's üns hiaz går aso håß'n,
Koan åndarar Ausweg nit is,
So muaß oana 's Biarsaussa låssn,
Bei'n Wåssa bleib'm aß wiar a Fisch.

9. Und zun Böschluß muaß i no sprecha:
Theats enk fleißö hüat'n von Geitz,
Sobåld ös theats dös übasecha,
So kemmts ös ar ållö so weit.
Da Geitz-Teufl wiardt ållweil greßa,
Vagunnt eam fåst neamar koan Sålz;
Ea lafst eam auf b' Suppm koan Pfessa,
Und thuat eam e b' Nudl koan Schmålz.

VI. Gassel-Reime und Fensterstreite.

1. Fensta-Schnacks.

Meltz'n, haobbs mein Baotan nit kennt?
En buxbaman Lenzl håbmts'n g'nennt,
An zimatrindtan Huat auf
Und a rosmarinanö Schnua drauf
Mit Daschål'n einbrammt.
Haot da heunt von mia nicht enttrammt?
Heunt bin i gånga e's Mentscha fraog'n,
Und so haot mi da Windt hiaz za dia heatraog'n.
I kimm heunt hea vun Brix'n
Mit åcht Medridåt-Bix'n;
Åsa Medridåt tåd nit alloan,
I kun für åll Sucht'n und Straud'n z'Guat'n thoan.
Dao muaßma nemma droi Kåpaunar-Da,
Söx Bluatstrupf'm vun an Denglstoan
Und droi Ößlboan.
Dö muaßt siad'n und braot'n,
Aft is für åll Sucht'n und Straud'n glei k'raotn.
Dao muaßt nemma z'Mårg'ns und z'Aobms droi Löffl voll,
Nåcha maogst seyn z'Zillaschthål oba z'Tyroll.
I hun eascht oanö kuriascht,
Dö is g'weesn: niedabrustat, hohlwångat und håchzåhnat;
G'haobb haots a råths Hao',
Und dö Tad'l warnt no nit åll gao.
Deara huni eingeeb'm:
Vun söx Roß'n dö Gruagg'n,
Vun da Mistgåbl dö Zuagg'n,

11

Wun an ålt'n Stråhſaock dös Ingwoad
Und a Trumm Mannaleut-Pfoad:
Söx Loth Dråch'nbluat und an ålt'n Weibamuath,
Dös hålb Autafleiſch vun an Stia
Und vun an Häuſl dö Brúah,
Dös is g'weeſ'n iahr gånhö Låxia.
En dritt'n Taog haot ſös ungjångt ausz'kuriarn,
Dao håbmt ſö's müaſſ'n auf a dob'lts Häuſl füahr'n;
Haot en van fuſcht . . . . und g'ſpieb'm,
Und aſo is's ſöx Tag und ſöx Nacht huck'n blieb'm.
Dao haot ſö da Baua entſchluſſ'n,
Mit ſöx Leutn und ſöx Roſſ'n
Z' dungan und z' baun,
Mentſcha geeht's außar es ſchau'n!
I kimm hea vun da Kåjchtein,
Doſcht huni s a probiaſcht meinö guat'n Åſchznein;
Meinö guat'n Åſchznei n hun i probiaſcht,
Dao håbmts mar an gånh'n Waog'n vol talögö Mentſcha
heag'rúaſcht.
Dö Nüſſöng huni ausg'lauſt,
Und dö Zotat'n huni aufkrauſt,
En Rohönga huni a Pipp ung'ſteckt
Und dö Kuſchz'n huni e d' Lång t'rockt.
Dö Långtraegat'n huni nieda taucht,
Doſcht huni mein Kraoſt ållö braucht,
Dö Blaotamaoſat'n huni a nit g'mögg,
Bin um an Ogg'n gånga und hun ean's zuahö gögg.
Dö Uebaſcheinöng und Maulſtinkat'n
Hend a ſchiachö Gſpenſta,
Dö huni austauſcht
Jú dö ålt'n Kuahſtål-Fenſta.

2. Gaßlreim,
genannt der Materialiſt.

Kemma thua i hea vun Zillaſchthåla Brixn
Mit meinö ſiebm a ſiebmzg Medridåt-Bixn
Zan Mentſchar aufwix'n!

Haob'm thua i schun an faggaröjch guat'n Mriebbât,
Dea's an iab'n Diandl bamâcht.
J hun göstan an âlt'n Weibl
An Meſſaſpiz voll eingeeb'n,
Heunt e da Früah is 's ſchun aß a tolla bei mia g'wee'n.
Seyn that i wohl an g'ſcheida Mân,
Dear âllö Krâuta ſuach'n,
Brock'n und graob m kân.
J graob's mit dar oan' Hândt aus dar Ear'n aus
Und mâch an faggaröjch guat'n Bâlſâm draus.
J mâch nit tâd an Bâlſâm alloan,
J kun ſû b' Eiſaſucht a waos thoan,
Aſa dao mua i zöch'n Stuck dazua nemma,
Und bö hend faggaröjch hâſcht z'bötemma:
Zan eaſcht'n mua i haob'm zwo Râp·unar=Da,
Zan zweyt'n a Sechzehthoal Âlſtan=G'ſchroa,
Zan dritt'n ſieb'm Metz'n Mugg'n=Kleibm,
Zan viaſcht'n an Strâbſaock aoſtech'n und 's Bluat dazua
                                           reib'm.
Zan fünft'n b' Mülch vun Hennan nemma,
Zan ſöxt'n an Öbl vun Saubreick brenna,
Zan ſieb'mt'n an lânga zwâckaröjch'n Finga,
Jâ, den mua i a dazua bringa.
Zan âcht'n 's Jugwoab vun an Denglſtoan,
Zan neunt'n âll's z'ſâmm en a Pfandl thoan,
Zan zöchnt'n âjt âll's ſiad'n und braot'n ſchen.
Und ſo wiaſchd b' Medizin ſû bö Eiſaſucht pfroad
Recht a faggaröjchö, mein Dad!
Hiaz Weibaleut hiat i nu an Öbl,
Daos hülft, keißt's wo und ka wöll.
Schmiaſcht's bös un auf'n Bodach obar auf'n Hirn,
Seyn thuat's übarâll a guatö Schmirb'n.
So ös Weibaleut, kafft's ma brav ao,
Aſt'n wiaſchd's hâlt vül leichta bâll gao!

3. Ein anderer Gaffelreim.

Heag'schickt bin i von Fŭascht'n aus,
Und fenstan soll i ban an iab'n Haus.
Und ållö Spinnawött'n soll i aoköö'n,
Ban enk Weibaleut'n soll i z'eascht ånhöb'm.
J bin hear und hear gång,
Hiaz bin i dao ba da Fenstastång.
Hiaz Weibaleut, schauts mi ån,
Wo i kuschz bin oda lång!
Sein thua i a Mandl ohnö Tad'l:
Thua mit dö Knia a Greisl wöh'n,
Und en G'sicht bin i volla Kröhn,
An Aosch hån i wia zwo Zwöschb'mkean,
Ban enkan Fenstan schauts aus
Volla Spinnawött'n, volla Graus,
Volla Spinnawött'n, volla Weis'n,
Ah wånn seit'n lutharösch'n Auszug
Koan frischa Gahlbua wa dao meah gweis'n.
Wiaschb åfa do nit leicht seyn,
Schloift schon öftar a Fuchs aus und ein. —
Von bar Aorl bin i hin e dö Käschtein,
Und vo da Käschtein hin e's Filzmoos,
Von Filzmoos hin e's Såålfellna G'schloh.
Aft bin i doscht a wieda davon
Und bin auf Grah zan Diandl'n gång.
Aft kamm i z'ruck auf Sŭlzburg auf's Raothhaus,
Dao fraog'nts mi kloan klaor aus,
Waos i e mei'n junga Taog'n
Fŭ Weibaleut g'haobb hån ban Kraog'n.
Aft håni g'saogg: Sö Hear Kŭparål,
J hån g'haobb en gånh'n Koasathum dö schenöst'n åll.
Aft bin i doscht wieda davon
Und hin und hea g'sprung'a,
Und hån åft gaor um 1805 Guld'n Holzkrahl-Waor auf-
g'numma,
Und hån ållö mit mia gnumma.
Bin auf und davon und hear auf b' Spåh'nbrugg;
Doscht håni wieda waos dagugg:

Håbmt d' Weibaleut von bö Knecht l'rödt'
Und håbmt bö Zåhnd heableckt,
Und bö Fötz aog'leckt.
Åst håbmt's mi g'fraogg: waos helf'n mecht.
Helf'n wüll i ent schon:
„Schweinschmåltz übalög'n"! wolta g'scheidt seyn thua if chon
Bin åst außö naoch da Leit'n,
En Kropf auf da Seit'n;
Åst sich i unt' en Moos
Lieg'n a tåd's Roß;
Is hint' und vår off'n,
Doscht send d'schen Mentschar ausg'schloff'n.
Kimm hin zon a Kåpell'n,
Dao håbmts z'såmmg'läutt mit zwo glöfanö Schelln.
A Kapazina haot Möß g'leif'n,
Und i bin fein Miniftrånt gweif'n,
Bin eam auf bö Kutt'n g'fessn
Und hån fein Baoscht aog'mess'n.
Seyn thuat a fimm Ölln lång und viarö broat,
Haobbs niar an Kapazina g'feich'n e da Pfaod?
Gach haot da Taog kråcht,
Åst hån i mi freila davon g'måcht.

4. Gaßlreim.
Da Sanf'ntraoga.

Sein thua i a leibfrischa Sanf'ntraoga Suhn von Tyrol,
Z' brauch'n wißts mi jå wohl?
I bin e da weit'n Welt ummaschiascht,
Und hån ban åll'n schen' Diandln
Mein schåschtatö Schneid probiascht.
Haot mi koanö varåcht und koanö varöb't,
Sö håbmt g'faogg: wånns nar östa
Aso an Floch hiat'n en Bött.
Kimm hin gaor auf Belgrad,
Doscht håni bö Gascht auf'n Rugg'n draht.
Dao kimmt just a türköscha Mufti zweign,
Dea haot g'faogg, i sollts aufdrahn,
Uebaschlaogn und aufbahn.

J hån iahr eingeib'n
Unb bin a Boifl ban iahr g'leign;
Åft hån i iahr doſcht recht wol taugg,
Unb ſei geiht mi hålt glei ån,
J mecht wearn iahr Mån,
Weil i 's Zwobreſch'n
So ſaggaröſch guat tån.

J hån mi åſa ånnas b'ſunna,
Hån mein Sanf'n-Ranzei auf'n Buggl g'numma
Bin hin zon Saålfellna Dechant
Unb hån g'fraogg um an Danſieblei,
Unb um dö G'ſchloßjaga-Tåchta neib'mbei.

Åft haot a mi åha g'jaogg üba b' Stiag'n
Mit an Stec'n mit an gråß'n
Unb ſaogg: i ſolt ma nicht enttrama låſſ'n
Von bar Danſieblei,
Unb da G'ſchloßjaga-Tåchta neib'mbei;
J ſolt daſü guatö Werk auſüab'm,
So vül aß's na taob baleib't,
Bei dö ſchen' Mentſcha unb Weibaleut.

J ſols aoricht'n von ſört'n Göboth;
Wånns aſo aufwår'nt unb nicht tunnant,
J'ss a Schånbt unb a Spot.
Hiaz wear i mein' Gaßlrеim b'ſchliaß'n,
Mögg's enkarö ſpöttög'n Röb'n außaſchiaſſ'n.
J wüntſch' enk no a guats Nachtl,
A leizeltas Dachl,
An gulban' Tiſch,
Auf an iab'n Ogg an Fiſch,
Ba da Mitt' a Glaos Brånbtwein!
Hiaz wiaſcht's wol gnuag ång'ſenſtaſcht ſein! —

5. Speara Gaßlreim.

Droi Stunb eiß i zan enkan Fenſta hear hun g'ſeich'n,
Hun i 'n Huat e b' Hånbt genumma
Unb bin mit z'gleich'n Füaß'n hea g'ſprunga;
J hun lång eppas e ba Koam g'haobb,

Hun's åfa nia gean ausg'faogg:
Ban Diandl'n mit zöchn zwölf Jaohrn
Is da Håls no vůl schwöschzar aß ban an Raob'm;
Solt'nt a schon a prächtögö Kloadöng unhaobm,
Bringant fö's auf, leicht oba håscht,
Vun Stofft und Dåmåst.
Z' Morgns wånn da Taog unbricht,
Solt feyn da Spiagl schon · heal richt;
Saogg dö oan zo dar oan':
„Dös G'wåndt steiht guat,
Sötz nar auf dein' grea'n Huat
Und dö Modö=Kåpp'm!"
Åjt schaunt's enk gean un,
Aß wiar a Pao Schålk=Låpp'm.
Åjt geiht's amål Kirch'n
Und haobb's a Bahn und an G'schafft,
Aß wånn a Hundt und a Kåtz dahealafft;
E da Kirch reißnt's dö Köpf auf und nieoa,
Is en Hearn auf da Kånzl frei zwiða.
Naoch da Kirchzeit schaun mar enk a recht gean zua,
Traoggs en Kopf dahea wiar a Glock-Kuah;
Åjt geihts amål hoam,
Ehzt's a Greifl a Koch;
Nåmittaog geihts wieda weitar ohnö Rock;
Stöckt's enk e d' Winkl und e d' Schliff,
Mar enka greßt's Valånga,
Wånn nar a Bua kamm und enk ungriff.
Wånn åfar oana kimmt,
Dear enk nit zimmt:
Dea Bua is nit liab.
Wånn åfar oana kimmt,
Dea fö nit lång famt,
Dear enk glei en an Winkl einhö ramt,
„Dea Bua is ra, dea Bua is liab,
Den schau i da i kriag."
Hiaz Weibaleut theat's enka Maul auf.
Obar i lög enk no an ötla Tadl aus.
Von enkan Hochmuath hun i enk a no nia g'faogt,
Aß enk da Toifl gaor afo en Bandtl haot.

Pfui Toifl Weibaleut!
Auf'n Kopf haobbs ent läß'n a Plätt'n ausschean,
Aß wänn's en Ein hiat's a Geistlana z'wean;
Hiaz mecht i wiß'n waos dö Plätt'n bödeut',
Eppa wol weil's aso fozmaulat seit?
Dö Brust is vol Knöpf,
Volla Waschzn und Binggl,
Und beastehn theat's, daos mua i saogn,
Aß wiar a Holzaoschneida-Schraogn.
Båll a Kirchtaog sölt ein,
Is's a rechta G'jpoaß,
Haobbs an G'lust aß wia ba Bock auf b' Goaß.
Dö greßt'n Käscht'n sicht ma z'såmmstehn,
En Leut'n en Weig aogeh'n.

6. Fenster-Streit.

(Aus Hübner II. Band, pag. 393, Salzburg 1796).

1. Er: Dås Trumm'ln*, und dås Pfeiss'n-G'spül,
Is schen bei Tåg und Nåcht,
En Leut'n g'fållt es åll'n vül,
Wea doh a Leb'm håt.

2. Sie: I hån mi zwår schon schläff'n g'legt,
Doh håt mein Hearz koan' Ruah,
Mein Ohr so lång bein Fensta steht,
Bis daß du singst herzua.

3. Er: Schens Diandl, daß i zo bia geh' hea,
Dös måcht mein frischa Muath,
I valång ma koanö z'liabm mea,
Miar is aso glei guat.

4. Sie: O Buabl greifst du zo da Buaß,
Weilst unt' und ob'm schon gwes'n bist,
Weilst koanö mea bötemma thuast
Und aus mit biar es ist.

_____

*) Das Maultrommeln.

5. Er: Schens Diandl bu håst großö Zeit,
    A bu dårsst di böteah'rn,
    Du håst a G'sicht wiar an åltes Weib,
    Mågst en Antekrist göbeahrn.

6. Sie: Schens Büabl, wånn i schon ålt thua seyn
    Und bu no jung und tol,
    Zo dein Fenstar i nia kemma bin,
    Doh du zon meinög'n wol.

7. Er: Und baß bö Buam auf's Gaßl geh'nt,
    Dös is an ålta Brauch,
    Meinö Fenstar a niar off'n stehnt,
    Wia bu dös dein spreitz'st auf.

8. Sie: Mein Fensta zwår wol off'n steht,
    Doh nia von weg'n dein,
    A frischa Bua måg keahrn zua,
    Den's nit g'freut, bea låß's seyn.

9. Er: Schens Diandl, deinö Röb'n nåch
    War i a frischa Bua.
    I müat eascht fråg'n, wo i würdög wa,
    Daß i a keahrn dårst' zua.

10. Sie: Schens Büabl, dårsst jå keahrn zua,
    Wånn es di kråb na g'freut,
    Richt' biar an brav'n Plobasååm,
    Schau baß d' nit kimmst um b' Schneidt.

11. Er: Schens Diandl, du håst weißö Füaß,
    Du röbt'st jå gå vül z' tol,
    Bei dia braucht ma koan' Plobasååm,
    Du vastehst as Zoag'n wol.

12. Sie: Schens Büabl, wånnst zon a Feggin gehst,
    Und meina nit böträcht'st.
    Wånn oana lång bei'n Fensta steht,
    Sågt ma, dös is a Låpp.

13. Er: Schens Diandl, du håst b' Schneid valårn,
Weilst fångst iaß ån zan goan'; (gähnen)
Du soalst mar ån an Plodasååm
Und brauchatst selbar oan.

7. Fenstastreit.

(Singweise Nr. 46.)

Er: Da Himml is glaslhoata,
Stoangfårn is's auf dar Eascht,
Grůaß dö Got mein Tauf'ndschaoß,
Ih hiat mi schiaga g'freascht.

Sie: Ih steih da neamar auf,
Ih lå dih neamar ein,
Weil du dih göstan Aobms spat
Nit g'hålt'n haost gög'n mein.

Er: Schens Diandl, wea haot da's plodascht?
Schens Diandl, wea haot da's g'saogg,
Da i göstan Aobms spat
An-ånnas Diandl hiat ghaobb?
Du bůldtst da's na laod ein,
Waos wiaschb's denn a vůl seyn.
Und wånn's ar östa g'scheich'n that,
J dacht as solt dih g'freun. —

Sie: Du bist hålt laod a Büabei,
A söllas so aso —
Du bleibst hålt nia ban oana,
Du liabst ållmöng a zwo;
Dia thuat jå koanö rechf,
Dia thuat jå koanö g'fål'n,
Und wånnst du wůlst a schenö haob'm,
So lå bar oanö mål'n. —

Er: Du brauchst dih a nit z'brauch'n
Vaweig'n deina Schen',
Ih brauch nit lång hea z'steh'n,
Kån glei a wieda geh'n;

Du bist jå gao nit schen,
Du bist a gao nit reich,
Du haost ma wenög außa geib'm
Und åst'n sen ma gleich.

8. Fenstastreit.

Amål en an Aobmd håbm'ts g'juhößt und g'schrien.
„Is åll's auf da Weit', i bleib a noh nit lieg'n;
Is oana ban Fenstar a leibfrischa Bua,
Ea haot a went aufg'steescht, i loos eam gen zua."

Ea bögeascht's Diandl hea: „Kaob auf a pao' Woscht,
J hån nit lång Zeit, mua glei wida huscht.
Wånn's bi åsa håscht ånkimmt, so bleib na kaob lieg'n,
Wånnst moanat'st as hiat mi da Hunga heatrieb'n."

Nan Bûabei, weilst du's bist, so bin i schon z'frieb'n,
En gånz'n Taog haot mi da Säualeng ångwieg'n;
Wånnst du nit wast kemma, so hiat i koan' Ruah,
J bitt di recht gao schon, keahr noh amål zua. —

Du dårfst a nit z'spöt'ln, du Englschens Kindt,
Bei dia wül i seyn dö gånz Naocht ohnö Sündt.
Kaob beartweig'n thuast miar e d' Aug'n slech'n,
Bei dia kunnt jå oana nit Fåst'nbrech'n. —

Dein Bahn und dein Hoangascht daos haot mi vafûahscht,
J maog gao koan Ånnrö, i håns schon probiascht.
Bei diar is's åll z'såmmg'stölt, recht saubar und nett,
Wånn i di bökemma kunnt, wa's ma schon recht.

Du bist hålt a Bua, geihst en Draht'(n bahear,
Und wånn i di triag'n kunnt, åst g'schach mar a Eahr;
Haost låßgrabö Aug'n, wiar a Latschö=Grosch'n,
Auf dein' G'sicht håbmt's schon ar amål Bohna drosch'n.

Und wånn i dein G'stålt hiat, du schneeweißar Bua,
Åst geang i mein Leibtaog koana schlechtan mea zua;
Åsa weil du a Frätz bist, so lå mi en Keit,
En Tandtlzoig håbmt dö kloan' Kinnar a Freudt.

Da Bua thuat an Schnaggla, geiht auf unb bavo,
Unb 's Dianbl schreit nåchö, sö moant's nit aso.
„Wånn bu mi nit maogst, åstn bleib i alloan,
Åst maog i mein Leibtaog koan' Låcha mear thoan." —

9. Fensterstreit.

(Saalfelben).

1. Da Taog is schon ummha,
D' Naocht geiht bahea zua,
Wånni heunt nit zan Dianbl gang,
War i koan Bua.
Vûleicht haot mein Dianbl,
An ånnan inna;
Vål i baos amål woaß,
Nåcha maog is nimma,
Wear i neama kemma.

2. Sötz auf mein greans Hûatl,
Da Mån scheint so schen,
A pao' Håhnfeban brauf,
Åst is's schon zan gehn.
Bin gao nit weit gånga,
Håni juhötz'n g'heescht,
Åst håni ma denkt:
Dear is's Umschaun nit weascht,
Weign oan håni nia k'reascht.

3. Wiar i hinkimm zan Fensta,
Haot mi 's Dianbl glei k'waohscht,
Thua an Schnagglar a zwen,
Hån k'rödt' nit vûl Waoscht:
Dianbl wånn's bö g'freut,
Kånst zan Fenstar aufstehn,
Wånns bö åsa nit g'freut,
Wear i glei wieba geh'n,
Unb wea ba nit lång hea steh'n.

4. Bua waos mi zimmt,
Bist heunt wolta hoch drån;
Låßt ma schiaga nit daweil,
Da i's Ritei lög ån.
Aufsteh'n thua i schon,
Båll dö Bäurenn thuat schrein,
Båll's Fruahstuck is kocht,
Wiaschd's zan Ess'ngehn seyn,
Thuat mi 's Aufstehn schon g'freun.

5. Du tauf'nd schens Diandl,
Thua na taob wia's dö g'freut,
As send jå en Thål
Wol no mea Weibaleut,
Dö schen send und husög,
Und frisch aß wia 's Gold,
Und i hiat nit drån denkt,
Da i oanö haob'm wolt,
Wo's recht håscht heagehn solt.

6. Daßt' a husöga Bua bist,
Dös hån i lång g'wißt,
Daß's dia weig'n oan' Diandl
Koan Auf und Ao is.
Daßt' daohea bist gånga,
Bua dao bist nit gscheidt;
Suach dar aus b' Weibaleut,
Haot an iabö a Freudt,
Dö bei dia haot a Schneidt.

7. Du tauf'nd schens Diandl,
Daos wr schon mein Freudt,
Wånn i's tunnt ausfuachn,
Wia du b' Mannaleut.
Da Roasa dea brauchat bi
A sů sein' Suhn,
Und da Gäu-Metzga z' Eååljell'n
Haot sö a schon g'sraogg ån,
Wost' vahoaß'n bist schon.

8. Bua wånn i di bökamm,
Traogat's ma Gelbt;
Du wast mar a Schaug'spül
Fü dö gånz Welt.
En Spanien, Niebalåndt
Und en Frånkreich,
Wånn i mit da Holzmåß
Tö gånz Welt ausstreich,
So is dia koana gleich.

9. Du tauf'nd schens Diandl,
Waos denkst da denn kaod,
Wånn va diar oana g'spöt'lt wiaschd,
Haot ar a Gnaod.
Na daos wunnascht mi recht,
Daß's da gaor aso geiht,
Und i waogat a Kinigreich,
Wånn i dö hät,
Weil dein Pahn so guat steiht.

10. Bua, und mein Bahn
Und daos geiht di nicht ån,
Und i hån glei weign deina
So håchg'seich'n thån.
Du måchatst mi narösch,
Dös Ting that mi g'freun,
As wuscht jå an ånnara
Wol ar aso seyn, .
Dö iahr denkt, sö g'hescht dein.

11. Du tauf'nd schens Diandl,
Hiaz bödånk i mi schen,
Mi zimmt vo dein' Fenstal
Maog i neama weitgehn;
Und gehn mua i doh
Mit'n grekt'n Badruß;
Und i wea's wol vaschuldt haob'm,
Da i aoschlipf'n muaß;
Ast is daos hiaz mein Buaß!

12. Unb Bua weilſt' bahin biſt,
Äſt g'ſchäff's na laob wol!
Hiaz bödånk i mi ſchen,
Daßd' mi g'ſpöt'lt haoſt tol.
Koan' ſo huſög'n Buabm
Kriag i gwiß neama meah.
Wea wol oft drån benk'n
Auf's Urlaub nemman;
Du därfſt neama kemman!

10. Fenſtaſtreit vo da Sauſchneiba-Tochta.

Er : Hiaz kimm i hear vun Zillachthål,
Unb hiaz bin i bao amål.
Dö groaß, bö ſchen Sauſchneiba=Tåchtar
Is mein Baoba;
Unb mein G'ſpun,
Des kennt'n jå ſchun,
Is en Hutt'n Kuapp'm ſein Suhn,*
Schreibt ſö en Winta Brenna
Unb en Summa Schnee.
Muaß ſchun vül ſeyn, wånn i mit eam
Nit amål zan enkan Fenſtan heageh!
Ear is en vodan Taog eascht fülemma,
Hiaz ſol ö'n ſchun zan Gaßlgehn mitnemma.
Hanz Weibaleut, dårfat i nit a wenk zuaha kemma,
Unb en Fenſta=Gata mein Kopf unrenna?
I that a gean a wenk ſprech'n,
Unb ös ſolt' nit ſo froabög ſeyn, unb ſolt ſpech'n.
Aß d' Weibaleut wa ma liabar an Älſtan=Neiſt,
Muaſt as ſelbm ſaog'n, wånnſt as recht vaſteihſt.
Des ſeibt um unb um volla Waſchz'n unb Schöb'n,
En Håls volla Kröpf, wea kunnt enk denn mög'n!

2. Sie: Bua! ſaogſt wa ba liabar an Älſtan-Neiſt!
Daß d' åſa benna zan Fenſta heageiſt?
Sö ſenb auf unb auf ſo ſchen g'ſchlåcht,
Wånn ma's recht bötråcht;
Unb auf bar oan' Seit'
Bleib'mts ållwöng huſög b' Weibaleut'.

3. Er: Und mia kemmant d' Weibaleut fü,
    Aß wånn's auf und auf waa'nt rausch bü;
    Dårfatst mit koana brennat'n Pfeiff'n fü.
    Wånn oanar a so a Diandl wolt haob'n,
    Müat ar ållwöng a Schaffl voll Wåssa mittraog'n;
    Sünst wuscht's hoaß'n: Bua, du muaßt Bråndtstoia
                     geib'n —
    Und dös måchat mi saggarösch vaweign.

4. Sie: Bua, von Weibaleut'n eana Düü'n
    Wiaschd' wol a nit vül spüü'n. —
    J lå üba d' Weibaleut nicht geh'n,
    Sö send kasög, aufrichtög und schen!

5. Er: Dö Weibas waos i woaß,
    Ståmmant hea vun a rappög'n Goaß,
    Send volla Ringg'n um bö Knia,
    Und a G'sicht håb'mts wiar a Fårvl-Brüah;
    A Haut håbmt's wiar an ung'bob'lts Breit,
    Dös mua an iada Bua saogn, dea's vasteiht.

6. Sie: J mua recht låch'n,
    Daß d' Weibaleut gaor aso thuast åhamåch'n.
    D' Feyaschtag puß'nt sö sö jå do sauba z'såmm,
    Und bö guat'n Tugad'n kennst gao nit,
    Dö sö åll håb'm. —

7. Er: Jå weilst ma's nit glabbst,
    Und du wuscht ma Recht geib'm,
    Wånnst as ålls sagst.
    Sö håbmt Naosna wia dö Dårhåut,
    Sünst sends ar auf da schiach'n Seit.

8. Sie: Und dö Buabm håbmt a Maul wia dö Sauhåut,
    Aß långweil'n koan so z'rissnö Pfoad nit geit.

9. Er: Waos bin i nit ummanånna kroajt!
    J saog da's taod, daß b'as hålt woast.

VII. Schnödahöpfl.

(Singweise Nr. 47—52.)

1.

Drey Berg und drey Thål
Und drey Diandl auf a Mål,
Danö liab' i, oanö fopp' i,
Danö heureth i amål.

2.

J wolt di schon liab'n,
Aba fåg'n muaßt as nit;
Wånn's d' Leut' amål wiff'nt,
So måg i di nit.

3.

Z' Großaorl und z' Wao=
groan,
Z' Lendt und z' Käschtein
Bin i übaråll g'weif'n
Zan weißfuaßat feyn.

4.

Hiaz schick i en plobarösch'n
Leut'n an Gruaß,
Und sö folt'n na ploban,
Wånn's plobascht feyn muaß.

5.

Hiaz schick i en plobarösch'n
Leut'n an Gruaß,
Sö wolnt annarö wåsch'n,
Send felbm vol Ruaß.

6.

Dar oan denkt's, dar oan
moant's,
Dar oan faoggs schon fü g'wiß,
Mua schon do afo feyn,
Wånn's a nit afo is.

7.

Waos waohr is, muaßt laugna,
Waos nit waohr is b'stehn,
Und wånnst kloan vabraht
lüag'n wülst,
Aft muaß's afo geh'n.

8.

'S Diandl auf'n Gång
Klaubt en Plobafåmm z'fåmm,
Haot a Kröpfl en Håls,
Und drum plobascht fö's ålls.

9.

Thant b' Leut' ållwöng ploban,
Geiht ålls üba mi,
Dö gao fool wiff'nt,
Send schlechtar aß i.

10.

Hoast's ållwöng: „dea Lump!
Dea fitzt ållwöng ban Wiascht,"
Aba dös vastehnts nit,
Daß's mi ållwöng diascht.

12

11.

Und wo's lustög zugeiht,
Dao teahr i gean ein,
Drum mua i a b' moast' Zeit
En Wiaschts-Häusan seyn.

12.

Hiaz mua i oans singa,
Koan' z' Liab und koan' z' Load:
Und wånnst 's Kittei nit findt'st,
Åft steihst auf e da Pfoad.

13.

En Summar, en grean Wåld
Suach i ållwöng mein Freudt,
Wånn b' Vögei schen singant
Und da Guggu schen schreit.

14.

I hån mi schon b'sunna,
I thua waos mi g'freut,
Steih en ålla Früah auf
Und nimm's Bixei auf b' Seit'.

15.

I kån nit schen singa,
Mia seit's jå en Håls,
Hån an Strehn åhö g'schlundt'n,
Vawick'lt sö ålls.

16.

Du tauf'nd schens Diandl
An oanzögö Witt',
Um a Greisl an Brändtwein,
As sticht mih um b' Mitt'.

17.

'S Diandl en Kammala,
Klopft mit an Hammala;
Da Bua bo da Thü,
Thuat an Juhschroa, geiht fü.

18.

'S Diandl en Kammala,
Schreit jå gånz jammala:
Jeggas Maria,
Kimmt denn gao koan Bua nia!

19.

D' Leut' schaunt mi ållwöng
Für an Schauschneidar ån,
Und i hån jå mein Leibtaog
Koan Fackl nicht thån.

20.

Dö Mentscha send stolz,
Send von buxbaman Holz,
Warnt's von seichtan göbårn,
Warnt sö nit so stolz wårn.

21.

Dö Mentscha send Bända,
Und bös woa i g'wiß,
Weil dö Stülhaoba Iåchtar
Can' Urahn'l is.

22.

Und's Diandl is håndtjåm,
Zan Tånz'n schen långsåm,
Zan Bußlgeibm g'schwindt,
Und zan Hålf'n schen lindt.

23.

Hånö mein Diandl g'frågt:
Wo's a treu's Hearzal håt?
Und åft håt sö si zuabag'noagt
Und håt ma's zoagt.

24.

Går ållweil lustög seyn
Und nia buaß'n;
Wo's üns eppar aso
Wol en Himml liaß'n?

25.

Zo Dia bin i gånga,
Zo Dia håts mi g'freut;
Zo Dia geh' i neama,
Da Weg is ma z'weit. —

26.

Heureth'n thua i nit,
Hån's schon varöb't,
Und i maog nit bös Kinnar-
Gschroa
Vo bei mein' Bött.

27.

Dianbl gieb åcht,
As is heil bei da Nåcht;
Daßb' nit fålst, daßb' nit
schoißt,
Daßb' 'n Krånz nit valoist. —

28.

Wås is's denn um's Gelbt?
Hån koans hea mit auf b' Welt,
Bring koans fuscht, thua koans
z'såmm,
Gweahscht aso neama lång.

29.

Gelt du Schwårzaugatö,
Gelt jå biå taugatö,
Gelt jå dia warö recht,
Wåhn i bö mecht?

30.

Da Koasa von Untasberg
Und seinö Knecht,
Und bö håbmt ma mein Wi-
sei g'maht,
Miar is's nit recht.

31.

En Untalandt unt'
Is a Heanl varöckt,
Und en Obalandt ob'm
Håbm'ts bö Feban aufg'stöckt.

32.

Bin koan Untalånda,
Bin koan Obalånda,
Bin koan Hiasöga nit,
Bin glei sinst a Frempa.

33.

B'fiat bö Got wiedaseich'n,
Is a schens Wåscht,
Åsa b'fiat di Got neama seich'n,
Dös sölt ma håscht.

34.

'S G'sangl ångeib'm
Is fü mi koan Nuß'n,
Mua en ånnan Taog drauf
Ållmål b' Hos'n puß'n.

35.

Na nan und Na nan
Und bös Ding kån nit san,
Und dea Bua dea nit beng'ln
kån,
Dea kån nit mah'n.

36.

En Zillaschthål und Pinzga
Dao måchants groß Kas,
An Thoal aß wia b' Koch-
löff'l,
An Thoal a greßar a.

12*

37.

A Schnee'l haots g'schnieb'm,
I håns waot'n müaff'n,
Hån a schens Diandl g'liabt
Und håns traot'n müaff'n.

38.

I müat mi troi hålt'n,
Du lumpst aso um,
Und bao gang ma da Damm fü
A klaoftalångs Trumm.

39.

Da i gao so spear ausschau,
Kån i a nit dafü,
Dear en Gambsjagan naochgeiht,
Is an iaba zaunbü?

40.

Ban üns thuat's hålt oana
En Ånnan bringa,
Und åst theanmar a lustögs
Liabl singa.

41.

Årbat'n thoant b' Bauan
Und seyan thoant b' Hearn,
Und i lå mi en Wåld
Und en Wiarthshäusan hearn.

42.

Sol ållwöng dahoamt bleib'n,
Wiar en Summa ban Heig'n,
Kimm niar auf a Birg,
Waos wa daos für a G'würg!

43.

Und wånn i a Bögei wa
Und kunnat fliag'n,
Und åst flug i Thål aus und ein,
Drisch'ln und lüag'n.

44.

Du Spitzbua, du Schlanggl,
Du Spåtz'nfånga,
Du bist za mein' Diandl
Aufs Gaßl gånga.

45.

Wo send bö schen Mentscha,
Wo kemmants denn hea?
Ba da Gåss'n gehnts einha,
Ban Kraman stehnts hea.

46.

Mia Buab'm, mia Bia=Buab'm,
Mia trink'nt koan' Wein,
Und mia låff'nt bö schen
  Mentscha
Håchg'seih'n seyn.

47.

A frischö Hålb Bia
Mit an Foam an weiß'n,
Und heunt geh' i nit hoam,
Bis s' mi außö schmeiß'n.

48.

Ban Diandl iahrn Fensta
Schloift da Fuggs aus und ein,
Zoicht en oan' Gruagg'n nåch,
Muaß an ång'schoßna seyn.

49.

Muaßt nit aso eisan,
Dås Eisan is Sündt,
Und wånnst går aso eifast,
Balåß i di g'schwindt.

50.

Dös ålmarösch Tånz'n
Dös geht bey da Nåcht,
Und bös håt mi zon Teufl
So liabala g'måcht.

51.

Und du liabalas Büaſchl,
Du muaſt di bökeah'n,
Aus an liabalan Büaſchl
Kån ſchon a no wås wea'n.

52.

Mein Schåtz håt ma b' Liab
        aufg'ſågt,
I håns nit g'åcht',
Z'lößt håt's no 's rearn
        ång'höbt,
I hån brav g'låcht.

53.

Dö Gambs ob'm en Gwåndt
Springant hin und wiba,
Und is's dös Diandl nit,
Is's an ånnas wieba.

54.

A Schneel håts g'ſchnieb'm
Und dö Berg dö ſand weiß,
Und hiaz liab i hålt wiedar
A Diandl a neus.

55.

Dan Schwålb måcht koan'
        Summa,
Dan Tarbamm koan' Wåld,
En a kreuzſaubas Diandl
Valiabt ma ſö båld.

56.

Thuats laob amål g'ſcheich'n,
Da b' Liab amål z'geiht,
Wånn ſö zwo ſo lång kennant,
Wiaſcht's båll wieba kreicht.

57.

Und a Schalei Kåffee
Dös höbt's Heaſchzei auf b'Heh',
Und a Bußei bazua,
Dös is guat e da Fruah.

58.

Und en Flachaua = Thål
Dao wo b' Enns außa rinnt,
Is koan' vanzögs ſchens Diandl,
Dös mi huſög z'ſeyn zimmt.

59.

Ueban Sei bin i gfaohr'n,
Hån ma's Ruabar avtaucht;
Hån's Diandl liab'm g'leant,
Hån koan Schualleahra braucht.

60.

Geh' auffö, geh' umhö,
Aſt findt'ſt en Weg g'wiß,
Wo ſeacht'n mein' Båban
Sein Kraut g'ſtåndt'n is.

61.

Drey Winta, drey Summa,
Drey Öpfl en Bamm,
Und wånn na mein Schåtz
Båld von Oſtarreich kamm.

62.

Schaut göſtan mein Schåtzei
Beyn Fenſta hearaus,
Glei ſchlåg'nt da drey Nagei
Aus'n Naglſtock aus.

63.

Und b' Liab is en Brunn g'fåln,
Sö bricht ſi dort 's G'nagg,
Drum geht hiaz mein Hearz um
En pechſchwårz'n Fragg.

64.

Båld fteh' i en Wåffa;
Båld fåhr i en See,
Då fchwimmant zwoa kohl=
     fchwarzö
Dianbln e b' Heh.

65.

Dö oan is mein Schwöfta,
Dö Ånba mein Moam,
Hiaz håni zwoa kohlfchwårzö
Dianbln bahoam.

66.

's Ringl is z'fprunga
Za tauf'nb Trümma,
B'fiat bi Got fchena Schåtz,
Unb i måg bi nimma.

67.

Kråb ben i går nit måg,
Den fiach i ållö Tåg,
Unb ben, ben i gean håt',
Den fiach i nöt.

68.

Dort ob'm auf'n Bergl,
Då båch'nt zwoa Schmieb,
Dar oanö båcht Kråpf'n,
Dar Ånba frißt mit.

69.

Unb a Dianbl hübfch jung,
Unb an Wein bea hübfch ålt,
Unb bös iß's, wås mar ållweil
An bößt'n no g'fållt.

70.

Dofcht fitzt an ålts Weib
Auf'n Schüßlkorb ob'n,
Unb hiaz is iahr a Heufchreck
Es Maul einhö g'flog'n.

71.

Mei Büabal håt's Fiabal,
Håts ållö brei Tåg,
I fchau miar um a Büabal
Dös 's Fiabal nit håt.

72.

Mein Schåtz is a Mötzga,
I fiach'n vå Fean,
I trau ma nit zuahö,
Mecht ång'ftoch'n wean.

73.

Heunt auf b' Nåcht kimmt
     mein Schåtz,
Den wear i putz'n,
D' Nåf'n åfchneib'n, b' Aug'n
     austreiln,
D' Oh'wafchl ftutz'n.

74.

Koan Berg is fo hoch
Unb koan Nebbl fo bik,
Da i meinö Grüaß
Jahr nit übachö fchik'.

75.

Mein Schåtz is a Tifchla,
A Tifchla muaß's fey'n,
Unb ea måcht mar a Wiagal
Unb 's Kinbal glei brei'n.

76.

Unb bö Untersberg Månbl,
Dö hån i en Måg'n,
Unb bö håbmt ma mein' Dianbl
Jahr Kranzei vatråg'n.

77.

Zwoa Dianbl liab'n,
I wolt's a leicht triag'n,

Und wolts fuschtbringar a,
Wånn na's beichtgeh'n nit wa.

78.

Da Schůldthåhn en Wåld
Håt an Schwoaf an krump'n,
Wånn i droi Diandl håt',
Kunnt i zwoa valump'n.

79.

's Gambsl en Birg
Thuat oan Schuß nit scheuch'n,
Und mein Dianbl en Bött
Thuat a nix dagleich'n.

80.

Und Dianbl mein, mein,
Muaßt nit går aso seyn,
Wånnst du går aso bift
Is mein heagehn umsist.

81.

Z'nagst bin i amål
Bein a Steirösch'n gleg'n,
Und bö håt mar iahrn Kropf
Zan an Kopfpolsta geb'n.

82.

Wås nutzt mi mein Dianbl
En Zillaschthål dinn,
Wånn sei außa nit geiht
Und i einhö nit kimm?

83.

Und 's Zillaschthål is koan Thål,
As is kaod a Graob'm,
Schenö Mentscha send dinn,
Und herauft mecht ma's haob'm.

84.

Geh weck vo mein' Fensta,
Geh weck vo mein' Bött,
I hån a schwåchö Nåtur,
Du vastehst as na nöt.

85

Mein Schåtz håt an Kropf,
Und mein Schuach håt a Loch;
Schneid' miar en Kropf weck,
Håt mein Schuach an schön'
Fleck.

86.

'S Dianbl haot g'faogt
Und an Knåpp'm muaß's
haob'm,
Sei haot sovl a Freudt
A den Pick'ln und Graob'm.

87.

Und z'nagst håni a Dianbl
g'fraogg,
Wo's mi nit mecht?
Åst haots g'faogg und hat
g'låcht:
„Wånns neambt wüßat, wa's
recht."

88.

Z'nagst håni a Dianbl g'fraogg,
Waos für an Buam aß haot?
Åst fångt's schenstad ån z'woan',
Saogg: sei haot koan'.

89.

Z'Sålzburg und z'Niedarålm
Lå i ma b' Mentscha g'fål'n,
Åbar en Halla obn,
Då håbmts koan' Bob'n.

90.

Da Pfåra håt pröbögt
Von jüngöstn Kricht,
Håt ma's Diandl åg'schrödt,
Da i neama nix richt.

91.

Mit a Nett'n geb' i tånz'n,
Bein a Schen thua i lieg'n,
Dana Schiach'n thua is
g'hoaß'n,
Sand's ållö drei z'fried'n,

92.

Auf dar Ålm is's nit aus,
Is koan Bua nit z'Haus,
Is dö Sendenn alloan,
Kån i thoan wiar i moan.

93.

Bey da Nåcht scheint da Mån,
Da i auffö steig'n kån,
Auf bö Ålma moan i —
Weil i Hüatta-Bua bi.

94.

I hån soul Zwoanz'ga g'håbt,
Hån mias wol'n spårn,
Wiar i b' Mentscha hån
g'liabt,
Sand's glei ållö gå wårn.

95.

Hiaz håt hålt da Baua
Seinö Ochs'n vakauft,
Weg'n da Noth is's nit
g'schechn,
Åba's Geld håt a braucht.

96.

Jabant a Bißl lustög seyn,
Jabant a Bißl beth'n,
Aft woaß ünsa Heargot schon,
Wia ma's gean håt'n.

97.

Mein' Schåtz is a Schneiba,
Is går a schens Büaschl,
Er håt a påå Wadl
Wiar a Kreutza-Wüaschtl.

98.

Mein Schåtz is a Böck,
Is drey viartl Stund wöck,
Håt ma 's Dampfl eing'rüahrt,
Håns drey viartl Jåhr g'spüart.

99.

'S Diandl håt a Freudt
En iahrn Arzmåcha-Buab'm,
Weil a b' Schuldögkeit thuat
Mit ålln Fleiß e da Gruab'm.

100.

B'fiat bö Got liaba Schaotz,
E mein Heaschz is koan Plaotz,
E mein Bött is koan Ruah,
Schlaost an annara Bua.

101.

Und gelt Diandl, gelt,
Wia fålsch is hiaz b' Welt!
I hån's schon dafåhrn,
Daß b' mar untreu bist wårn.

102.

Und i und mein Schåtz
Håb'm üns gean anånna,
Und koan Schnee und koan
    Reif
Bringt üns nit vanånna.

103.

Du bist gwein amål mein,
Kånst ös no amål wea'n,
Auf da ånbrennt'n Foiaslåt
Brinnts sovl gean.

104.

Wås is denn mein' Diandl,
Daß's gaor aso woant?
Und solt wol eppas g'scheich'n
    seyn,
Und hån's so guat g'moant!

105.

Mein Schåtz is a Müllna,
Thuat Tåg und Nacht mål'n,
Aba hiaz is da Dållpåtsch
E b' Mehltruch'n g'fål'n.

106.

En Pfåra hån i's beicht':
„'S Diandl kråth i nit leicht;"
Sågt da Pfåra za mia:
„Geht mar a so wia dia."

107.

A Diandl zan liab'n
Und a Hündtl zan Jaog'n,
Und a Büchsl zan Schiaß'n,
Mua a Jaga-Bua haob'n.

108.

Wånn's Diandl schen is,
Und is a wenk jung,
Åst mua da Bua lustög seyn,
Sinst kimmt a drum.

109.

Und 's Diandl haot g'saogg,
Si ißt 's Knåppm-Brod gean,
Åsar a Knappenn mechts dechta
Hålt bo no nit wean.

110.

Wülst an Kohlbrenna liab'm,
Muaßt a Soast'n einschiab'm,
Muaßt'n droi Woch'n z'waog'n,
Wånnst'n weißa wülst haob'n.

111.

Da Bua soalt 's Kalbl aus,
Dö Bäurenn bö Kuah,
Und'n Techtal iahr Lampl
War a schon ålt g'nua. —

112.

Dö Schneidar und b'Müllna,
Dö stehlnt wiar a Böck;
Da Müllna stühlt 's Mehl
Und da Schneiba stühlt b'Flöck.

113.

Und b' Weibaleut trenz'nt,
Sobålds zornög sand,
Und i stopf mar a Pfeiffl
Und vablås so mein' Grant.

114.

Mein Diandl is furt
Und is aus üba b' Heh';
Dårf neama drån denka,
Mein Hearz thuat ma weh.

115.

A Greisl polisch, a Greisl deutsch,
A Greisl schwåschz und a Greisl
　　　　weiß;
A Greisl weiß und a Greisl
　　　　schwåschz,
Und a Greisl fålsch is mein'
　　　　Schatz.

116.

Mein Häusl e da Schåtseit'n
Seyn thuats zan aoreit'n;
Is a, weita no guat,
Wånn da Windt nit z'vül
　　　　thuat.

117.

Wånn i Soldåt mua wea'n,
Ajt tråg i ma's aus,
D' Woch droimål zan Diandl
　　　　geh'n,
Sinst reiß i aus.

118.

I hån Erdöpfl drosch'n,
Hån Håslnuß g'maht;
I hån Rüahrmili g'jpunna,
Hån's sauba vabraht.

119.

S' Diandl håt g'heurath
An Betl=Richta,
Hiaz dårf's iahrö Kinda
En Betl schicka.

120.

Wånn i schiaß, schiaß i Für,
Wånn i fail, trif i nix,
Wånn i gå nix dårf thoan,
Bleib i liebar alloan.

121.

Da Goasberg is spitzög,
Ban Bob'n is a broat,
Um's Mensch is ma nit,
Um iahr Schneid is ma load.

122.

'S Diandl håt a Kohlmoaf'n,
Dös woaß i g'wiß,
Und sie geit's jå nit hea,
Weil's iahr Lock=Vogl is.

123.

A Gambs håni g'schojj'n,
En Hochögga Gwåndt;
Håt mi 's Hoamtråg'n va=
　　　　broß'n,
Hån's en Jagabuabm g'schenkt.

124.

Da Frånzos bea mecht b'
　　　　Låndta,
Dar Ånda mecht's Geldt;
Dar Ånda bö Mabl,
So geht's auf da Welt.

125.

Wånn i a Mabl håt,
Kinda bö mecht i nöt,
Kråd um dös oan is z'thoan,
Bleib hålt alloan.

126.

Schen långsåm, schen stad
Håni Håban aog'maht;
Schen truck'n, schen spea
Send bö Nubl bahea.

127.

En Sålzburga Landtl
Eend guatö Bauan
Wånnſt auf d' Schmälzkoſt wülſt
    denk'n,
Kånſt nachö trauan.

128.

J mecht nit lång trauan,
J muaß's außa ſaog'n,
An ſo rantög'n Bauan
Kån i ållmål haob'n.

129.

Wånn i a Baua wa,
Hät i zwoa Kuah;
Dö oan muat ma Bråndt=
     wein geb'n,
Und bö åndar a Bia.

130.

So lång wear i hauſ'n,
Bis i kimm zan a Kuah;
Auf an Bergl a Häuſl
Und 's Diandl dazua.

131.

J ſchau mi glei um
Um a Kohlbrennarei,
Und um zwoa ſchenö Räpp'm,
Aſtn heurath i glei.

132.

Mein' Diandl hån is g'ſågt
Bå den Lech'n den kloan',
Bå da Kohlbrennarei,
Da ma heurath'n thoan.

133.

Und i und mein Schaoß
Thoant üns ållwöng z'traog'n,
Und ſi ſchmeißt mar oft ſü,
J that ånnarö haob'n.

134.

En Sålzburga Landtl
Lebſt übarål ſchen,
Du dårfſt ſinga, dårfſt ſchnagg'ln,
Aufs Gaßl dårfſt geh'n.

135.

A bißl ſiggaröſch, a bißl
    ſaggaröſch,
A bißl hochgſeg'n muaßt thoan,
Dö Kråpf'm muaß ma zoag'n,
Åba heageb'm muaß ma
    koan.

136.

Wülſt a ſchen's Diandl liab'm,
Muaßt e's Steya roaſ'n,
Håbmt an Blaß auf'n Bauch,
Aß wiar a Spiaglmoaſ'n.

137.

En Schemberg auffö
Js a Weg an enga,
Eend zwo mit ean' G'ſicht
Håſcht für anånna kemma. —

138.

Wånnſt a Jaga wülſt ſeyn,
Muaßt as Schiaß'n künna,
Glei ban Diandl iahrn Bött
Js koan Wüldtprat dinna.

139.

Wånn i glei amål moan,
Und i bleib gern alloan,
Siach i wieda mein Diandl,
Åft kån i's nit thoan.

140.

Und 's Diandl ban Båch
Schreit mar ållôweil nåch,
Schreit mar ållôweil zua:
„Sey na lüftög mein Bua!"

141.

S Diandl håt 'n Schuach
valorn
Ent e da Wåndt,
Sie suacht 'n Schuach, findt'n
nit,
Låßt 'n Schuach brennt.

142.

Und a Bua z' Marlån
Håt an kohlschwårz'n Håhn,
Håt's Diandl wol'n beiß'n,
Håt's Maul schon aufthån.

143.

Und da Pfåra z' Neukirch'n
Håts droimål vakündt:
Ban an schen Diandl lieg'n
Is koan Greisl koan Sündt.

144.

Amål bin i g'schlipft
Und amål bin i g'schnölt,
Und amål war i zuahö kemm,
Håt's mi nit g'wölt.

145.

Diandl wånnst mi liabst,
Muaßt vadraht seyn wiar a
Strick,
Muaßt nit ållwöng liab hea-
schaun,
Glei iabant an Blick.

146.

En Kåschteina Thål
Send dö Böttstatl schmål,
Mua mi gleim zuahö lög'n,
Da i nit außa fål.

147.

Und lög di na zuaha
Braunaugats Wuzei,
Du dårfst as nit fürcht'n
Mein Kuglstußei.

148.

Mein Heaschz håt koan Fenfta,
Auf'n Hiarn steihts nit g'schrieb'n
Und da i bey dia bin g'leg'n,
Daos bleibt da vaschwieg'n.

149.

Mein Vaobar a Båual,
Ea füatascht via Küah;
Und just mittala thoan,
Dös vawöscht a ma nia.

150.

Almarösch, Pinzgarösch
Hålf'n wånns finftar is,
Heaschzögö Buaßei geib'm,
Daos wa mein' Leib'm.

151.

'S Diandl is tutſchz,
Thuat mi recht vadriaß'n,
Ziach is auffa zan Kopf,
Hån i nicht bei'n Füaß'n.

152.

'S Diandl haot g'ſaogg,
J ſol kemma alloan,
Wånn i håſcht da Weil hån,
Juſt bös gnethögöſt thoan.

153.

Waſt wol a ſchens Diandl,
Wånſt oan Ding nit thatſt,
Wånnſt nit gaor ållö Naocht
Ban an ånnan Buabm lagſt.

154.

'S Diandl is ſchen,
Aſa Buabm haot ſi zwen,
Båll liabts mi, båll den oan',
Båll's oan' braucht, håt ſi
koan'.

155.

S, C, H ſchneidt di nit,
G'ſchnit'n is's båld,
J wea dia dein Wundt'n
hoal'n
Mitt'n en Wåld.

156.

En Kåſchteina K'richt,
Dao is's Gaßlgehn z'nicht,
Håb'mt bö Bauan, bö Schwantz,
Koan ſchens Diandl aolricht!

157.

An oanſeitögs Kammal,
An oanſeitögs Bött,
Müaß'n ſchon amål rangg'ln,
Sinſt wean ma nit wött (quitt).

158.

En Kåſchteina Thål,
Wo da Baoch außa rinnt,
Weant bö dumma Leut g'ſcheidt
Und bö långſåma g'ſchwindt.

159.

Vo Kas maogſt nit heaſchaun,
D' Schen' laßt da koan' Fried,
Und vo lauta Liab ſchlaof'n
Maogſt a ſchiaga nit.

160.

En Summar auf da Håchålm,
En Höröſt auf dar Öß,
Und en Wintar en Kuabſtål,
Is a nit gao löß.

161.

Doſcht ob'm auf da Hech
Haots a Sendenn vawaht,
Und wia's abar is wårn,
Haots en Aoſch åha draht.

162.

Und tauf'ndſchens Diandl,
Wia ſtölln ma's denn ån,
Da mar öfta z'ſåmm kemman,
Gean hiat' i di ſchon?

163.

Weig'n oan' Diandl trauan,
Dös fial ma niar ein,
Dös müat'n ſchon fufzö'chn,
Sechzöch'n ſeyn.

164.

'S Diandl e da rupfan Pfoad
Is volla Flech,
Hån a wenl einhö g'schaut,
Hupf'nt auf b' Hech.

165.

B'füat dö Got schenö Schwoa=
garenn,
Bsüat dö Got schenö Ålm,
Bfüat dö Got schenö Liegaståt,
Du håst ma g'fåln!

166.

Und dö Ålm müat sö schama,
En Küahn wa's vülz'g'schlecht,
Wånn mein Sendarenn hiaz
So an schiach'n Buabm mecht.

167.

Mein Schåß is a Sendenn
Hoch ob'm e dar Ålm,
Håt a Goaß und a Kuah
Und koan' Jåggl dazua.

168.

Und wånns amål g'heurath is,
Is da Knopf gmåcht;
Ast lieg'n ma banånda,
Daß's Böttstatl kråcht.

169.

A Jaga mua wiss'n,
Wia daß da Windt thuat,
Sinst vatrågts eam dö Kugl
Und geht eam nit guat.

170.

Und a Büchsl zan Schiaß'n,
A Pulvar, a Blei,
Und a Bissal a Schneid
Håb'mt dö Jagar ållwei.

171.

Daß's en Wåld finstar is,
Daos måch'nt d' Öst;
Und daß d' Mentschar z'traot'n
send,
Daos is bös Böst.

172.

Daß's en Wåld finstar is,
Daos måch'nt d' Bamm,
Daß mia 's Diandl untreu is,
Daos glab i kamm.

173.

Und wånnst eppa moanatst,
Du waast sü mi z' guat,
Maogst an ånnarö Schneidt
probian,
Schau wia 's da thuat.

174.

Diandl du g'freust mi,
Auf di gieb i Åcht,
Du håst ban Tåg ar a Schneid,
Wia bei da Nåcht.

175.

O du bålggata Bua,
Kimmst vo Fråg'n nit dazua;
Wånnst a Bußl wülst håb'n,
Muaßt nit so lång fråg'n.

176.

Lustög is 's auf da Welt,
D' Hearn håb'mt hiaz a koan
Geldt,
Is 's für üns a koan Schåndt,
Wånn ma koans håb'mt.

177.

Gelt Diandl liabatſt mi,
Wånnſt mi megſt, kriagatſt mi;
Wånnſt mi treu liabſt,
Kånnſt mi håb'm, wiaſt mi
    ſiagſt.

178.

Wånnſt an Boarn wülſt
    liab'n,
Muaßt an Måßkruag ſpendtian,
An Ihåla drein thoan,
Wånnſt 'n liab'm wülſt alloan.

179.

Wås is 's um oan' Buabm,
Wås is 's ar um zwen;
Wås is 's ar um b' Nåch=
    babuabm,
Sand's do nit ſchen!

180.

's Buaſeyn is umma,
Und 's Månſeyn höbt ån,
Schlåg mi decht ſchon no durch,
Wånn i 's Glück a wenk hån.

181.

A Gumbs auf da Wåndt,
Und da Punkt auf da Scheib'm,
Und a Schåß auf dar Alm,
Is mein Ihoan und mein
    Treib'm.

182.

Wånns 's Diandl ſaubar is
Und håt an Wiß,
Åſt kriagts e dar Ewögkeit
A no an Siß.

183.

Diandl lå geh'n,
Du biſt reich, du biſt ſchen,
Du haoſt Geldt, du haoſt
    Gwåndt,
Du haoſt Holß bo da Wåndt.

184.

Dar Oanſiedl en Wåld
Is nit jung, is nit ålt;
Håt bö Beth'n umg'hängt,
Is en Mentſchan nåch=
    krennt.

185.

Mein Schåß is a Böck,
A Kipſl=Båcha,
I hear ſchon vo weit'n
Dö Schipſl kråcha.

186.

Zwoa Fiſchal en Weiha,
Zwoa Antal en See,
Dö Liab bö geht unta
Und neamar e b' Heh.

187.

Dö Sålzburga Buabm
Ihoant ſö gå bitta pråhln,
Wånn ſö's Wochnlohn kriag'nt,
Müaſſ'nts b' Schuld'n åzåhln.

188.

Zwoa Dill und zwoa Ihål
Und zwoa Rößl en Stål,
Und zwoa Buabmar es Pött,
Dar oan mein, dar oan nöt.

189.

Heunt is da Fåſchengtåg,
Heunt trink i wås i måg,
Heunt måch i 's Teſtament,
Håt 's Geldt an Endt.

190.

Luſtög is 's g'we'en,
Wiaſt g'we'en biſt mein;
Håſt du di treu g'hålt'n,
Kunnts no aſo ſeyn.

191.

I bin hålt a lebfriſcha
Luſtöga Bua,
Hån a fünf a för Mentſcha,
Hån eaſcht no nit gnua.

192.

Wia wül i denn ſinga,
Wånn i's hålt nit kån,
Sing i mit bö Henna,
So haut mi da Håhn.

193.

Schen is a nit da Bua,
Åba recht friſch,
Und ſein Schuldökeit måcht a,
Kråd wia's da Brauch is.

194.

Schen is a nit da Bua,
Liab'm thuat a denna guat;
Geldt håt ar a nit vül,
Weil a's vathuat.

195.

Diandl Juhe ſa ſa,
Heunt wåg is kring;
Is 's g'ſeit oba troſſa,
Heunt is 's mar oan Ding.

196.

Send únſa droi Brúada,
Blaob Stúmpf trögt an iaba;
Åfar i und mein Gſpån
Håb'mt ſchen ſeiglblaob ån.

197.

Juhe hån i gſunga,
Juhe hån i g'ſchrian,
Bei da Mitt' hån is g'numma
En Nåchban ſein Dian.

198.

Und a wol und wol a,
Und a nit und nit a,
Und aſo und ſo a,
Und åft a und hålt a.

199.

Bin hoch auffó g'ſtieg'n,
Is a Lådn åba g'ſål'n,
Schreit da Baua glei nåch:
„Muaß en Zimmamån zåhln."

200.

Mein Våba håt Ant'n,
Mein Muata håt Gåns,
Hiaz múaß'nts mi g'wandt'n,
Sinſt kriag i toan Menſch.

201.

Fiſcha ſeibts luſtög,
Låßts bö Biakrüagl knåUn,
Den 's Wåſſar úban Kopf
årinnt,
Dea mua úns 's zåhln.

202.

Ban Fisch'n is dås so ra,
Håbm ma wenk, tråg'n ma nit
    schwa,
Kriagn mar åba gå nia koan',
Gehn ma la hoam.

203.

Da Fischa håt g'fischt ban
    Båh,
Hin und hear, auf und å;
Weil a nit löban kån,
Beißt koanar ån. —

204.

Zwoa schneeweißö Täubei
Fliagnt wol üba's Thål,
Mågst mi liab'm oba nit,
Bua du håst frischö Wåhl.

205.

Und wånnst mi nit maogst,
Bua, so saog ma's na g'wiß,
I spring en an Brunn,
Wo koan Wåssa dinn is.

206.

Du kånst ma nit truh'n,
Du mågst ma nit bång,
Und i woaß mar an åndarö,
Gfålt ma schon lång.

207.

Bergå bin i gånga,
Bergån bin i krennt,
Und mein Diandl dös håt mi
En Juhöh'n kennt.

208.

Wås hülft mi mein Mahn,
Wånn b' Gans'n nit schneid't,
Wås hülft mi a Diandl,
Dös nit bei mia bleibt.

209.

Du thnast ma koan' Poss'n,
Wånn du ma bleibst aus,
I hån da koan' Both'n g'schickt,
Bleib' na bei Haus.

210.

I woaß a schens Diandl,
Gå reich is 's just nit,
Wås hülft mi da Reichthum?
's Geldt heuröth i nit.

211.

Wånn i a mein Bådan
A Kaibl vathua,
As kaiblt schon wiedar
An åndarö Kuah.

212.

Frisch auffö e d' Ålm,
Und frisch einhö e's Gwänd't,
Und da mi mein Diandl
En Juhöh'n kennt.

213.

Dö Keasch'n send zeitög,
Dö Weixl send braun;
Haot an iabar a Diandl
Mua mar a um oans schaun.

214.

A schens, a nois Häusl,
A schens, a nois Bött
Und a schens, a nois Diandl,
Sünst heurath i nöt.

13

215.

J bin da frisch' Wüldschitz,
J woaß ma zwo Stänbt:
Van Diandl iahrn Fensta,
Van Gambsl en Gwändt.

216.

J woaß's jå aso,
Du håst ållweil a zwo;
Und es wa ma nit recht,
Wånn bi sinst koana mecht.

217.

Wo koan schens Haus nit is,
Js koan schens Zimma;
Wo koan Liab außa schaut,
Js a koanö binna.

218.

Båll ma koan' Ramm nit håt,
Kån ma nit rüahrn,
Wånn ma koan' Knecht nit hålt,
Bleibt oan' koan Diarn.

219.

Wia hecha dö Tarbamm,
Wia wülba send d' Dest;
Van ratschat'n Leut'n
Js da Schnåbl dös Böst.

220.

Gehst ållweil en Wåld um,
Schiaßt dechta koan Rech,
Du wast låd a Jaga
Es Bött füa dö Flech.

221.

Thua nit sovl singa,
Thua nit sovl såg'n,
Du traust da koan Henn
Aus da Steign außa z'jåg'n.

222.

Und wånnst mi neama mågst,
Buar åst thua mar a Post,
J zåhl schon en Both'n,
Damit 's bi nir kost.

223.

Doscht obm auf'n Berg
Haot's an Fuahrmån vawaht;
As is eam recht g'scheich'n,
Zwö fööscht a so stab.

224.

Bin a lebfrischa Bua,
Steh alloan e da Welt,
E da Schneid seilt's ma nia,
Abar öftar en Geldt.

225.

Du tauf'nd schens Diandl,
Wia g'fålt ma dein Thoan';
Gelt glei an söllan Stroach,
Kriagst nit g'schwindt oan'.

226.

's Diandl haot an Duck,
Wånn i's ångreif, so zuckt's;
Wånn i's fraog zan an Tånz,
Saogts: du ånbrennta Schwånz.

227.

A frischs Wassal en Berg,
A schen's Diandl en Thål,
Und dö husög'n Buabm
Haot ma gean übarål.

228.

Heuröth na, heuröth na,
Wiaschd bö båll roin,
Kriagst recht an löß'n Mån,
Wiaschd bi båll bloin.

229.

Wånnſt nit ſo huſög waſt
Und nit ſo kloan vabraht,
Und nit ſo fålſch mit mia,
Mecht i di nia.

230.

Eh darö mein Diandl lå,
Lå i mein Leb'm,
Aſt dårf ma mein Våta
Koan Heurathguat geb'm.

231.

Wolts Waſſal ſchon waot'n,
Wånns nit ſo tiaf wa,
I wolt's Diandl gean kraot'n,
Wånns nit ſo liab wa.

232.

's Diandl is gſtaubalat,
Schwåſchz und braun augalat,
Heilög wa's a,
Wånn ſinſt gao koan Bua wa.

233.

Dö Gambs auf da Hech
Springant z'ſåmm en a Gruab'm,
Und juſt gao wolta load
Is ma nit um an Buabm.

234.

Mein Hearz mua an Fahla
håb'm,
Dös woaß i gwiß,
Denn ſo oft i mein Diandl
ſiach,
Geit's mar an Riß.

235.

Mein Heaſchz bös is kuglföſt,
Maog eam nicht ån,
Wiar oft is 's ſchon g'ſchoſſ'n
wårn,
Haot eam nicht thån.

236.

Hån oft a Stråh droſch'n,
Aſa nia bo da Wåndt,
Håns en Diandl oft g'hoaß'n,
Aſa nia bo da Håndt.

237.

Und treua wiar i
Kån toan Diandl nit ſeyn,
Und i woaß 's nit is 's
wåhr
Oba büldt i ma's ein.

238.

Zwo ſchneeweißö Täubei
Fliag'nt üba mein Haus,
Daos Diandl bös ma b'ſchåffn is,
Kimmt ma nit aus.

239.

Und a Sendarenn kenn i
Tiaf inn en an Gråbm,
Is a kreuzſåubas Diandl,
An iada mecht's håb'm.

240.

Zwo kohlſchwåſchzö Keaſchtean
Und's Diandl haot mi kreuzgean,
Und k'reaſcht haots um mi,
Wia i ſuſchtgånga bi.

13 *

241.

'S Diandl is harb auf mi,
Hån iahr nicht thån,
J hån iahr an Kirchtaog
    braocht,
Nimmt ma'n nit ån.

242.

J wûl nit håch außö,
Gråß maog i nit thoan,
Und mia wa dös kloan Lisei
Kaob recht wia i moan.

243.

Und's Diandl dös haot ma
En Kopf schon varuckt;
Si haot mi kamm ånkrůascht,
Kaob d' Håndt a wenk druckt.

244.

Und Diandl wånnst heuröthst,
So schick mar a Post,
J geih dar auf d' Hozat,
Wånns an Kronthåla kost'.

245.

Und wia hecha dö Berg,
Und wia frischa dö Gambs,
Und wia kleana dö Diandl,
Wia hearzöga san's.

246.

Wånn's Diandl vo Fuaß auf
Schen g'staubalat ist,
Dös übarög Ålstarnfleisch
Js ummafißt.

247.

Auf's Gaßl bin i gånga
Glei wußl wußl,
Und Brändtwein hån i trunk'n
Glei zußl, zußl.

248.

Auf's Gaßl bin i gånga
Drey Stund, is koan G'spoaß,
Åst denk i eascht drån,
Da i 's Fenstal nit woaß.

249.

Ban Diandl iahrn Fensta
Geihts kloan vadraht zua,
Steiht öftar a Stundt
Ohnö Schneid doscht a Bua.

250.

Ban Diandl iahrn Fensta
Steihts g'schriebma ob'mbey:
Buä gieb Åcht, dåß d' nit
    fålst,
Bey den Fenstal is's hei'. —

251.

Da i di gao nit maog,
Dös saog i nit;
Åsa just netta di alloan
Gean hån i nit.

252.

Diandl mörk den Bamm,
Wo ma z'såmmkemma san;
Und en Wintar en Schnee
Wågst a Bleam'l e d' Heh'.

253.

Da Baua haot dö Bäuren
g'hålst,
Unt' auf da Stiag'n;
Is schon recht saogt da Kneicht,
Håls i a gen dö Dian.

254.

Bin håch áuffö g'stieg'n
Und hån's Mensch g'fraogt
um's lieg'n;
Schreits mar außar aus G'spött:
„Bua haost håch auffa g'mögt."

255.

Wånn i koan Geldt hån,
Håt's Diandl d' Mittl;
Und åft kaßmar a Häusl,
A Bråndtwein-Hüttl.

256.

A Greißl an Bråndtwein,
Und an Medaröbåt,
Dös gieb i mein' Diandl,
Da iahr's Hålsn nit schådt.

257.

A frischa Bua bin i
Håt da Fischa-Bua g'sågt,
Und håt glei a Fischl
Ban Schwoaßl datåppt.

258.

Da Toifl und da Toad
Siß'nt ob'm auf da Schoab,
Sö boat'nt auf mi
Und i geh' ean nit hi.

259.

Buama seidt's lustög,
Theats neama trauan,
Is da Toifl davon
Ueban Krimmla-Tauan.

260.

Sen ma no lustög
Mia löbönga Leut';
Weil koan Wiagn no nit geiht,
Und koan Puppei nit schreit.

261.

'S Diandl haot koan' Kas,
J kån iahr koan' måch'n;
Åft schnölt üns da Jausn auf,
Is nit zon låch'n.

262.

'S Diandl haot an Tåd'l,
Den Tådl saog i nit;
J lieg neama ban iahr,
Denn si geit ma koan' Fried.

263.

Und a Baua z' Golbögg
Håt zwo Goaß und zwo Böck;
Und zwo Mentscha daneib'm,
Bua, dea haot a schens Leib'm!

264.

'S Diandl haot g'heuröth
Es Zillaschthål ein,
Wia wiascht iahr dao dinna
Dö Zeit so lång seyn.

265.

Geihſt ållwöng úban Baoch,
Gach fålſt einhö a's Wåſſa;
Waos wülſt åft ban Diandl
thoan,
Aß a wåſchnåſſa?

266.

A Greiſl tuſchz und a Greißl
lånk
Und a Greiſl lieg'n auf ba
Bånk;
Und a Greiſl liegn wa ſchon
guat,
Wånn 's Mentſch nåpfaß'n
thuat.

267.

Mein Baoba, mein Muaba
Send kreuzbravö Leut';
Ear is a wenk naröſch
Und ſei nit recht g'ſcheidt.

268.

B'füat di Got Diandl,
Hiaz bin i dabi,
Und wånn b' Sålza aus=
drückaſcht,
Aſt kimm i um di.

269.

Und wånn b' Sålza aus=
drückaſcht
Und bin no nit dao,
Aſt dårfſt da's ſchon denk'n,
Da i di ·neama maog.

270.

Ban Diandl iahrn Fenſta
Geihts kloan vabrahzt zua,
Båll greint dö ålt' Muata,
Båll ſchnagg'lt da Bua.

271.

Ban Wiaſcht e da Håhzat=
ſtub'm
Tånz'nt zwo Bauan=Buam,
Mein Got, wia ſchen wia ſchen
Tånz'nt dö zwen! —

272.

Ban Diandl iahrn Fenſta
Is's Haus nummariaſcht,
Und zwo tauſ'nd ſöx hunnaſcht
Buam
Håb'mts ſchon probiaſcht.

273.

Ban Diandl iahrn Fenſta
Hångt a Goldſchnüarl drån,
Wånn da rechtö Bua kimmt,
Da ar ånläut'n kån.

274.

Und wo i di treu liab,
Kån i da nit ſåg'n,
Fråg nåcha wånn b' Nech'
Amål Gambskrückl håb'n.

275.

A kloans Glaſl Bråndtwein,
Um zwen Kreuza Braod,
Is en Diandl iahr Zech,
Bålls an Bauanbuam haot.

276.

Mein Heazal is frisch,
J lög's hin aufn Tisch
Und an Zöttl dazua,
Da i löbög bleib'm thua.

277.

A luftöga Bua
Dea z'reißt oft a påa Schuah,
Kråb a trauröga Når
Dea trågt lång en an Påar.

278.

Geh auffö auf d' Ålm,
Schiaß mar åhar an Bock.
Liab an Ånnan fein Diandl,
Bleib'mt d'Schoatt'n ban Stock.

279.

Mein Schåtz is a Jaga,
A Buar a junga,
Ear is auf und auf grean,
Wia bö Bamm en Summa.

280.

Weg'n oan' Diandl trauarn,
Du dålgata Bua!
Dö Welt is koan Hennafteig'n,
Diandl geit's g'nua.

281.

Wånn da Kirchthurn à Måß=
kruag wa
Und wa voll Bia,
Und åft trinkat mar oan Måß
Und nit drei und via.

282.

Dea Bua bea Fedan trögt,
Dea Bua trögt schwa,
Und hiaz mecht i no wiff'n,
Wia stårch åß a wa. —

283.

Dea Bua bea Fedan trögt,
Dear is schon recht,
Und i mecht na den wiff'n,
Dea eam's åha thoan mecht.

284.

Wast denn du ar a Buå,
Haost jå koan Schneidt,
Und bia steiht jå koan Diandl
auf,
Wånns amål leit.

285.

Dö Kåschteina Buama
Håb'mt wolta vül Schneidt,
Und baos måcht dös wårm
Waffal
Und b' schen' Weibaleut.

286.

Wånn b' Jagabuam tånz'nt,
So kråch'nt ean d' Schuah,
Und då schau'nt ean bö traua=
rög'n
Bauan=Buabm zua.

287.

Da Schüldthåhn en Wåld
Dea haot's Grubln aufbraocht,
Und hiaz grubln't dö Buam
Ban Mentschan auf d' Naocht.

288.

Um's Diandln liab'm
Is wol neambt gå vül z'neid'n,
Wånn oan 's Fiabar ånpåckt,
Mua a's selba daleid'n.

289.

's Diandl håts gfreut,
Wiar i's nieba hån keit,
Wiar i's auflåss'n hån,
Håts a Juhschroa'l thån.

290.

Wånn mi's Diandl nit måg,
Geh' i auf's Kroasåmp und
klåg;
Und lå ma's außa geb'n,
Da i's z'såmmspringa måg.

291.

Mit da Noath is guat hauf'n,
Håt koana vül z'wenk,
Wås is's denn um b' reich'n
Leut',
Wånn sö's ålls reut?

292.

Und wånn i zon Tånz oft geh,
Thuat ma koan Fuaß nit weh,
Wånn i årbat'n muaß,
Is's gånz aus mit mein' Fuaß,

293.

Wånn bö Ålt na kamm,
Und sö laffat an Ramm
Zan Fålt'n einschmirbm,
Åsa helf'n wiaschts kamm.

294.

A Greisl än Bråndtwein
Dea thuat jå nit schaod'n,
Åsa wear z'vül dawischt,
Wiascht'n schon g'waoh'n.

295.

A Schneel håt's g'schnieb'm,
Weißö Bergl håt's gmåcht,
Und då Bua geht zan Diandl,
Zan Fenstal auf b' Nåcht.

296.

Wiar i zan Fensta kimm
Und a påa G'sangl sing,
Schrei i glei lustög auf:
Diandl måch auf! —

297.

'S fåhrn auf'n Wåssar
Is gfahla ban Windt,
Wia's schlåf'n ban Diandl,
Wånn bö Bäuarenn kimmt.

298.

I und mein Schaoß
Håb'm a woltanö Freudt,
Wiascht üns 's Böttei nia
z'eng,
Wiascht üns ållwöng z'weit.

299.

Wånn i wischp'l und schrei
Und du heescht mi nit glei;
So wear i's vasteh'n,
Da i weita mua gehn.

300.

Amål hån i oan' kennt,
Haot koan Diandl nia g'liabt,
E b' Höll haot a muaß'n,
Schlög g'nuag haot a kriagt.

301.

'S Diandl håt a Freud
Mit dar Umfåhrarei,
Solt an Lehngutscha liab'm,
Dea fåhrt ållöwei.

302.

En Rock den muaßt ausziag'n
Und üba b' Arl nehma,
Und dea Bua bear a Schneid håt,
Solt nåcha kemma.

303.

Mein Schåtz is a Maura,
A Maitlfuahra;
Wånn a bey ba Nåcht kimmt,
Is's a Schåtz a liaba,

304.

Mein Schåtz is a Maura,
Ea mauart auf b' Heh,
Mia thand meinö Aug'n,
Wånn i auffö schau, weh.

305.

'S Diandl e ba Nåchbaschåft
Schau i gean ån,
Freut mi schon wånn i's siach,
Wånn i's glei nit håb'm kån.

306.

's Diandl e ba Nåchbaschåft
Muaß i treu liab'n,
Wånns glei koanö Dutt'ln håt,
Wiardts schon oan triag'n.

307.

Dö Stiegl dö i g'stiegn bin,
Dö steig i neama,
Und ben Schåtz ben i g'liabt
hån,
Den liab i neama.

308.

An Sprung üba b' Gåssn,
An Juhötza drauf;
Håst an ånban Buabm inn,
Und sinst måchatst mar auf.

309.

Mein Schåtzei hoaßt Resei,
Is's Resei aufg'måln,
Hån bö Koasarenn g'segn,
Håt ma nit aso g'fåln.

310.

Da b' Bauan Bauan hand,
Dås måcht ba Pfluag,
Und ba bö Buabm rauschög weant,
Måcht 's Biar en Kruag.

311.

Håst ar amål g'heart,
Daß a Wüldschitz håt k'reart?
Åba b' Jagar ållmål,
Wånn ma's ausjågt ban Thål.

312.

Za bia zoicht's mi hin,
Wor i geh, wor i bin,
Hån koan Råst und koan' Ruah,
Bin a trauröga Bua.

313.

Auf dår Ålm is's gut hålf'n,
Da greint mi neamdt aus,
Und da Kúahbua bea sågt nix,
Sinst is jå neamdt z' Haus.

314.

Geh auffö auf d' Ålm,
Lå mi recht sauba måln,
Wånn i kreuzsauba bi,
Kimm i åhar um di.

315.

Und wånn i mein Diandl
Ban Tånz'n bötråcht,
Und åft g'freut mi bea Mån,
Dear bö Årbat håt g'måcht.

316.

B'fiat bö Got, liaba Bua,
Håst mi bråcht um mein Ruah,
Daß b' mein Ålls bist g'west,
Såg i hiaz eascht, weilst gehst.

317.

Dort ob'm a da Hech
Steht a Gambs und a Rech,
Und a Jaga dabey,
Håt koan Pulva, koan Bley.

318.

Und ob'm a da Hech
Thant zwoa Gambsl schearz'n,
Wo koan Eifasucht is,
Geht koan Liab von Hearz'n.

319.

Wånn da Weixlbamm blüaht,
Is's a lustögö Zeit,
Und da Bua geht zan Diandl,
Ea woaß's schon wo's leit.

320.

Wånn da Weixlbamm blüaht,
Is's a lustögö Zeit,
Wånn i mein Diandl siach,
Låcht ma's Hearzl en Leib.

321.

Und's Diandl is sauba,
Und sauba muaß's seyn;
Is a Tånz wo da wöl,
Und so låd'nant fö's ein.

322.

Lustög is's Bua seyn,
I tausch mit koan' Mån,
Wånn mi's Diandl neama g'freut,
Geh i auf und davon.

323.

A Spitzbua muaß's seyn,
Dear an Bauan varåcht,
Wånn koan Baua nit wa,
Wur koan Ådda nit gmåcht.

324.

Ban Diandl bin i g'weis'n,
Haot mi's Unglück troffn,
I hän's kamm a wenk g'hälst,
Is bö Böttstät broch'n.

325.

Mein Schåtz is a Bindta
Und bös muaß a seyn,
Ea måcht mar a Faßl
Und füllt ma's mit Wein.

326.

Drey Schuasta, drey Schneida,
Drey Någlschmied-Gsöln,
Sö sitz'nt ban Of'n,
Thand d' Zöhrpfenöng zöhln.

327.

's Mensch håt ma b' Liab
　　　　aufg'fågt
Bey da Stieg'l:
B'füat bö Got schena Schåtz,
Håb ma nix varübl!

328.

Håb ma nix varübl
Und nix varunguat!
Daweil i bös fåg,
Daweil nimmts mar en Huat.

329.

Si nimmt ma mein' Huat,
Keit'n danhö auf's Bött:
Heunt gangst gen afo davon,
Schamatst bi nöt?

330.

Da Most is mein Bšta,
Da Wein is mein Göth,
En Brändtwein geb'mt b'
　　　　Mentscha, hea;
Hoam gehn thua i nöt.

331.

En Diandl is Ångst und bång,
Woaß nit wås thoan,
Und zan Buabm trauts iahr
　　　　a nit z'fågn:
„Geh amål hoam."

332.

Ueban See übahö
Fliag'nt meinö Taub'n;
I muaß ar amål umhö
Zan Feban z'såmmklaub'n.

333.

Und den mecht i kenna,
Dea miar eppas that,
Den wåschat i s' Leba
Und wixat eam b' Nahb.

334.

Mit'n Singar und Schrein
Mua ma b' Mentscha wöla,
Wånn mar umrump'ln that,
Kamm ba Baua schen stad.

335.

Wånn koan Jaga nit wa
Und koan Hüatta-Buar a,
Wea müat denn ba Sennarenn
D' Flech åfånga?

336.

Dinn en Påß Luag
Geht hålt ållweil da Windt;
Und bey mein Diandl woaß
    is' schon,
Si håts gean g'schwindt.

337.

Geh zan Diandl iahrn Fensta,
Geh zuahö schen öbm,
Sol's Diandl aufwöd'n,
Sol iahr guatö Wort göb'm.

338.

s' Diandl is lustög
Zan Tänz'n gehts guat,
Aba g'leg'n bin i nia ban iahr,
Woaß nit wia's thuat.

339.

Mein Schåtz is a Jaga,
Ea trågt an grean Huat,
Und ea tånzt auf'n Labnan,
Daß's Geldt scheppan thuat.

340.

Z'nagst håt fö a stinkata
Schuasta ång'frågt,
Und wor ih'n nit mecht?
„B'fiat dö Got" hån i g'fågt.

341.

A krötzöga Weba,
A ruaßöga Schmied,
Håbmt a kropfatö Lappenn
    g'håbt,
Schen is dås nit.

342.

Dö Goaß håt an Schneida
E b' Låck'n g'schmiss'n,
Und åft håt dar årm Toifl
E b' Hof'n g'schissn.

343.

Und aus is's mit miar
Und mein Haus håt koan
    Thüar,
Und dö Thüa håt koan G'schloß,
Und von Diandl bin i los.

344.

Daußt e da Hollastaub'n
Sitzt a Guggu;
Und i hiat' dö båll gav nit
    kennt,
Bist as denn du?

345.

Dahoamt bleib i neama mea,
Dås fåg i eh,
Und i måg a koan Bauan=
    Dian,
Håbmt ma z' vül Fleh.

346.

Und da Lipp und da Lenz
Håbmt a oanaugats Mensch,
Und da Lipp håt's nit g'wißt,
Daß's Mensch oanaugat ist.

347.

Hån an Rock an långan
Und da Huat thuat hångan,
Und b' Hof'n sand vül'z eng
Und dö Schuach thant klemm'.

348.

Und en Steyamårch unt
Is bö Mealsupp'm en Schwung,
Kroicht a bodstara Keafar
Auf da Mealsupp'm um.

349.

Is amål oana g'ween,
Håt mia nix vathån;
Hiaz is da Når g'storb'n,
Håt ar a nix davon.

350.

Wia hecha da Thurn,
Wia schena dås G'läut,
Und wia weita zan Diandl,
Wia greßar åft b' Freudt.

351.

Und's Gambsschiaß'n g'freut
        mi nit,
Send ma z'håch ob'n,
Und i schoiß laob a weiß-
        bauchats
Täubei ban Bob'n.

352.

'S Diandl håt ma b' Liab auf-
        g'jågt,
Dauft'n en Wåld,
Und åft håt's a kloans Schnee'l
        g'schniebm,
Seidar is's kålt.

353.

Und o du, mein Du,
Du bist neama mein Du,
Is an ånnarö mein Du,
Is ma liabar aß Du.

354.

Zwo kohlschwåschzö Augei,
A Schnabei wiar a Täubei,
Und a Grüabei auf da Koi
Haot mein Diandl bös noi.

355.

Hiaz send bö schen Mentschar
En Aoschlaog kemma,
Wia bö z'klobma Hålb-Båtz'n,
'Wül's neambt meah nemma.

356.

Heunt Nåcht håt ma trammt,
I hån's Schimmal ånzammt,
I hån's eingspånnt en Wåg'n,
Bin zan Diandl hin g'fåhrn.

357.

Da Mauthna schreit außa,
Wea fåhrt so g'schnel fùa?
Und i fåhr za mein Diandl,
Koan Mauth zåhl i nia.

358.

Hiaz håt ma mein Dienei
A Briefei zuag'schrieb'm,
Und wårum aß i hiaz
Bei da Nåcht neama kimm.

359.

Wia i's Briefei hån g'les'n,
Håt ma's Hearz en Leib g'låcht,
I hån b' Stiefei ånzog'n
Und bin furt bei da Nåcht.

360.

Wiar i zuahö bin kemma,
Schleich mi umhö um's Öck,
Schau einhö ban Fensta,
Sand's no nit a's Bött.

361.

Då lög i mi glei
Unta d' Straoh-Schupf'm hin,
Und wia's schläf'n fand gånga,
Kimmts außar um mi.

362.

Si nimmt mi ban Årm,
Füahrt mi einhö a's Haus:
Und heunt samma schen sichar,
Aß da Baua nit schaut.

363.

's Dianei håt g'sågt,
J solt b' Stisei ausziagn,
Aß mi b' Hausleut nit aussö
Gehn hearnt üba b' Stiagn.

364.

J hån b' Stisei auszog'n
Und brauf hån i's vastöckt,
Und en Stumpfsöckln spring i
Glei einhö a's Bött.

365.

Js neama so lustög hiaz,
Aß wia danåxt,
Då bin i da Klaubauf g'ween
Und 's Diandl d' Her.

366.

Wånn ma 's Diandl an
Bråndtwein geit,
Js 's ma nit Feindt,
Ståt 'n Nubln geit 's ma 's
Mehl,
Dårfs nit umbåtz'n heunt.

367.

Diandl wånn b' mi wülst
liab'n,
Muaßt ba b' Brust aussö schnian,
D' Håår müaß'nt g'schnecklat
seyn,
Sinst bist nit mein.

368.

Furpassn geh i nit,
Js ma vülz kålt,
Und i paß auf a Füxenn,
Håt ar an schen' Bålg.

369.

Geh Diåndl lå ba såg'n,
Deinö Leut wolnt's nit håb'n,
Daß du heagehst za mia,
Denn sö schamant sö schia.

370.

Diandl wånnst mi wülst håb'n,
Muaßt beinö Leut z'eascht
fråg'n,
Wånn's ean nit recht that seyn,
That's mi nit g'freun.

371.

Hiaz heer i bö Glogg'n,
Hiaz kemmant bö Küah,
Und hiaz kemmant bö Melcha
E's Winta-Quatia.

372.

's Diandl is stolz,
Js wiar a mobarögs Holz,
Und kamm rüahrst as ån,
Fålnt bö Broß'n davon.

373.

Bin a Pinzgara Bua,
Hån a Pinzara Tråcht,
Und drum geibmt ma dö
        hiasög'n
Dianei koan Acht.

374.

Dö i amål heurath,
Dö muaß oanö seyn —
Und dö dårf ma nix trink'n,
Koan Biar und koan Wein.

375.

Zwoa rappögö Bödl,
A stockblindtö Kuah,
Dös geit iahr iahr Våta,
Wånn i's heurath'n thua.

376.

Da Koasa håt auffa g'schrieb'm,
Ea brauchat Leut,
Und wea wiardt denn då
        åhö gehn,
Is jå vül z' weit?

377.

Da Koasa håt auffa g'schrieb'm
Nettar um mi,
Und i schick eam mein Dianbl,
Is schenar aß i.

378.

Hiaz is 's hålt aso,
I kåns netta nit såg'n,
I mecht gean Soldåt seyn,
Aba Montur koanö tråg'n.

379.

I bin a Regrut,
Aba gånz a junga,
Aus mein Dianbl iahrn Bött
Håbmts mi außag'numma.

380.

Und Dianbl du woast as schon,
Wia's g'wöf'n ift,
Und wiast' g'fågt håft, i dårf da
Nix thoan umasift.

381.

Mein Våta håt g'fågt,
I sol böffa hauf'n;
Sol dö Kåtz'n daschiaß'n
Und selba mauf'n.

382.

Hån dö Kåtz'n daschoff'n,
Bin außö en Roan,
I kån jå nit mauf'n,
Hand b' Löcha vül z' kloan.

383.

's Dianbl steht unters Båch
Und i herent,
Und si håt an braun'
        en Såck,
Håt ma'n gean g'schenkt.

384.

's Dianbl is jung,
I bin a no nit ålt,
Und zwoa söllanö Leutl
Vaschnagg'lnt sö båld.

385.

Wånn i an Abarl hån,
Dös so nit rûahrt,
Dös lå i mar außaſchnei'n,
Daß 's mih nit iart.

386.

Bin a kreuzluſtögs Bûaſchl,
Göbûrtög von Stoan,
Und eh baß i a Schiachö liab,
Bleib i alloan.

387.

Auf bar Ålm is koan Bleib'm,
Båll thuat's regna ball
ſchneib'm,
E da Hütt'n koan Seyn,
Geiht da Windt aus und ein.

388.

Dianbl hûat bö, Dianbl hålt bö,
Dianbl lå da nix thoan,
Denn bö Buabma ſan ſölſcha,
Aß b' Jub'n en Ploan.

389.

Båll ſchiaß i a Hiaſchal,
Båll ſchiaß i a Gambs,
Oft ſchlågt ma mein Dianbl
Schon weit üba b' Anz.

390.

Luſtög is 's Bua=ſeyn,
Wiardt neama ſchlechta,
Wåchſn't ållöweil nåcha
Schenö Bauan=Techta.

391.

's Dianbl håt a Freud,
Mit iahrn Kittl=Söckl,
Håt a Goaßfûaßl brein
Und a ſchweinas Bröckl.

392.

Wånn 's Rothkröpfl ſchreit
Und bö Droſchl en Wålb,
Geht da Bua von ſein' Dianbl,
Js a neama z' bålb.

393.

Ös Bauan=Buabm, ös Laus=
Buabm,
Håbts Kröpf wia bö Kraut=
ruab'm,
Um an iabs Dianbl Schåb,
Dös an Bauan=Buabm håt.

394.

Wånn mein Hearz a Fenſta håt,
Aft ſach ſö 's g'wiß,
Da kåb ſi alloan
Und ſinſt koanö binn is.

395.

En Suma is 's luſtög,
Theant b' Vögei pfeiff'n,
Gengant b' Schneiba ſpåzian
Und theant Kröß'n neiff'n.

396.

Heunt auf b' Nåcht, morg'n
auf b' Nåcht
Kriagn ma kåb Ruab'm,
Kimmt bar ålt Håmaſchmied .
Mit ſeinö Buabm.

397.

Göſtan auf b' Nåcht
Hån i låch'n müaß'n,
Hån g'moant as kimmt 's
    Dianbl,
Kimmt bö Kåß zan Fûaß'n.

398.

's Dianbl båt gſågt,
J ſol's kråch'n låſſ'n,
Wånn a 's Böttſtatl bricht,
Sö wiarb 's måch'n låſſ'n.

398.

's Böttſtatl is broch'n
Um oans e ba Nåcht,
Da Tiſchlar is kemma,
Håt 's Böttſtatl g'måcht.

400.

Dianbl wås benkſt ba benn,
Wånn ma beinånba ſtehn?
J benk mar ållözeit,
Du biſt mein Freubt.

401.

Dö Hoam=Diarnar ållſånt,
Dö theant ſö puß'n,
Unb ſö låſſnt oan' naoch
Um an Siema=Struß'n.

402.

's Biar bös is hantög,
Da Brånbtwein is ſüaß;
Mein Dianbl is grantög,
Wia wa's wånn i's liaß?

403.

Wås is 's benn um b' Auſſich^t
En Hügal bort ob'm,
Unb an liabalas Dianbl
Js gå nia zan lob'm.

404.

Hiaz hån i mein' Båtan
Sein Håuſl vatåſcht;
Recht is eam g'ſcheichn,
Zwö hauſt a ſo håſcht.

405.

Hiaz hån i mein' Båtan
Sein Håuſl vathån,
Hiaz påck i ba Muatar
Jahr Henna=Gelbt ån.

406.

D' Franzoſ'n unb b' Ruß'n
Dö gehnt mi niz ån,
Wånn i nar an Frieb
Ba mein' Dianbl håb'm kån.

407.

Solbåt mua i wean
E ba Weibaleut Ståbt,
J mua Stuck aufpflånz'n
Unb b' Ståbt vaſchånz'n.

408.

Dö Fiſchl en See
Unb bö woaß mein Hear eh',
Åba wånn i ban Dianbl lieg,
Dås woaß a nit.

409.

Da Pfåra wül b' Tauf,
Da Richta bö Språf,
Unb ba Jaga wül 's Schußgelbt
Fûa bö ſell Nåcht. —

14

410.

Eh i mein Dianbl
An ånban Buabm liaß,
Eh geh' i ma bis auf b' Knia
Hin meinö Füaß.

411.

Hiaz liab i a Dianbl,
Vo ben åll'n Leut'n grausi;
Hån a schens Dianbl g'håbt,
Hån mar a nir bahaust.

412.

Wås is 's um an Zwoanzga,
Wås is 's benn um 's Gelbt,
Wås is 's um oan Dianbl,
Sanb g'nuag auf ba Welt.

413.

Sör spedfoastö Kuahl,
A gånz a nois Haus;
Zwoa zaunbürö Fur'n,
Aso fåhrn mar aus.

414.

Zimmaleut sanb guatö Leut,
Wånn ma's zan Esi'n schreit;
Wånn ma vo bar Årbat fågt,
Sanb's glei vazågt.

415.

Wås gehts benn bö Leut ån,
Wånn i koan Gelbt hån;
Häng en Beutl vo's Fensla,
Daß ar austridna lån?

416.

's Gelbt entleich'n
Hånö nit en Scheuch'n,
Asa 's Wiebageib'm schon,
Wånn i koan Gelbt nit hån.

417.

I bin a frisch's Büafchl
Von Kußömuzö,
Unb hiaz hoaß'nts mein Dianbl
's Karabina-Stußö.

418.

Wånn i auf's Gaßl geh',
Geh i frisch wed,
Unb gög'nt mar a Baua,
So staoß ih'n en Dred.

419.

Auf's Gaßl binö gånga,
Zo ba Håd'nschmieb Dian,
Is ba Straobsåd kloan z'rifi'n,
Kån bö Füaß neama kriag'n.

420.

Wånns Waffal aufweats rinnt,
So måchts an Schwål;
Is 's Dianbl wia jung ba wöll,
I heuraths amål.

421.

Hiaz hån i mein Klausn
En Untasberg ob'm;
Unb ba thoant sö bö Mentschar
All aufsö valob'm,

422.

Dö van bringt a Henbl,
Dö Ånbar an Håhn;
I woaß schon wås s'wolt's,
Unb i kenn ent's schon ån. —

423.

I hån hålt mein Häusei
En Berg aufsö baut,
Unb bå håt ma's a wißöga
Vogl umg'haut.

424.

Und i wea schon en witzög'na
Vogl no kriag'n,
Und i wear eam sein Schnabei
Vadraht auffö biag'n.

425.

A Geldt en Såck hånö,
A Schneid brauch i a;
Und hiaz tråg zan Schleiffa
Mein' Diandl 'iahr Schaa'.

426.

's Diandl håt a Mühl
Mit an oanzög'n Gång;
Håt ma's Heurath'n g'hoaß'n,
As is no nit lång.

427.

Schen grean send dö Tarbamm,
Håb'mt weißö Wuschz'n,
Und recht saggarösch liab
Send dö Leut dö kuschz'n.

428.

Hinta da Håsl-Staudn
Bleib a wenk stehn,
Und åft weant da dö narösch'n
Schnaggfs'n vagehn.

429.

En Lungau 'theant b' Sau-
schneida
Machtög wia b' Hean,
Drum mecht i, mein Dachant,
A Sauschneida wean.

430.

Dauf'n thuats geistan,
Herinn is koan Ruah,
I wolt as war oana
Herinnat a Bua.

431.

Wånn oana herinnat wa
Bei miar en Bött,
Åft dårfat's schon geistan,
I fürchtat ma nöt.

432.

Und hiaz gehts ma sauschlecht,
Is ma wolta z'wiba,
Wear a's Braobbett'n geh'n,
Åft valaf is wieda.

433.

Z'nagst sågt hålt mein Muata:
„Kimm jå båll meah z' Haus,"
Und åft hån i vaståndt'n:
„Dö gånz Nåcht bleib aus."

434.

Trau ma nit, trau ma nit,
Trau ma nit drån,
Wånn i amål greßa bin,
Trau i ma schon.

435.

Und 's Kåschteina-Wassa'l,
D' Leut hålt'nt waos drauf,
Und is oans auf'n Hundt,
Dös sell richt's wiebar auf.

436.

Und b' Marläna Mentscha
I låß sö mit Ruah,
Und sö gengant von Weit'n
Auf's Kebar oan' zua.

14*

437.

Mit'n Hallenga Dianbln
Måch i ma koan Gschea,
Sö håbm't sauarö Bußl,
Kimmt von Sålzbergl hea.

438.

Mein Dianbl hoaßt Nannei,
Håt schneeweißö Zahnei,
Und a Grüabl auf da Koi
Und drum g'fålts ma so woi.

439.

Doscht ob'm auf'n Bergl
Is a rothö Maua,
Und b' schenöst'n Lechta
Haot ba Hias'n=Baua.

440.

Von Gambsei baos Krüdl,
Von Hiasch'n baos Gweih',
Von Spülhåhn bö Feban,
Von Dianbl bö Treu.

441.

's Diaubl is harb auf mi,
Woaß nit wårum;
Wånns nit båll ånnas wiascht,
Bring i mi um.

442.

Kloan bini, kloan bleib i,
Groß kån i nit wean,
Hån a winzögö Muata,
Drum wår i nit gean.

443.

I bin a Fleischhåcka,
A lustögs Büaschl,
A kloan vabrahts Mandl
Wiar a Leba=Büaschtl.

444.

Und bu tausf'nb Sassa,
Wånn na's Gatal nit wa,
Und wa's Riegal nit füa,
Gang i einö za bia.

445.

Dianbl geh hea zan Zaun,
Lå mi bi recht ånschaun,
Wia beinö Augei senb
Schwåschz ober braun.

446.

Waos is's um oan Dianbl,
Waos is's a um zwen;
I liab schon a Duzat,
Und bös lauta schen.

447.

I bin von Wåld fürha
Und gao von St Veit;
Und a unsaubas Dianbl
Dös haot mi nia g'freut.

448.

Dan', zwen, brey fürcht i nit,
Sög und sieb'm a no nit;
Hån amål neun vasprengt,
Bin bavon k'rennt.

449.

Und mein liabö Muata,
An oanzögö Bitt',
En mein Bött is's vülz' kålt
Und alloan lieg i nit.

450.

Liab'm, Liab'm,
Aba hamla hamla;
Und bö hamla Liab
Dö is namla namla.

451.

's Diandl håt g'heurath
Dö Goaß bö måga,
A's Haoch=Pinzgar einhö
An Schleifstoan=Träga.

452.

I kån nit schen singa,
As kunnt a nit seyn,
Und i hån vülz' grob z'eff'n,
Mia fållt jå nix ein.

453.

Und Geldt håmmar ållweil
z'wenk,
Schneid åba gnuag,
Is ma liaba z'wenk Geldt,
Aß koan Schneid und Geldt
gnuag.

454.

Zan Hausbau'n koan Geldt,
Und zan Woaßbau'n koan
Feldt,
Und zan Hausbaun is ehndta
Koan Plåtz e da Welt.

455.

Hätst mein Schwösta g'heurath,
Wast mein Schwåga wårn,
Wast a Kloanhäusla = Baua,
Kunntst a Kuahl a håb'n.

456.

Hån göstan eascht g'heurath,
Heunt is ma schon ed,
Und i hån na kråd gheurath,
Da bö Zeit umma geht.

457.

Da Summar is umma
Und 's Bleamei wiardt welch,
Und bö Liab bö geht a zan
Endt,
Draht sö schon schelch.

458.

Heurath'n, Heurath'n
War a schon recht,
Und as is a koan Röd davon,
Da i nit mecht.

459.

Und samma no lustög,
Mia Bandtlkråma,
Schenö Spitzl, schenö Bandtl,
Schenö Schnüarream håmma.

460.

Mein Schåtz is a Schmied,
Åba brennt is a nit;
Und hiaz lå i ma'n brenna,
Sinst kennat e'n nit.

461.

Mein Schåtz is a Metzgar,
A Kaibl=Treiba,
Ea håt auf und auf Knöpf,
Aß wiar an Obaschreiba.

462.

D' Zimmaleut sand bravö Leut,
Dö Maura bö sand bössa,
D' Zimmaleut baunt Häusar
auf,
D' Maura bö baunt Schlössa!

463.

Unb dö faggröſch'n Bräua
Gebmt's Biar hiaz ſo theua,
Geb'mt koan' Hopf'n dazua,
War um b' Hälſtö zåhlt g'nua.

464.

Unb i mecht hålt a Jaga ſeyn,
Hiaz ſålts mar ein,
Denn a Jaga braucht nix,
Aß a Menſch unb a Bix.

465.

Du tauf'nb ſchens Dianbl,
Sei nit gao ſo ſtolß,
Schau mi ar a wenk ån,
J bin a nit von Holß.

466.

's Dianbl valåſſ'n,
Daos kunnt i nit thoan,
J valüſchzat ma's Leib'm
Unb vaſünbtat mi kloan.

467.

Eh' i 's Dianbl valåß,
Eh valåß i ſchon ålls,
Meinö Schuach, meinö Stümpf,
Unb mein' Flor um an Håls.

468.

Biabei um beinatweg'n
Füahr i koan koabögs Leb'n,
Von Zſåmmkemma wa ban üns
Ehnbta koan Röb'n.

469.

En Dianbl iahr Treu
Steht weit dauſt auf ba Frei,
Is nit Fålſchhat umzäunt,
Da koan Sunn baburch ſcheint.

470.

Da i's Dianbl um b' Schneib
ſol fråg'n,
Kimmt ma nit ſúa,
Wül bö Zeit ſchon åwårt'n,
Da ſi's ånbringt bei mia.

471.

Mein Schåß is a Köchenn,
Sißt ob'm auf'n Hearbt,
Weil i iahr koan Bußl gieb,
Håt ſi's bögeahrt.

472.

Dianbl wånnſt moanſt,
Unb du biſt ſúa mi z'ra,
A Schaffl vol Gelbt håſt nit,
Unb lar is meins a.

473.

Då ſißt an ålts Weibl brinn
Unb ſpinnt unb ſpinnt,
As kriacht iahr a Grüll en
Arſch
Unb ſingt unb ſingt.

474.

Wås is's um an Schneiba,
Ea kimmt neama hea,
Is ba Zwiarn eam ausgånga,
Dås is a Målea.

475.

Weg'n oan' Dianbl trauan,
Müat i richtög låcha,
As wår'nt jå Tåg unb Nåcht
Schenö nåcha.

276.

En Summar, en Schnit
Brauch i mein Diandl nit,
Um bö Krånawött=Blüah
Geh i wieda zan iah.

477.

Auf und auf nåch ba Schneid,
Nåch ba Schneid hin;
Wånn's ållömål k'råthat,
Wo kamm i denn hin?

478.

Hån schon amål g'åckascht,
Hån schon amål g'öggt;
Hån schon amål g'schlåfn
Ban Diandl en Bött.

479.

Wånn koan Wiaschtshaus nit
wa,
Und koan Kellnarenn a,
Wa's en Beutl a Nutz'n
Und fü b' Seelögkeit a.

480.

Und heuröth'n thua i nit,
Bin no a Kindt;
A Jaohr a zwo wåscht i no,
Åst'n hålt g'schwindt.

481.

Steig nit so haoch auffö,
Bleib bössa ban Bob'n;
Und gao bö schen Mentscha
Senb nit so haoch ob'm.

482.

's Diandl mit simzöchn Jaohrn
Is no nia Schlitt'n g'faohrn,
Hiaz wiascht iahr Ångst und
bång,
Dauascht's iahr z' lång.

483.

's Diandl is wåcka,
Si liabt an Fleischhåcka;
Von miar aus is's recht,
Bin a Fleischhåcka Knecht.

484.

Wås håt i, was that i,
Wånns Diandl nit wa,
Mein Våta, mein Muata
Balåssat mi a.

485.

Und tauf'nd Duggat'n
Is ar a schens Geldt;
Mein Schåtz is ma liabar
Aß d' hålbatö Welt.

486.

Diandl wånn b' mi wüst liab'm,
Muaßt di kloan vabraht stöln,
Muaßt en Leut'n nix såg'n,
Wånn 's bi ausfratschln wöln.

487.

Und wånn b' mi wüst liab'm,
Und so muaßt bi treu hålt'n;
Wånnst a påår Krapfl håst,
Muaßt ma's fein thålt'n.

488.

Hån Spånspreißl g'hoblt,
Hån Sågschoatt'n klob'm;
Hån Holzöpfl g'spunna
En Taub'm-Kob'l ob'm.

489.

Und i hear di schon singa
Und G'sangl ångöbm;
Du bist na kråd oana
Zan Handl ånhöb'm.

490.

J hear di schon singa
Du håst jå koan Stimm;
Wo håst as denn g'numma,
En Of'nloch inn?

491.

Und i trau ma nit auffö
Zan Bauan en Wåld,
Mecht da Schörg obmat seyn,
Weil da Hundt aso kållt.

492.

Wånnst a Kuahdian wülst
     liab'm,
Muaßt an Kuahdreck ein-
     schiab'm,
Daß d' an Aufweiseng håst,
Wånns di fraog'n um an Påßt.

493.

Hiaz geht da stårch Windt
Und thoant b' Laba rausch'n,
Geh hea mein schen's Diandl,
Thoan ma Heazei tausch'n.

494.

J mecht gå nit tausch'n,
J kålt kråd bös mein',
Mecht glei oans bökemma.
Mecht no fölscha seyn.

495.

En Winta schneibt's Schnee
Und en Summa wart Klee;
Und wånn zwo Liabö schoab'n,
Von Heaschz'n thuat's weh'.

496.

Hiaz håt a ma b' Buaß auf-
          geb'm
Ünsa Pata;
J sol nit so lång heastehn
Ban Fensta-Gata.

497.

Geh weck von mein' Fensta,
Bua lå mar an Fried!
Bin a frischö Besdian,
Und aufthua i dar nit.

498.

Waos haost denn kåd gessi'n,
Aß bö gaor aso düascht',
An sumberga Schott'n
Und Flebamäus-Wüascht?

499.

Auf's Gaßl bin i gånga,
Hån ma schiagar nit traut,
Haot da Schörg und da
          Pfleiga
Ban Daoch åha g'schaut.

Auf's Gaßl bin i gånga
Und hån mi vaspatt';
Und wiar i hoamzua bin
      gånga,
Håbmt d' Mada schon g'maht.

501.

Åft zoich i mein' Rock aus,
Und hånga'n fü's G'ficht,
Und hån ma glei denkt,
Aso kennants mi nit.

502.

Luftög is's auf da Welt,
Håb'mt b' Leut' a glei koan
      Geldt;
Seht jå miar a guat ån,
Wånn i koans hån.

503.

Und heazög schens Diandl,
Du hätst mi schon g'freut;
Weil's åba nit seyn tån,
So k'råt i di leicht.

504.

Weil's åba nit seyn tån,
Nit seyn håt künna;
Koan söllan Heaztauf'nd Schåtz
Kriag i nimma.

505.

Viarzöhnt hålb Schneida
Wägnt dreyzöhnt hålb Pfund,
Und wånns dös neama wäg'nt,
Und åft fands nit gånz g'fund.

506.

Hiaz fol i viar Diandl liab'm,
Åll viar fends liab,
Und wia fol i denn thoan,
Da i åll viarö kriag.

507.

Oana wink i mit 'n Augnan,
Und oanö trit i mit'n Fuaß,
Oana deut i mit'n Fingar,
Und oana schick i an Gruaß.

508.

I fråg 's Diandl ållö Tåg,
Wo's mi denn neama måg;
Wånn si mi neama mecht,
Wa jå 's Fråg'n nit recht,

509.

Da See is vol Wåssa,
Und 's Wåssa wiardt Eis;
Da ma 's Geldt ållweil z' wenög
      wiardt,
Is wol nix Neus.

510.

Wo schenö Acka san,
San schenö Ruabm:
As håmbt b' Männar ar a
      Schneid,
Nit kråb bö Buabm.

511.

Estareichisch, Koafalich,
Dös woln ma seyn,
Wear üns koan' Ruah nit laßt,
Då schlåg'n ma drein.

512.

Kåſchteinaröſch, pinzgaröſch
Fenſtan båls finſtar is,
Und a wenk Bußl geib'm,
Daos wa mein Leib'm.

513.

Auf's Gaßl bin i gånga,
Is 's Fenſtal vafrorn,
Wia da recht Bua is kemma,
Is 's aufentlaint worn.

514.

Mein Schåtz is a Sendenn,
Hoch ob'm en an Kees,
Håt zwoa zaundürö Goaßl,
Schreit ållweil deß — deß!

515.

's Diandl is gruſl kloan,
Si plodaſcht nicht aus,
Und ſi geit ma bös G'loat,
Wånn i ſuſcht geih' von Haus.

516.

Si geit ma bös G'loat,
Und a Bußl dazua:
Bitt di gao ſchen mein Bua,
Schmirb di ſinſt ninnaſcht zua.

317.

's Leſſåcha-Wintl
Is a wundaſcheans Dacht,
Då ſpringant bö Gambsla,
Daß wachlt da Boacht.

518.

Steyaröſch tånz'n
Und pinzgaröſch liab'm,
Und kåſchteinaröſch hobln,
Da b' Schoatt'n auffliag'n.

519.

Wear a Sendarenn liabt
Und dea håt åſt ſchon åll's,
En Himml auf da Welt
Und bö Höll auf'n Håls.

520.

Wånn's miar auf da Welt
A wenk ſtrafala geiht,
Is 's ma weitar oan Ding,
Wånn i boſchthin recht kimm.

521.

Und en Wiaſchtshaus ſchiach luſtög,
Und en Gottshaus koan Freud;
Und wia wiaſcht's ma denn geh'n,
Wånn i's lång aſo treib?

822.

Und ſchen luſtög ban Leut'n
Und traurög alloan,
Und wånn oan' d' Freud ausgeht.
Muaß ar ar aſo thoan.

523.

Da Fiſcha thuat fiſch'n,
Da Mülna thuat måln,
Da Jaga thuat ſchiaß'n,
Dås Ding håt ma g'fåln.

524.

Wås håt a denn g'ſchoſſ'n?
A Gambs und a Rech;
Wo håt a's denn g'ſchoſſ'n?
Dort ob'm auf da Hech.

525.

Mein Båta håt g'ſågt:
Sol mi luſtög måcha,
Wånn dö Zwoanzgar ausgeh'nt,
Schickt a Thåla nåcha.

526.

Ålmariſch pinzgariſch,
Hoamgehn wånn's finſtar is;
Hoamgehn mar ållömal,
Aſa nit båll.

527.

Ålmariſch pinzgariſch,
Hoamgehn wånn's finſtar is;
Wånn's na båll finſta wa,
Da mi neamdt ſah.

528.

Luſtög is 's luſtög leb'm,
's Geldt håt ma d' Muata
　　　　geb'm;
Håt ma's geb'm mit da Fauſt,
Daß's ma heunt no frey grauſt.

529.

Wånn i nit g'heurath håt,
Håt i koan Kindt,
Eßat mein Loabl Brod,
A nit ſo g'ſchwindt.

530.

Hiaz ſol i mein Diandl
An Andan ſchenka
Auf ewögö Weltzeit
Zan Ångödenka.

531.

As freut mi nix bößa
Aß mein Kåmaråd;
Åba dös g'freut mi nit,
Daß a mein Diandl håt.

532.

Mein Schåtz is von Zillaſchthål
Und i von Tyrol;
Mia ſend ållözwo tropfat,
Dös Ding is recht dol.

533.

Grean is dö Holla-Staud'n,
Weiß is dö Blüah;
Diandl i hån di gean,
Wiar is denn dia?

534.

J woaß's nit wia's iſt,
Daß d' ma gå ſo liab biſt;
Und d' Leut kennant ma's ån,
Da i di ſovl gean hån.

535.

Auffö ſteig'n, zuawö loan,
Gaßlreim kån i koan;
An Schnagglar a zwen,
Mua ma 's Diandl aufſteh'n.

536.

Schen grean is da Klee,
Wånn ar aufwåxt a d' Heh,
Goldfriſch is mein Bluat,
Wånn wa's aufmuntan thuat.

537.

Mein Haus håt zöch'n Spreiß'n,
As brauchat no via;
J trau ma kamm z'ſchneiß'n,
As fållat auf mia.

538.

Auf's Gaßl bin i ginga,
Drey Biartl Stund weit;
Hån's Fensta nit g'fundt'n,
Hån d' Maua kloan z'trait.

539.

Bsüat dö Got Diandl,
Hiaz bin i dahin,
As därf da nit load seyn,
Miar a nit um di.

540.

Bsüat dö Got Diandl,
As solt da guat gehn,
Füa dås, daß d' mi g'liabt håst,
Bödånk i mi schen.

541.

A i und a e,
Und da Wolfgånga See;
Und bö schen' Madln fåhrnt
Auf an Züllal dahee.

542.

Lustög is g'wein amål
Feascht en Winta,
Wia zwa Mentscha håb'mt
k'rafft
Um an Höf'nbindta.

543.

's Diandl en Haus
Is ma liabar aß daust,
Dårf i nit so weit gehn,
Wånn da Windt afo saust.

544.

En Himml is 's lustög,
Thoant d' Engl singa;
Auf da Welt volla Bosheit
Dao g'freuts mi nimma.

545.

Kloan bin i, kloan bleib i,
Groß maog i nit wean;
Schen runkat, schen bunkat,
Wiar a Håslnuß-Kean.

546.

Dar oan spült dö Zitha,
Dar oan spült dö Geig'n;
Und hiaz wül ma da Håhn
Bey da Henn neama bleib'n.

557.

Diandl bist dinna?
Geih' måch na g'schwindt auf,
As froist mi auf d' Finga,
Da Schnei sölt ma drauf.

548.

Hiaz liab i a Diandl,
Is mein' Leut'n zwida;
I låß's hålt a Bißl,
Ast liab i's wieda.

549.

Dö Gambsei en stoananG'wåndt,
Dö nehmant schon an Endt,
Aba dö ewög Treu,
Und dö bleibt ållwei.

550.

I bin a Fleischhåcka,
A lebfrischa Bua,
Und i treib meinö Kaibl
Da Stådt ållö zua.

551.

Kimm von Zillaschthål außa,
Da Weg is wol weit,
Hån an Tråga bey miar
Und a Krax'n vol Schneidt.

552.

J bin hålt mein Båtan
Sein oanzöga Bua,
Wånn ånda Leut' schlåff'nt,
Gieb i no koan' Ruah.

553.

J bin jå mein Båtan
Sein oanzögö Freudt,
Daß ar ar an Buabm håt,
Dear eam b' Kreuza ausgeit.

554.

Mein Baota, mein Muata
Send kreußbravö Leut',
Håb'mt lauta brav Kinna,
Kaod i hån ean g'feit.

555.

Mein' Båta, mein Muata,
Mein Schwösta, mein Bruada,
Dö ganzö Freundtschåft
Håb'mt ma's Diåndl varåcht.

556.

Und i maog neama faohrn,
Und ba Waogn i ma z'schwa,
Und bö Rößl send måga,
Da Beutl is laa.

557.

Da Beutl is laa
Und koan Geldt is meah drein,
Wear is denn dö Schuld,
Aß da Wiascht und da Wein?

558.

's Diandl e da Nåchbaschåft,
Da i nit loig:
Haot an schen' Kreuza Geldt
Und an rantönga Zoig.

559.

Und a g'schedats Påår Ox'n
Geht ohnö Führa,
Und wia bin i so leicht
Um mein Diandl kemma!

560.

Wea wiascht ma's denn nemma,
Wea wiascht sö denn traun,
Wea wiascht ma mein schwåschz-
augats
Diandl ånschaun.

561.

Ob'm auf'n Bergei
Is a Håusl en Kauf,
Is weita nit thoia,
Is a Schuastarei drauf.

562.

'S Diandl haot g'heuröth,
Hiaz haot's schon iahrn Thoal,
Sißt daußt auf da Straoß
Und haot Pfiffalöng foal.

563.

Heurath ma, heurath ma
Diandl du kloans;
Aus lauta Liab heurath ma,
Haus håbm ma koans.

564.

Wånn mar a glei koan Haus
håbm,
Håbm ma schon a broats Bött,
Da kinna ma schläff'n,
Koan Haus brauch ma nöt.

565.

Bein See bin i Fischa,
Bein Låndt bin i Schiß,
Hiaz wiar i gen voglfrei,
Nuß'n thuat's nix.

566.

Und gaor ållwöng traurög
seyn,
Daos thuat koan Guat,
Muaß ar amål lustög seyn,
Måcht a frisch's Bluat.

567.

Da Guggu en Wåld,
Dea schreit ållweil Bua! Bua!
Schau bei dein' Diandl nåch,
Då gehts nit recht zu. —

568.

Dö Gambsei en Gwåndt
Håb'mt a spißögs Bartl,
Wånn dö Tragbåndta höb'mt,
Is's a lustögs G'fahrtl.

569.

Dö Gambsei fand wißög,
Dö sche'n Diandl hoch;
Sö fand boadö leicht z'kriag'n,
Wånn ma's ångeht danåch.

570.

Dö Gambsei fand g'schearzög
Und d' Hiaschei fand stolz,
Dös Diandl dös narösch,
Dös moanat i wolt's.

571.

En Stauff'n a Gambsei,
En Wåßmån an Håhn,
Auf da Reit-Alm a Sendenn
liab'm
Weigat mi ån.

572.

Wånn koan Sendenn nit wa
Und koan Alma-Hütt'n,
Wo müat denn da Wüldschiß
Um d' Hearberg bitt'n?

573.

Dö Kåß'n en Mörz'n
Und d' Sendena z'Alm,
Sö håbmt åll oan Krånkhat
Und brauch'nt oan Sålm.

574.

Dinn a da Glemm
Håb'mts an g'schelatö Henn,
Håbmts an traogat'n Håhn,
Haobb's nia faog'n gheescht
davon?

575.

Bin aus und aus gånga
Dös gånzö Tyrol,
Haot ma koanö so g'fåln,
Wia mein Schwåschzö woast
wol.

576.

En Zillaschthål dinn
Dao brinnt a weiß Liacht;
Gelt Diandl Du traust da
        schon,
Båll dö neambt siacht?

577.

Geih von Zillaschthål auffa
Bin a· leibfrischa Bua,
Hån a Trüchl vol Mentscha,
Bring's Luck neama zua.

578.

I kimm hea von Zillaschthål,
I kimm åll Jaohr amål,
Heunt war i wieda dao,
Rafft's mar eppas ao.

579.

Raffts mar a Wuchz'n ao
Odar an Ohl,
Dös is füs Beißat guat,
Beißt's wo da wöll.

580.

Bin a leibfrischa Bua,
'S oan Aug druck i zua;
I schau låd mit oan,
Sich deacht waos d' Leut thoan.

581.

Wånn i fuschtgeih auf d' Naocht,
Nimm i d' Joppm a d' Håndt,
Måch an Juhöza drauf,
Daß's låd höllascht ban Låndt.

582.

Zwisch'n finstar und fiagst nix
Geht da Weg auf Berghåm;
Wo is denn a aufrichtögs
Hearz no z'bafråg'n.

583.

I geh hea von Berghåm,
Hear nix läut'n, nix schlåg'n;
Hån nia g'scholt'n, nia beth',
Hån koan Diandl nia g'neth.

584.

D' Sålzar is a Wassal,
A Wassal dös fliaßt,
Is koan oanzögs schens Diandl,
Dös nit låcht wånn i's grüaß.

585.

Bei'n Hofwiarth z' St. Zen'
Is de Kellnarenn schen,
Und dö Köchenn is liab,
I mua schaun da i's kriag.

586.

Von Schnaißlreit e's Müllögg
Då fåhr i schen stad,
Weil sö dö kloan Kellnarenn
Går aso draht.

587.

Von Müllögg fåhr i weck,
Fåhr i hin auf dö Post;
Fråg i glei wås dö schwärz-
            augat
Kellnarenn kost'.

588.

Von Salzburg auf Ürſprung
Sand drei kloanö Stund,
Då håni mein' Schåtz vatauſcht
Füar an kloan' Hund.

589.

Und i bin hålt då hea,
Wo bö Zwanzga weant
          g'ſchlåg'n,
Drum kån i bein Teuſl
Nia Zwanzga gnua håbn.

590.

A g'ſcheckatö Påar Oxn,
A ſchneeweißö Kuah
Dö geit ma mein Våta,
Wånn i heurath'n thua.

591.

A neuaufbautö Häuſl
Mit Bretan vaſchlågn,
Hiaz kunnt i mein ålt'n Schåtz
A wieda håbn.

592.

J wia gånz dumm dumm,
          dumm,
D' Liab bringt mi um, um,
          um;
Und wånn i ſtiarb, ſtiarb, ſtiarb,
G'ſchiacht'ö åls wegen da
          Liab.

593.

'Ö Diandl auf da Ålm
Thuat an Juhſchroa an hålbm,
Den oan thuat da Bua,
Våll a hin kimmt dazua.

594.

J bin kloan, du biſt kloan,
Heurath' ma z'ſåmm,
Kriag i a kloanö Weibl
Und du an kloan' Mån.

595.

Då hint bin i füara,
Wo b' Sunn ſo ſchen ſcheint;
Mein Schåtz is ma liabör
Åtz åll meinö Freundt.

596.

Åll Leut' ſand ma feindt,
Und ſogår meinö Freundt,
Und i woaß'ö ſchon weg'n
          wåö,
Weil i'ö Diandl nit låß.

597.

Und eh i mein Schåtz valåß,
Eh låß i mein Haus,
Åſt is do en Leut'n
Ean G'ſchwatz amål aus.

598.

Geh du Schwårzaugatö,
Lå mar an Ruah,
Du biſt nit mein Diandl
Und i nit dein Bua.

599.

Du dårſſt ma nit trutz'n,
Nit pocha mit mia,
J koch ma mein Supp'm
Und hol ma mein Bia.

600.

Drey Unta, drey Oba,
Drey Feban auf'n Huat;
Sand ûnſa drey Brûaba,
Thuat koanar a guat.

601.

Und wånnſt mi nit mågſt
Und ſo dårfſt as trûb ſåg'n,
Aſt wear i glei wiedar
An ånban Schåtz håb'n.

602.

J hån amål an Schåtz
g'håbt,
Kån'n nit vageſſ'n;
J denk ållômål drån,
Wånn ma b' Supp'm eſſ'n.

603.

Dô ålt Liab dô roſt' nit,
Js ållweil dô bôſt;
Dô noi Liab dô wågg'lt,
Steht ſelt'n recht ſôſt.

604.

Mein Schåtz is a Jaga,
A luſtôga Bua;
Und i bin ſein Diandl,
Taug netta bazuå.

605.

Håt mi nix aſo g'freut,
Atz mein Pulvar und Bley,
Und mein Pulvahörndl,
und mein ſaubas Dianei.

606.

G'freut mi nix atz oan Ding,
Da i lôbôg no bin;
Hån an Schåtz a da Stûl,
Kån i liab'm wånn i wûl.

607.

Znagſt hån i mein Häuſl
Mit Lôzelt'n bôckt,
Hiaz kemmant dô Diandl
Und freſz'nt ma's wôck.

608.

Hålb und hålb megſt mi ſchon,
Hålb und hålb nit;
Hålb und hålb maog i nit,
Liaba gao nit.

609.

J hån nix atz a Häuſl
Und a g'ſcheckatô Kuah,
Und a Spinnradl und a Bött=
ſtatl
Und a Böttl bazua.

610.

J woaß a ſchen's Glöggl,
Dôs haot an ſchen' Klång,
Und i woaß a ſchen's Diandl,
Dô haot an ſchen' Gång.

611.

Hån ållwông Guraſchô,
Drey Feban aufg'ſtôckt,
Und en Naſſ'n dao haot mi
No koana baſchrôckt.

612.

As is jå niҳ ſchenas hiaҙ
Aß a Soldåt;
An Hearn mua ma'n nenna,
Wånn a glei koan Geldt håt.

613.

Bin a luſtöga Bua,
I hån's Fedal von Håhn,
Und a Büſchl von Diandl,
Dös ſieht ma guat ån.

614.

Stigliҳ und Båchſtelz'n
Siҳ'nt ån Dåmm;
Schenö Buabm, ſchenö Diandl,
Dö ſiҳ'nt gean z'ſåmm.

615.

Znagſt bin i beyn Diandl
gwe'en
Und håns recht böträcht',
Åſt håt's låd vorunta g'ſchaut,
Håt a wenk g'låcht.

616.

Dös Diandl dös mecht i,
Dös håt i recht gean,
As håt a Paår Augei,
Aß wiar a Påå Stean.

617.

Schen ſtab en iaḥr Bött
Hån i mi mein Diandl g'lögt;
Håt nit g'ſchmuҳt, håt nit
g'låcht,
Wia's håt geḥt ba da Råcht.

618.

Dö Gambs auf da Wåndt
Håbmt an g'faḥlach'n Ståndt,
Aß wia döſelln Mentſcha,
Dö meaḥ Buabm håmbt.

619.

Wånn i's Diandl amål hån
Und en Weg amål g'wohn,
Und 's Haus amål woaß,
Åſt is 's Hingehn a G'ſpoaß.

620.

'S Diandl is ſchen,
Kån koan' Reif übaſteḥn;
Wånn a g'ſcheidt bleibt da
Bua,
Kimmt koan Reif nit daҙua.

621.

I mecht iaḥ nit Feindt ſeyn
Den Stuҳei den kloan,
Weil's ållömål woant,
Wånn i ſåg, i muaß hoam.

622.

Und dö Seit'n außö
Send d' Mentſchar åll mein,
Dö van Seit'n einha
Wiaſchts wol ar aſo ſeyn.

623.

Z'wö ſolt ma nit luſtög ſeyn
En ünſan Taog'n,
Koan Weib und koan Kindt
Und ſinſt a koanö Plaog'n.

624.

En Mentschan ean Schmiß
Woa i nett wiar a is:
Z'eascht thoants amål zeoch,
Afa z'löht låſſnts naoch.

625.

Dö Mentscha ſend netta
Aß wia z' Alm dö Kuah,
Wånnſt as lockſt und nicht
geiſt,
Gehnt ſö traurög va Dia.

626.

Wås is's denn um d' Mentſcha-
ſchneidt,
Ei is ohnö Weaſcht,
Is a naröſchö Kinnafreudt,
Dö nit lång g'weaſcht.

627.

Diandl wånnſt mi wülſt liabm;
Muaßt ma treu bleibm,
Und döß übarög Schmeichln,
Dås måg i nit leid'n.

628.

Wea ſchenö Mentſcha wül
ſeich'n,
Mua as Pinzgar auf gehn;
Kånſt auf'n Kropf aufföſteig'n,
Sigſt 'n Taog åft aufgehn.

629.

Thua nit aſo ſinga,
Thua nit aſo ſchrein,
Wånn mein Hoſnſaock greßa wa,
Schub i di ein.

630.

Und hålb Zin und hålb Blep,
Und hålb liab i dö treu,
Und hålb liab i dö fålſch,
Und i ſaog da's nit ålß.

631.

Diandl wånn's dö nit g'freut,
I thua dö nit peinöng,
Du haoſt dein frein Müln
Und i a den meinöng.

632.

Und 's Diandl trußt d' Buab'm
Und ſaogg: geibbs mar an Fried,
Ös haobbs ma mein Kranzei
g'ſtohl'n,
Schamt's enk denn nit?

633.

Diandl, megſt mi gean ſtimma,
Amål haoſt as ſchon thån,
I wül nicht meah wiſſ'n,
I beiß neamar ån.

634.

Diandl dein Stolß,
Und dein håchg'zeichna Muath
Wiaſcht dar ar amål z'gehn,
Aß wia's Schmålß ba da
Gluath.

635.

's Diandl ſaogg: lög dö zuaha,
Mein Bött is nit broad,
Wånnſt mar åhö ſål'n thatſt,
Um dein Leib'm wa ma load.

15*

636.

Zwoa schneeweißö Täubei
Fliag'nt ållweil hecha,
Hiaz hån i mein' Diandl
Jahr Fålschheit g'secha.

637.

's Wegl is weit,
Bua, wånnst's gehst, bist nit
    gscheidt;
Håt's nit g'moant auf dein'
    Liab,
Daß's di gå so weit triag.

638.

Wås wûl i benn singa,
Und wånn i nix kån,
A Stub'm volla Kinda,
An b'suffana Mån.

639.

Bin a lustöga Bua,
Und kriag Diandl kåd gnua,
Då håt's ma nia g'fehlt,
Na kåd ållweil en Geldt.

640.

Diandl geih hea za mia,
Låß a wenk röd'n mit dia;
Bist ma leicht untreu wårn,
Håltst mi fü'n Nårn?

641.

I geih auffö auf d' Ålm,
Und hån d' Sendenn hoam-
    g'suacht,
Und dö saggarösch Hütt'n
Hån i oft schon vasluacht. —

642.

Geh b' Sendenn aufwödn,
Si laßt mi einhö zan iah,
Bleib en Fenstakreuz stedn,
Kimm nit hin und nit fûa.

643.

Kraxl auffö zan Dianol,
Kån mi neama dahöb'n
Und bin ståt ban Diandl,
A da Mistlådn g'leg'n.

644.

Geh i auffö auf bö Berg,
Steig i åha e's Thål,
A Diandl, wiast du bist,
Kriag i går übaråll.

645.

Und hin üba d' Ålm
Und hear üba d' Schneidt,
Bei mein' Diandl lieg i nit,
Wånn's mi nit g'freut.

646.

Hiaz håt ar oans g'sunga
Dö spånnlångö Wuschz;
Wånn ar aofspringa that,
Waa's zan ånknüpf'n z'kuschz.

647.

Auf's Gaßl bin i gånga
Drey gånzö Woch'n,
Dö löstn droi Tag
Send ma b' Holzschuach broch'n.

648.

Hiaz haot ar oans g'sunga,
Dös thuat mi håss'n,
Wånn ar a Geldt en Saod hiat,
Kunnt a's måch'n låss'n.

649.

’s Haus reiß i nieda,
Dö Kuah ſchlaog i ao,
’s Menſch gieb i wieda,
Mit’n Geldt måch i’s gao.

650.

Dö förabreiß’g tauf’nd Guld’n
Dö ſolt da Toiſl hol’n,
Und bös Menſch a dazua,
Aſt war a Ruah.

651.

Doſcht ob’m auf da Hech
Is a Brändtweinhäuſl,
Haot an iadar a Schneidt,
Und i ar a Greiſl.

652.

Wånn i aufs Gaßl geh,
Geh i aufs Gäu;
Geh i zon Klotara,
Send eana drey.

653.

Die eaſcht is voll Geldtſucht,
Dö zweytö voll Mülch,
Dö drittö bö måg i nit,
Weils aſo ſchülcht.

654.

Friſchö Buabm send mar
E den Krimmla Graobn,
A Greiſl a Schneid
Mua an iaba Bua haobn.

655.

Geih auffö auf b’ Hech
Und ſchaug åhar aufs Ländt,
Aſt ſiach i mein Diandl
En Feyaſchtåg-Gwåndt.

656.

Aus den ſålzönga Grabn
Thuats recht auffaſtab’n;
Hiaz bear i gen auf,
Allweil åhö z’glabn.

657.

Hinta mia, voda mia,
Krahzt ållweil a Håhn;
Mia war jå vül liabar,
Ea påckat mi ån.

658.

Bua ſchon a friſcha,
Huck auffö auf’n Heaſchö,
Thua rangg’ln und raff’n,
Wånns oana bögeaſcht.

659.

Mein Schaoz is nit dao,
Is en Emperg ent’n,
Haot förabreißg Kröpf,
Haot da kleanöſt an Zent’n.

660.

En Zillaſchthåla Zell
Is a Bua vahåndt’n,
Und is ånnaſchthålbm Stundt
Ban oan’ Fenſta g’ſtåndt’n.

661.

Ånnaſchthålbm Stundt
Haot no nit klöckt,
Und ’s drittö Mål ſchåff’n,
Is a no nit aweck.

662.

’s Diandl håt gſågt,
I ſol auffö ſteig’n;
War åba vül g’ſcheida,
That unt’n bleib’n.

663.

Hinta mein Våtan Haus
Klopf'nt zwoa Håban aus,
G'wesn sånd's Badlleut',
Zuag'schlågn håbmts g'scheidt.

664.

Hinta mein Våtan Haus
Is a Kåpelln,
Wånn's amål Kirchtåg wa,
Låutat mein Schelln.

665.

Hiaz håt ar oans g'sunga,
Håt g'moant, as is ra,
Håt en Reischpl en Håls
Und en Heardbesn a.

666.

Hiaz håt ar oans g'sunga
Dea Scharnschleifa;
Dea nåch seina singt,
Is a Hennagreifa.

667.

Hiaz hunt oans g'sunga,
Hiat's båll vagessn,
Hiaz håbmt so en Pinzga
An Buga*) g'fressn.

668.

Schau, wia da Bua singt,
Da eam 's Roß åha rinnt;
Wånn i's ah so schen kunnt,
Daß's mar ah åha runn!

669.

's Diandl håt g'fågt,
Bey mia wa's a G'frött.
I hån zan Kochessn,
Håndtleng ång'lögt.

670.

Hiaz håt ar oans g'sunga,
Hån's nit vanumma,
Håt a Stimm und a Weis
Wiar a Rumpl-Kåmma.

671.

Mein Diandl håt g'fågt,
Und i solt's na frisch wåg'n,
Und solt i mein Köpfl
En an Tüachl hoamtråg'n.

672.

Mein Diandl hoaßt Dillal,
Mia hudn auf an Zillal,
Sitz i neb'm iahra hi
Und ruaban laßts mi.

673.

Hiaz haot ar oans g'sunga,
Haots gao nit enttraut,
Weil a's Maul auf haot thån,
Haot da Gugg außa g'schaut.

674.

Lustög mia Buabm,
Mia Gearlaßa-Nårn,
Mia brauchn koan Peichöhl,
Geiht sinst gean da Kårn.

---

*) Ein todtes Pferd.

675.

Du singst ållwöng 's åltö
Und gao nia koan neis,
Du kimmst nia nett fü
Wiar a Kuahbuttn Håls.

676.

Hiaz haot ar oans g'sunga,
Wa båll steck'n blieb'm,
Wånn i an Kuahschwånz hiat
     g'haobb,
Hiat i eams nåchö trieb'm.

677.

's Diandl is schen,
Ban an iad'n bleibt's steh'n,
Wånns a Schindtalnecht wa,
Und so liabats'n a.

678.

Du tauf'nd schens Diandl,
Du thatst ma g'fåln,
J liaß di auf b' Häusl-Labm
Glei auffö måln. —

679.

Dö schenöst'n Mentscha
Sand untar oan Loch,
Sö brauchnt koan Sålz,
Sö gehnt sinst schon gean nåch.

680.

J hån g'heurath und g'haust,
Hån a Weib, dås mi graust,
Hån si viazöh'n Tåg g'håbt,
Hån si bloit und vajågt.

681.

Bua bin i a frischa,
Kimm hear vun Merun,
Zan G'fangar singa
Måg mar gå koanar un.

682.

Hin übas Pinzga,
Dao baut ma dö Ruab'm;
Durch's gånzö Låndt auf und å
Fürcht' i koan Buabm.

683.

Unta mein Huat
Stöckt ållwöng a Bluat,
Js gao koana bao,
Dea ma's außa dathuat.

684.

Mit an söllan Buabm singa,
Dös thua i nimma,
Håt a Kerbl auf'n Buggl
Und a Hennasud binna.

685.

Doscht ob'm auf da Hech
Js a Gåns auf'n Eis,
Und da kolschwåschzö Hansl
Wiascht a neama weiß.

686.

Da Summar is umma,
Da Winta dåda;
Got lohn da's no z'tauf'nd-
       mål
Summa-Måhda.

687.

Dahoam hintan Ofn
Is a Maus umkroch'n,
Haot si b' Axl ausleit
Und en Schwoaf aobroch'n.

688.

En Summa is's schen,
Wånn dö Bleaml åll blüahn,
Is da Goaßa ban Goaß'n,
Dö Sendenn ban Küahn.

689.

Da Schüldthåhn en Wåld
Haot an Schwoaf an krump'n,
Hiaz fångt ma mein Diandl
         ån,
Ummßa z' lump'n.

690.

Und lustög, gödulbög,
Bin ålln Leut'n schulbög,
Kaod sauff'n und pråhln
Und koan' Kreuza nit zåhln.

691.

Schau, schau, wia's regna
         thuat,
Schau, schau, wia's goißt;
Du braugst jå nit z'röb'n mit
         mia,
Wånns di vabroißt.

692.

Den Buabm, den mecht i nia,
Wa ma z'wenk runbt,
Ea håt laothögö Knia,
Da ma Ruabm ånbaun kunnt.

693.

Bin a lustöga Bua
Und Gelbt hån i kåd gnua,
Geißt ma koan Diandl zua,
Weil i gigaß'n thua.

694.

Und hiaz wear i hålt gen
A gigaßatö kriag'n,
Åft wiascht oans z'såmmgigaßt,
Da d' Haor umma fliag'n.

695.

Und wo i geh', stolpar i,
D' Weg sand so holpari,
Kamm fång i 's Gehn oft ån,
Stolpari schon.

696.

Zan Mentschan a Liab —
Hån i gao koan Greisl,
Bin schon vül liabar
En Brånbtweinhåusl.

697.

Auf bar Alma geit's Kålma,
Weißkreuzatö Küah;
Und wia schenar aß b' Sendenn,
Wia liabar is's mia.

698.

Und wånn i ah schwåschz bin,
Is's weitar oan Ding;
As wiascho auf an schwåschz-
         Kerschbamm.
Ar auffö g'stieg'n.

699.

Und ban üns dahoamt
Und då is's schon aso,
Håt an iada Zaunsteck'n
Sein extaras Loh. —

700.

Und ob'm auf dar Ålm
Håt dar Ålma-Stia g'reart,
Und i håns za mein Diandl
Es Bött einö g'heart.

701.

Wånn da Fruahleng schen
greant,
Is's a Freud auf da Welt,
Wånn a frischa Bua tånzt,
Kriagnt dö Spülleut a Geldt.

702.

Hiaz haot oana g'sunga
A frischa Spreitza,
Haot dö Spülleut auszåhlt
Mit an Kupfa-Kreutza.

703.

Fü's Geldt hån i Lab,
Und fü b' Schneid hån i Stab;
Und fü's Lustögsein g'frårn,
Geit schon meah sölla Nårn.

704.

A wenk haggln und schnaggln,
Und G'sangl singa;
Und a bißl ban Diandl lieg'n
Soltst' a no künna.

705.

'S Diandl håt gsågt,
J solt kemma auf b' Nåcht,
Si håt 's Böttl aufbött'
Und håt 's Thüarl auf'gmåcht.

706.

Dein' Diandl iahrö Röb'n
Send selt'n vül weascht,
Zoicht da 's Reml durch's
Maul,
Måcht da's hola wia feascht.

707.

Wånn ma's Geldt amål aus-
geiht,
Geihts meah Buabmanr dång;
Wånn ma b' Schneid amål
z'rinnt,
Steiht b' Welt a neama lång.

708.

Heunt is oana bao,
Saogg: haot Geldt en Beutl;
Hån g'fraogg, wear ar is,
Saognt: da Flatscha Veitl.

709.

Steigst überål auffö,
Haost ninnascht a Schneibt;
Maogst unt' zuahö steh'n,
Wo bö Tranggenn inn leit!

710.

Du hea mar auf z'singa,
Du långa Gägg'n,
Mit bia that i schmeiß'n
Und Finga-hågg'n!

711.

Zon G'sanga singa
Maogst mi nit dahubln,
Und wånn's da nit kreicht is,
Maogst mi außö subln.

712.

Hiaz hear i auf z'singa,
Trau mi neama z'rúahrn,
Is da Schermbår hiaz dao,
Mecht an Aost davon sliag'n.

713.

Und G'sangl singa
That i hiaz auf's Roijaoh,
Hiat laob a zwo hunnascht
En Hof'n=Saock dao.

714.

Wånn i koan Mensch kriag,
Geih i úban Tauan,
So schwåschzbraunö Mentscha
Håb'mts gnuag bö Bauan.

715.

Um an Kreuzar an Meß'n
Und a Schaufl vol drauf,
Is a guatö Maßarei
Und a wolflana Kauf.

716.

En Obalåndt obm
Dao is's Håhnseyn vadåmmt,
Sö reiß'nt ean b' Jedan aus,
Eih daß's oan' håmbt.

717,

Entas Båch ent,
Is a Wiaschtshäusl ent,
Is a Kellnaren dinn,
Leit mar ålwöng en Sinn.

718.

As steiht en mein' Bethbúachl
Ar aso dinn,
Wånn si umha nit geiht,
Da i úbachö kimm.

719.

Entas Båch ent
Send bö Mentscha schwånga,
Send bö Buabm nit Schuld,
Send sö umha gånga.

720.

Und da bö Buabm Schuld
send,
Dös is jå nit waoh,
Geih, schiab mar waos ein
Saock,
Wånn ih'n zuahaob.

721.

Waos múat denn åft oana
Mit an ålt'n Weib thoan;
Sobåll oanar auffösteigt,
Kråch'nt bö Boan.

722.

Und båll oanar åha'stelgt,
Is schon åls ao,
Åft leit hålt da saggarösch
Boanhauffn dao.

723.

Bin auffa von Steya,
Hån auf an grean' Huat,
Und a Kuchl=Mensch liab'm,
Is fü's Såtbrenna guat.

724.

Hiaz håt oana g'sunga,
Glei just zan an G'spaß,
Und heunt war oana då,
Dea dö G'sangl weckfraß.

725.

Is bös dasell Bua,
Dea sö går aso zimmt,
Dea sämmt seinö Thåla
Koan Diandl bökimmt?

726.

D' Mentscha hån i ålsånt gean,
Bis auf a zwo,
Dö send sovl laob,
Asa liab'm solt ih's doh.

727.

Dö Toifl's Leut håmbt ma
Mein Mensch außödraht,
Mecht nit so schiach thoan,
Asa drån denk' i stad.

728.

Dö Toifls Leut, Toifls Leut,
Håmbt ma mein Drahbånt
z'leit,
Und dazua 's Spindl trümpp,
Hiaz hån ih's G'lümpp.

729.

D' Sendenn kocht Nock'n
Von Kas und von Topfn,
Si måcht's so schen går,
Wia si selba schiagår.

730.

D' Leut thoant mar ållwöng
Mein Diandl aoröd'n,
Si solt koan' so schwåschz'n
Zigeuna nit mögn.

731.

Göstan droi Woch'n
Håb'm mar en Toifl aog'stoch'n,
Und heunt viaschzöch'n Taog
Eß ma's Fleisch, wear oans
maog.

732.

Dös Diandl maog i nit,
Weil's ban an iab'n Buabm
steiht,
Wa nett recht zan a Thårsaul,
Wo da Gångsteig durchgeiht.

733.

Doscht obm auf da Hech
Waxt a Thånn und a Tax
Und doscht is dös sell Öschtl,
Wo's Eifagråß waxt.

734.

's Diandl is mein,
Asa mein alloan nit,
Und wånns mein alloan wa,
War i hoaggl damit.

735.

Auf da boarösch'n Mauth,
Auf da Tyrolla = Wåcht;
I bin ma nit g'scheidt gnuag,
Gieb du a wenl Åcht. —

736.

Mia fend leibfrifchö Buabm,
Mia fend nett' aß wia b'
Flech,
Båll fchlaof ma, båll kriach ma,
Båll hupf mar auf b' Hech.

737.

's Diandl håt gfågt,
J fol 's Bergl ånfteign,
Si måcht fih nix braus,
Und i wa nit brum z'neidn.

738.

's Diandl is Jungkfrau
Und i bin iahr Bua,
Si håt a fchens Jungkfraufeyn,
Weil i nix thua.

739.

Mein Schaoß is a Müllnar,
Ea måcht a fchens Mehl,
Ea haot fpånnlångö Fingar,
Is Schaod um fein Seel.

740.

's Diandl håt's g'neift,
Da mi da Raznbårt beißt,
So weit håt fie's brächt,
Da ih's bartl auf b' Nächt.

741.

Ba da Hech håt's an Schnee
Und ban Lånd håt's an Reif,
Mein Henn lögt koan Da,
Weil ih's fo felt'n greif.

742.

Bingglmenfch, Backlmenfch!
Bleib na nit ftehn,
Aß fchaut di gwiß koanar ån,
Mågft wieda gehn.

743.

's Diandl fingt: „Thuat ma
nicht" —
Obm auf ba Stiagn,
Und hiaz haot's iahrn „Thuat
ma nicht"
Dinn a ba Wiagn.

344.

's Diandl haot g'faogg,
J folt kemma bö Taog,
Und finft wiafcht's bö gånz
Woch'
Neama guat vo ba Plaog.

745.

Auf bar Ålm is's recht luftög,
Thoant's taf'n und ruahn;
Und dahoamt müaffnt's dengln,
Daß's ar a Schneid kriag'n.

746.

Ba ba Hech gehnt bö Gambs
Und ban Låndt gehnt bö
Gåns,
Und wia fchena bö Diandl
Wia bötöga fend's.

747.

's Diandl leit kränt
Auf ba Bruabafchåft-Bånk,
Seht ba Baoba bazua,
War iahr liaba ba Bua.

748.

's Diandl haot g'saogg:
Bift a Når a muada,
Thuaſt ma nia dös ſell Ding
Und ſinſt gaor an iada.

749.

Auf'n Weig, den i ållwöng geih,
Waxt niar a Graos,
Dös Diandl, dös i håſcht
    bölimm,
G'freut mi vül baoß.

750.

Wånn 's Diandl nit huſög is,
Is en Buabm z' thoan,
Daß a 's Loatal weidträgt
Und geiht ohnö Schneid hoam.

751.

Enta's Berg ent'n
Stehnt d' Häuſl en Graobm;
Doſcht håmbt's dö ſchen'
    Mentſcha,
Hearent ſolt ma's haob'm!

752.

Wea håch auffö ſteigt,
Mua⸳ weit åha ſchroat'n;
Wea heunt koan Schneid haot,
Muaß auf moröng ſchon boat'n.

753.

Wånn b' Mentſcha zan Tånz
    gehnt,
Aſt håb'mt ſö's ban ean,
Aß wia's Sunnawendt-Käfal
Sein Zittal dös grean.

754.

J hån a ſchens Mühlei,
Kån dechta nit måln;
Hån an Goltar aufg'ſchütt',
Send ma b' Flech åha g'fåln.

755.

Mein Baoba ſchneid't biabam-
Und buxbama Lab'n,
Aſt kriagn mar auf'n Höröſt
An Tånzbod'n an ra'n.

756.

J ſteig da nit auffö
Den håchn Büchl,
Haoſt koan Holz ba da Wåndt
Und koan Mehl en Trüchl.

757.

J hee' hiaz oan' ſinga,
Dea ſingt auf da Hech,
Haot 'n Buggl vol Läus
Und 'n Bauch volla Flech.

758.

J hee' di ſchon ſinga,
Du ſingſt aus da Weis,
Und as wa wol koan Wunna,
As fraß'nt dö b' Läus.

759.

J hee' hiaz oan' ſinga,
Haot b' Finga vol Ring,
Is daneibm volla Kröß'n,
Wia b'ſunna dös Ding!

760.

J hee' hiaz oan' ſinga,
Ea ſingt tåb aus Truß,
Und a ſöllana Spißbua
Is ſelt'n waos nuß.

761.

Und i bleib da nit hint',
Und i geih da nit fü;
Wännst dös no amål faogst,
Ast leist außt då da Thů.

762.

Und bö Gambsl en Gwåndt,
Und b' Fischl en Baoch;
Und wånnst, Bua, a Schneid
　　haost,
So kimmst a wenk naoch. —

763.

Send ünsar åcht Brůaba,
Send lauta kloan Buabm,
Und ummascheib'm låß mar
Üns decht nit wia b' Ruab'm.

764.

Und b' Mentschar um b' Staobt,
Und bö håbmt an schen' Brauch,
Sö geibmt's åll wolta håch,
Håbmt koan Pfoab auf'n Bauch.

765.

J geh auffö auf b' Ålm,
Schiaß a Gambs und a Wüld,
Und Buabm, wånns a Schneid
　　håbts,
Gehts ar amål mit.

766.

Und i hear iaz vå Siaznhåm
　　Umma läut'n,
's Diandl håt an Schmaroza-
　　Buabm
Auf da Seit'n.

767.

Und so gwiß nia koan Bur-
　　bamm
Koanö Öpfl nia kriagt,
Und so gwiß hån i no koan'
　　Buabm
Aufrichtög g'liabt.

768.

Schenö Ros'n, schenö Bloama,
Schens Diandl, wås thoama?
Mitanånd gehn ma hoam,
Woaß koan Mensch, wås ma
　　thoan.

769.

Und 's Siaznhåmar Dörfl
Is ållweil mein Freud,
Wiardt koan Klaostafrau züg'lt,
Und koan Bua ohnö Schneid.

770.

D' Sendarenn auf dar Ålm
Håt mi bitt um den hålb'n;
Du naröschö Lappenn!
Du kriagst'n schon åln.

771.

Und wia hecha dås Birg,
Und wia frischa bö Gambs;
Und wia schena dö Diandl,
Wia spöttöga hanb's.

772.

Lustög seyn därf ma schon
Und a wenk frisch,
Wånn ma den nit vageß'nt,
Dear obar üns is.

773.

Mein' Båtan sein Häusl
Is hint' auffö bruggt;
Ea moant, as geht fürhö,
Geht ållöweil z'rugg.

774.

Mein Diandl båt schwårzö
Augn,
Guat stehnt's iahr ån;
Wänn i Schwårzleasch'n siach,
Denk i ållömål drån.

775.

Und bö Henn und da Hähn
Schaunt sö gå sö gean ån;
Und då kimmt da Kåpaun
dazua,
Låßt ean koan Ruah.

776.

Und bö Henn und da Hähn
Schaunt sö ållöweil ån,
Und åst kimmt da Kåpaun
Und låßt's neama z'såmm
schaun.

777.

Diandl håst g'heart,
Is 's da nit da Müah wearth,
Daß'd zan Büabei aufstehst,
Und zan Fensta heagehst?

778.

Gelbt triagnt sö koans
Dö schen' Nåchban-Techta,
Kråb an iabö a Wiagn
Und an Jadl-Söchta.

779.

Und bö Lächta von Nåchban
Hån g'moant, si is g'frå'n;
Wia da Guggu håt g'schrien,
Åst is 's aufentleint wå'n.

780.

Und 's Diandl haot a Ding,
Is nit schwar, is nit kring;
Und zan Buabm niedahaob'm
Kunnt's nicht raras nit haob'm.

781.

Und da Dåx sitzt en Loch
Und håt broatö Füaßl,
Und a Biß aß wiar a Hundt,
Und an Jåckn-Rüaßl.

782.

Håch obmat en Moaß
Is da Bock ba da Goaß,
Und da Stia ba da Kuah,
Då gehts ålmarösch zua.

783.

Und bö Stümpf send von
Englhårdt,
Und b' Schuach send von
Steiamark,
Und i lögat's gean ån,
Koanö Sohln hån i drån.

784.

Und bö Untasberg Mandl
Dö gråpplnt hålt gean,
Sö sand ållö kreuzlustög,
Mecht a wol oans wean.

785.

Und dö Untasberg Mändl
Dö häni en Mâg'n,
Wänn's bußatgweis kammant,
Nahm ih's âllö ban Krâg'n.

786.

Schen is a nit da Bua,
Liab is ar âba gnua,
Wänn ma 's Glück a went
häm,
Kemma doh schon noh z'fämm.

787.

Und da Keaschbamm blüaht
weiß,
Und dar Öpflbamm râth;
Weign oan' Diandl leid' i
Aft dennafcht koan Râth.

788.

Da Keaschbamm blüaht weiß,
's Mentscha = Liab'm braucht
an Fleiß,
Auffchaun braucht's dol,
Aja luftög wa's wol.

789.

Sand ünfa droi Brüada,
Droi folt ma no häb'n;
Aft liaß mar ûns 's Geldt
As Wiarthshaus nâchfäh'n.

790.

Mein Vâta bea Spreiza,
Dea faufat mi ân,
Sägt âllweil, ea gab üba,
Hât felbm niz meah drân.

791.

Sand ünfa droi Brüada,
Häbm 's Geldt âlls vathân,
Da Vâta gab üba,
Mâg koana meah drân.

792.

Sand ünfa droi Brüada,
Is koana nit fchen,
Wänns schon a zwen nieda=
schlägnt,
Dana bleibt schon no stehn.

793.

Niz aß tänz'n und finga,
's Geldt luftög vabringa,
Bey âllö Tanzl dabei,
Wia ma's mäch'n âllwei.

794.

Hiaz liab i a Diandl,
Is mudl fauba,
Und as hât ma's mein Vâta
Von Birg gâr außa.

795.

Krâd zwifch'n dö Acka
Häbmt d' Hiafchn ean' Gäng;
Und wia wiardt ma dö Zeit,
Um mein Diandl fo lâng.

796.

Und d' Leut dö thoant faog'n,
I folt mein Diandl zwaog'n;
Waos geiht's dö Leut ân,
Da i a fchwâfchz Diandl hân?

797.

's Diandl is sauba,
Hiaz mecht's gean an Tauba,
Und i wissat iahr oan',
Recht an sauban, an kloan'.

798.

's Diandl is sauba,
Hiaz mecht's hålt an Tauba,
I wissat iahr zwen,
War an iada recht schen.

799.

Båll fåhr i en Åda,
Båll fåhr i en Roan;
Båll liab i a Diandl,
Båll bin i alloan.

800.

's Diandl a da Nåchbaschåft
Håt mi daschröckt,
Als håt's tråd da Soldåt
Mit'n Måntl zuadöckt.

801.

Und unsa Hea Nåchba,
Da Höf nbindta,
Ea hiat a gean a Mensch,
Is eam z'tålt en Winta.

802.

Und unsa Hea Pfåra
Mecht ålwei spinna,
Und hiaz låßt eam dö Röchen
Koan Werch gå nimma.

803.

Und unsa Hea Nåchba
Håt b' Sauschneiba gean,
Und hiaz låßt ear an Wiba
schnein,
Und an Saubean.

804.

Doscht ob'm en Wåld
Steiht a Jagahäusl,
I geih hintar und fü
Scheuch mi gao koan Greisl.

805.

Mein Schåtz is a Mülna,
Thuat Woatzleandl måln,
So oft aß ih'n ånschau,
So thuat a ma g'fåln.

806.

Daß' s Mentscha-Liab'm Sündt
wa,
Dös fial ma niar ein;
Got selbm hact's daschåff'n,
Wia kunnt denn dös seyn!

807.

Und 's Diandl is sauba,
Bå Fuaß auf is 's schen,
Und sö håt tråd oan' Fahla,
Liabt ålweil a zwen.

808.

Koan Haus und koan Feldt,
Und koan Diandl und koan
Geldt;
Und a söllana Bua
Solt nit seyn auf da Welt.

16

809.

Dar Danfiedl en Berg
Håt fo naröfch vahaut,
Håt en Pfåra fein Köchenn
Für a Klauf'n· ång'fchaut. —

810.

'ß Diandl is fchen,
Afa Buabm liabt's zwen,
Oft a för a fieb'm g'wiß,
Weil's a Frei-Reafchbamm is.

811.

Wånn Sunn und Mån unta=
geht,
Koan Stean en Himml fteht,
Und 'ß Wåffar aufweats rinnt,
Liab i bi g'fchwindt.

812.

Und bö Gambs auf da Hech
Sand haoch ob'm auf'n Spiß,
Und wånn's Diandl a Gambs=
bock wa,
Wur i a Schiß.

813.

Ba da Hech waxt da Raut'n,
En Baman bö Blüah;
Dö Diandl e's Heafchz wåx'n
Låß' mar üns nia.

814.

Bua, wånnft du fpea wülft
feyn
Mit deina Schneidt,
Draß iß'n Måntl gögn 'ß
Weta,
Und thuar a wia's mi g'freut.

815.

Muaß 's Diandl valåff'n,
Is a nit mein Freud,
Weg'n an Leut'n ean' Ploba=
werch
Und weg'n an Reid.

816.

Dös feig fich i wol,
Da du mein nit maogft wean,
Afa 's Heuröthn fich i
Hålt dennafcht nit gean.

817.

Und oan Diandl toan Diandl,
Is mar oan Ding;
Hån a Heaz aß' wiar a Vögel,
Drum leb i fo kring.

818.

Dö Gambfei håmbt Krikei,
Dö Hiafch'n håmbt G'fchtemm,
Und guat lieg'n is fchon denna
Ban Mentfchan, ban fchen.

819.

A fchiags Diandl liab'm
That ma 's Heaz vaftålt'n,
Und afo muaß a frifcha Bua
D' Schneidt dahålt'n.

820.

'ß Gambfl en Weiffnftoan,
's Hiafchl en Wåldt;
'ß Diandl faogt fö wolt ånnafcht
thoan,
Wånn i's na kålt.

821.

Dianbl, feys en Gotsnåm,
Und fo heurethma z'fåmm;
Wås ma neula håbm trieb'n,
Bleibt afo nit vafchwing'n.

822.

Und b' Leut bö thoant hinbån-
röb'n,
Ållwöng fchen kloan,
Und wånn 's Dianbl heazua-
faogg,
Wiafchb fö's wol thoan.

823.

D' Schneibt mua i bet'ln,
Und 's Gelbt mua i fpao'n,
Und a Dianbl, bös mi g'freut,
Mua i benna fchon håob'n.

824.

Bůl roat'n und ftubian
Steht nit g'fchrieb'm auf mein
Hian;
Loos nit auf auf oan Dianbl,
Wear an ånbarö kriagn.

825.

's Dianbl håt g'fågt,
Und i folt iahr treu bleib'm,
Solt nit fpůln, folt nit fcheib'm,
Solt nit Nårabei treib'm.

826.

Und bu tauf'nb fchens Dianbl,
Håb koan' Bizl auf mi;
Hån an ånbarö g'liabt,
Hån nit aufbenkt auf bi.

827.

Bua bin i a frifcha,
Hån a Heaz aß wiar a Stoan,
Wånn i leutfcheuhög wa,
Trauat i ma nix z' thoan.

828.

's Dianbl håt mi g'frågt,
Wo i 's Rangg'ln nit kån,
Und nan nan håni g'fågt,
Hån's mein Lebtåg nia thån.

829.

Is koan Båmm ohnö Lab,
Is koan Mühl ohnö Stab,
Is koan Berg ohnö Stoan,
I bleib a nit alloan.

830.

Zeafcht kimmt ba Bauan-Bua,
Åft'n ba Böck;
Båll ba Knåppmbua kimmt,
Muaff'nt ållboabö wöck.

831.

Båll mein Schåz eifan thuat,
Tånz i, baß teufl'n thuat;
Nan mein Schåz, nan mein
Kind,
Eifan muaft nit fo g'fchwind.

832.

Dauft auf bar Au
Wårnt b' Eifa-Böö råth;
Und 's Dianbl a ba Nåchba-
fchåft
Eifafcht fö z' tåbt.

16*

Hån a pfirzgårösch' Mensch
Und a duustögö Schneid;
As wa sinst schön åls recht,
Just ba Welg is ma z'weit.

834.

Mein Diandl håt g'heuråth',
Frei 's Heaz thuat ma weh;
J wolt viarzöh Tåg fåstn',
Wånns wa no wiar eh'.

835.

's Diandl håt g'heuröth',
Hiaz is dö Freudt gao;
G'weascht a hålba Taog långar,
Aß ameascht a gånz Jaoh'.

836.

J bin jå nit z' neib'n
Um's Hausbråd aoschneib'n,
Is a llumpmhåschts Bråd,
That eam 's einwoad'n Råth.

837.

Du tauf'nd schens Diandl,
Hiaz scheint b' Sunn en
        Gåscht'n;
Wo bö Hausliab regiascht;
Mua a Frempa wåscht'n.

838.

Hiaz schid i mein' Tauf'nd-
        Schåtz
's löhimål an Gruaß;
Weil i hiaz bo ba lustög'n
        Welt
Wedwandan muåß.

839.

Du tauf'nd schens Diandl,
Bo mia håst an Fried,
Weg'n meina mågst hin woft'
        wålst,
J brauch di nit.

840.

Wås is's benn ums Geldt,
Sågt mein Diandl za nña:
A blßl banånd lieg'n
Und gean håb'm dasúa.

841.

's Diandl haot fünf Sin,
Den oan' hea ben oan' hin,
Dèn oan' auf, ben oan' ab,
Dèn oan' doscht, ben odn' bao

842.

Ban Geldt und ban Guat
Håt ba Toifl sein Gspül;
Wånn i har a Bißei hån,
Brauch jå nit vül.

843.

Wånn i auf mein Buabet
        benk,
Und auf sein Thoan';
Und åst benk i mia, bea milåß's
        sein,
Sinst måg i tban'.

844.

Diandl, wånnst heuråthst,
Thua 's wol bötråcht'n,
Denn bar Ehstånd is lång,
Und wås thåast benn åst'n?

845.

Heurath'n thua i nit,
Kaf ma koan G'würg;
Aft leb i vül frischa,
Aß 's Gambsei en Birg.

846.

Und an aufrichtög's Dianei
Daos taugat fü mi;
Und a kloans Greisl liabala
Wa schon åft i.

847.

Und Diandl wås b' schena bist,
Trågt nit vül aus;
Und dein' Reichthum schrein
a nit
Dö Zeitöngar aus.

848.

Und daß b' ma nit treu bist
blieb'n,
Dås is da lång vazieg'n,
I bin dar a koan Stundt
Aufrichtög blieb'n.

849.

Allwöng glei hålb und hålb,
Gånz åsa nit,
Liab'm muaßt mi aufrichtög
Oda gao nit.

850.

Und wånnst eppa moanatst,
Fü mi waßt vül z' dol,
Aft muat's jå kaob fleickaweick
Nicht sein, woaßt wol.

851.

Und wånnst eppa moanatst,
Fü mi waßt vül z'ra;
Mua wol Böjjarö k'raoth'n,
Wårum nit di a?

852.

I brauch a koan Büabei,
I brauch weita koans,
Åfa d' Leut send so guat,
Und vaschåff'nt mar oans.

853.

Heunt is da Hea nit z'Haus,
D' Frau geht e's Håndln aus;
Heunt war ma gånz alloan,
Kunnt ma wås thoan.

854.

Daß mein Schåtz gåschtög is,
Dös såg i nit,
Aba wånn a just schena wa,
Schåd'n that's eam nit.

855.

Und ünsa Hea Pfåra
Dea pröbögat recht;
Und ea låchat sö z' taobt,
Wånn mi 's Diandl nit mecht.

856.

Und da Baua håt g'sågt,
Und dås Ding thuat koan
Guat,
Daß en Mentschan ean Bött
Aso g'wigatzn thuat.

857.

Und 's Diandl thuat wånban
Von oan' Buabm zan ånban;
Von mia wånbart's weck,
Is koan Schåd um den Dreck.

858.

Diandl, wånnst mi nit mågst,
Håst a Maul, daß d' as fågst;
Und i geh wieda hin,
Wor i heakemma bin.

859.

Und wånn schon ållö Leut
    fåg'nt,
Da i liabala bi;
Is do no koana kemma,
Dea zåhlt håt fůa mi.

860.

Wast schon a schens Diandl,
Wånnst nit so ed thatst,
Und wånnst' nit ållö Nåcht
Van an ånban Buabm lagst.

861.

Und wånn i koan' Schåtz nit
    hån,
Is 's ma koan Spot,
Und so dårf i nix beicht'n
Von fört'n Göbot.

862.

Und a kloans a kloans Håusei,
A kloans, a kloans Bött,
Und a kloans, a kloans Dianei,
Koan graoß måg i nöt.

863.

Da i gao so kloan g'wåxn
    bin,
Haot mi nia k'roit,
Haot da Davidl a wol
En Goliath bloit.

864.

Dö Kloan' send ma liaba,
Aß gao dö Långa,
Und åjt maog ma no leichta
Zan Hålf'n g'långa.

865.

Send naröschö Leut —
Saogg da Richta z' St. Veit —
Dö a schiachs Diandl liab'n,
Warnt jå schenö gnuag z' kriag'n.

866.

Dö Gåmbs ba da Hech
Håbmt a Freudt en ean' Gwåndt,
Wia dö Buabm en Mentschan,
Wånn's aufrichtög send.

867.

Heurath'n thua i nit,
Schaut mi nit ån,
Van Buabman is bössa lieg'n,
Aß ban an Mån.

868.

Heurath'n thua i nit,
Weils mi nit g'freut,
Van Mentschan is bössa lieg'n,
Aß ban an Weib.

869.

· En Mentschan vůl z'gschlecht,
Und en Buabman schia z' kloan;
J wa denna gean lustög,
Recht hårt hån i thoan.

870.

An iads Diandl kriagn,
War a Windtmåcharei;
Åba nit an iab's mögn,
Dös sell såg i glei.

871.

Und i hån's schon probiascht,
Und i hån's schon varödt',
J bin wålfåscht'n gånga
Zan Diandl es Bött.

872.

J laf mar an Schnupftabak
Und ån Presůl;'
Dös Mensch sol mi gean
    håb'm,
Dös mi schon nit wůl.

873.

Kloanö Gambsl muaßt schiaß'n,
Kloanö Gambs send guat
    z' traog'n,
Kloanö Diandl muaßt liab'n,
Wånnst a husögs wůlst haob'n.

874.

's Diandl is weit von mia,
Håns schon ausk'roat';
Und i mua amål hin zan iah,
Weil's so håscht boat'.

875.

Dö Gambs ba da Hech
Send hålt ållwöng spritzwůldt,
Und hiaz hiat i ma båld
A z' schens Diandl einbůldt.

876.

Mein Schaoß von Gråßao'l
Und i von Tyrol,
Ålboad send ma kropfat,
Dös Ding g'fölt ma wol.

877.

Da Stiglitz is Stiglitz,
Da Fink is koan Spaoß
Und a schwåschzaugats Diandl
Mua i haob'm za mein Schaoß.

878.

's Diandl håt ma vasproch'n
Zahr Liab und iahr Treu,
Und drum leid i koan ånban,
Schmåroßa dabey.

879.

En Diandl iahr Bahn
Is ma sovl zwiba,
Waos 's von oan' Buabm
    heescht,
Saogg's en ånnan wieda.

880.

Auf b' Schen' hån i baut,
Auf'n Kas hån i g'haut,
Und auf b' Liab hån i g'faht,
Haots da Windt ålls vawaht.

881.
Und wånnst mit dein' Diandl
So hoaggl wülst seyn,
Und åft nimm a Påpial,
Und widl' da's ein.

882.
Zan Einwidln was ma
Wol denna z'wenk schen,
Åsa just mit an iabn Buabm
Lå i's nit gehn.

883.
I lieg nit ban Geldt,
Und i lieg nit ban Guat,
Und i lieg na ban Diandl,
Ban Fleisch und ban Bluat.

884.
Um d' Schen' hån i nia beth'n,
Mit'n Kas håt's koan Eil,
Und um's Husögsein beth i
Wol no ållöweil.

885.
Mein Schaoß is a Köchenn,
Kimt hea von Tyrol,
Und just koch'n kåns nit,
Åsar ess'n kåns dol.

886.
Waos schwåsch is, is kasög,
Waos weiß is, is liab;
Und i schau mar um a Diandl,
So schwåsch aß i's kriag.

887.
Saogst ållwöng, du liabst mi,
Åsa g'liabt haost mi nia;
Is schon zwoa e da Naocht
Hiaz wa's wol neama z' früah.

888.
A Geldt muast schon haob'm,
Und an Stolz muast du
fuah'n,
Und åft kånst jå dö schenöst'n
Mentschar åll kriag'n.

889.
Und dös ungarösch Troab,
Dös steiht hea so schen staa',
As fölt nit so gean um,
Aß wia d' meahran Mentscha.

890.
Bei miar und mein' Diandl
Nimmt's Liab'm hiaz an End',
Und si woaß iah hålt Buabm,
Dö vül husöga sendt.

891.
Dea Bua, dea koan Diandl
liabt,
Dea håt går koan Pein;
Wia kunnt' ar en Himml
kemm',
Mecht's do nit seyn.

892.
Du taufnd schens Diandl,
Geih' lå ma mein' Hålt,
Bin a bluatjunga Bua
Und vafüaschl war i båldt.

893.
Daos is a håschtö Såch,
Büld't ma's schon ein,
Wånn zwo gean banånna
wa'n,
Und kån nit seyn.

894.

Wånn b' Sunn so schen scheint,
Steißt a b' Liab an hegst'n,
Und en Dianbl oans zås'n,
Jebascht b' Liab zan Nägst'n.

895.

Und wånn i mein' Huat auf-
söß,
Is mein Daoch bödt,
Und an Schnaggla ban Fensta,
Åst is's Dianbl g'wödt.

896.

Bin von Pinzgar åßa
Schiaga gao von Hundts-
stoan,
Bin en Füaß'n vol Blaotan,
Vo lauta håscht thoan.

897.

Da Buar e da Buaß,
Haot a Schelleil en Fuaß,
Und waos haot a denn thån,
Daß a bûaß'n hiaz muaß?

898.

Waos haot a denn thån,
Van an Mensch is a g'leig'n,
Haot bö gånzö Naocht g'hålst,
Und koan Straof haot a geib'm.

899.

's Dianbl valåss'n
Kimmt mi a nit leicht ån,
Steht's Haus ba da Stråss'n,
Denk ållöweil brån.

900.

Und 's Dianbl valåss'n
Thuat saggarösch weh',
Schwimman b' Augeil en Wåssa,
Wia b' Fischl en See.

901.

Da Wåchta schreit Guggu,
Da Guggu schreit wia!
Und koan aufrichtögs Dianbl
Dafrågt as hålt nia.

902.

Und wånnst mi wülst liab'm,
Muaßt mi liabm wia'st mi
sigst,
Um's Gelbt dårfst nit nåchö-
fråg'n,
As is bei mia nix.

903.

Und heunt bin i kreuzwolauf,
Heunt bin i g'sundt;
Bin heunt Nåcht ba mein
Dianbl g'leg'n,
Drei viartl Stundt.

904.

Und wånnst du so schen wast,
Wiast weißfuassat bist,
Åst hät'st a schon lång g'heu-
rath,
Dås wissat i g'wiß.

905.

Håst g'moant; wülst mi truß'n,
Weilst a schens Dianbl bist,
Und hiaz tånst du mi gean
haob'm,
Woaßt a, wia mar ist. —

906.

Zwischen zwoa Bergei
Thuat 's Wåssa sauf'n,
Dan treu's Diandl is ma liabar,
Aß fålschö tauf'nd.

907.

Wånn da Mån schen ausscheint,
Is 's ålls liacht auf'n Plåß,
Und wånn ånbarö schläf'nt,
Geh' i zå mein Schåß.

908.

Lustög en Summa
Send bö Gambsl en Birg,
Und glei gao nia zan Dianbl
    gehn,
Daos war a G'wirg.

909.

Und bö Dianbl, bö fålsch sand,
Dö lå i ållsånt,
Und da Damm steht ma sia,
Ferian lå i mi nia.

910.

Und boscht bauft e bar Au
Geht a Hear und a Frau,
Und a Knecht und a Dian
Dö gehnt a boscht spåzian.

911.

Und daß's en Wåld finstar is,
Dös måcht es Holß,
Und da mein Schåß saubar is,
Dös måcht mi stolß.

912.

Wånn i den Buabm nit kriag,
Und koan ånban nit måg,
Und åst hån i mein Lebtåg
Koan lustönga Tåg.

913.

Dö Golbögga ban Tånz'n
Håb'mt an Schmiß an laob'n,
Håb'mt a Schitt'n und a
    Baoss'n
Aß wia b' Henna ban baob'n.

914.

Und a Saog und a Mühl
Haot da Gåbl-Baua;
Wa bo Schaob um bös Mensch,
Wånn a's schliag — da Schaua.

915.

A tyrolarösch Hüatl,
A pinzgara Tråcht,
Und a Råschteina Dianbl
Is recht ba ba Nåcht.

916.

Da Guggu en Wåld
Dea schreit ållweil: Bua! Bua!
Gieb åcht auf dein Dianbl,
Palitisch gehts zua! —

917.

Und zwoa Dianbl liab'm,
Dös wa freila wol ra,
Füranånd' gehn thats leicht,
Wånn åst 's Beichtgehn nit
    wa.

918.

Und bin haoch auffö g'stieg'n,
Is da Gång åba g'fåln;
Schreit da Baua glei nåch:
„Rånst en Zima=Mån zåhl'n."

919.

Du naröscha Baua,
Du bålgatö Röd,
Und a Gaßlbua zåhlt da
Roan Zima=Mån nöt.

920.

Und dö Bäurenn en Haus
Hiat' mi gao so gean kennt,
Und si haot varweig'n meina
Zwo Röschz'n vabrennt.

921.

I bin a frisch's Jagal
Und geh außö en Wåld,
I schiaß z'såmm, wås mi
g'freut
Und thua liab'm, wås ma
g'fållt.

922.

Wås is 's um dö Bauan,
Håb'mt Orn und Ruah;
Ban Mentschan håmbt's a
nit
Meah Schneidt aß wia mia.

923.

Wear en Mentschan z'vül traut
Und koan Gelдt nit ånschaut,
Und dea bringt's no so weit,
Daß'n roit mit da Zeit.

924.

Dö Diandl send kloan vadraht
Und kloan varieb'm,
Åsa i bin ean a koan Stundt
Aufrichtög blieb'm.

925.

Von da Hech bis zan Låndt
Hån i 's Jaog'n auf'n B'ståndt,
Weil's mi ålmål vadroißt,
Wånn an Annara schoißt.

926.

I bin a frisch' Jagal,
Geh ållweil auf's Gäu,
Dö Kost mua i bet'ln
Und lieg'n auf'n Heu.

927.

Und sinst g'freut mi nix,
Aß mein schens, mein grab's
Kiß,
Åba wånn ma's da Fux va=
beißt,
Aft hån i nix.

928.

Und dö Gambs ob'm en Birg,
Kugl'nt z'såmm en a Gruab'nt,
Und a Greisl an Graos=Reid
Håmb't d' Pinzgara Buab'm.

929.

En Hintathål inn
Is da Weg ohnö G'steng,
Fünf Buama, zwo Diandl —
Thuat a nit auf d' Läng.

930.

La, la und la, la,
Wånn koan Spülmån nit wa;
Und ban Spülleut'n zyaha
Is 's wolta g'fahla.

931.

Wea nia fingt und nia pfeift,
Und koan Diandl ångreift,
Dear is koan frischa Bua,
Steht nit dazua.

932.

En Diandl iah Treu,
Und iah Maulmåcharei,
Und iah heilg'schliff'ns Thoan'
Vafüascht g'wiß amål oan'.

933.

Dar oan is a Böck,
Und dar oan is a Schmied,
Und den oan', den hiat's a
       no gean,
Thuat's åfa nit.

934.

Und i hån a Freud,
Maog's an iad'n nit faog'n,
Kaod nett a mein' Hundt,
Ea thuat fovl schen jaog'n.

935.

Und Schneidt geit's en Pinzga
Nett gnuag, läßt's ent faog'n,
Und wo's dauft oanö håb'mt,
Mecht i a gean dafraog'n.

936.

En Göbirg fend ma g'wåx'n,
Eß'nt Schmålz und an Speck,
Und Buabm fend ma frischö,
Håmbt 's Heasch auf'n Fleck.

937.

Dö Gambsl, wånn's graof'nt,
Aft boigt sö da Baoscht,
Ban Diandl en Bött
Is guat lieg'n, håni g'warscht.

938.

Dö aufrichtöng Diandl
Dö fend recht dünn g'faaht,
Sö schaunt recht dumm außa,
Send decht kloan vadraht.

939.

En Pinzga hearinn
Da geit's Kröpf aß wia d'
       Ruab'm,
Åfa füwitzög warö
Auf d' Flåchländta Buabm.

940.

Kimmt da Pinzgara außö,
Hoaßt's „Trottl dumma“,
Ban Erazian hån is g'feich'n,
Draht sö do tuschz umma.

941.

Hån dö Trottln ång'schaut,
Und hån do schon recht g'låcht,
Und sö send nit so dumm,
Is kaod 's Gwåndt afo
       g'måcht.

942.

Wånn dö Pinzgara' Diandl
Ar a kloans Kröpfl håmbt,
Mia håmbt's dechta schon gean,
Send's do liab schon vabåmbt.

943.

Dö Pinzgara Mentscha
Send liab schon vabåmbt,
Is vül netta dabei sein,
Weil's koan' Krinalin håmbt.

944.

Und dö Mentscha dö mög'nt nit
Den Roaf den schiach'n,
Sö hiatnt z'lång Handl
Mit'n Gwåndt ausziach'n.

945.

Und en Pinzga hearinn
Is taob oan frischa Bua,
Und ea sitzt auf da Henna-
steig'n,
Måcht's auf und zua.

946.

Doscht ob'm a da Hech
Is a Ståbl vol Heu,
Sitzt a schens Dianbl ob'm,
Und koan Bua nit dabei.

947.

Und voscht ob'm auf da Hech
Und dao wöaß i a Stub'm,
Doscht sitzt a schens Dianbl
binn,
Woant um iah'n Buab'm.

948.

Doscht ob'm a da Hech
Is a stoananö Mühl,
Maog an iada Bua mål'n,
I mål a, wånn i wül.

949.

Frisch' Buabm und schen
Mentscha
Geit's en Stubåcha-Thål,
Daos måcht da guat Enzian-
Brånbtwein ållmål.

950.

Mein Schaotz is a Sendenn,
Haot Kas en Kåst'n,
Und a Bröckl en Saock,
Haot mi kost'n låss'n.

951.

Mein Schaotz is a Melcha,
Ea schmödt vo da Kuah,
Is auf und auf mistög,
Afa dechta mein Bua.

952.

Mein Schaotz is a Weba,
A Schütz'nschiaba,
Wånn's koan Weba nit wa,
War a no vül liaba.

953.

Mein Schåtz is a Jåggl,
A rechta Båtschgåggl,
Åba gean hån ih'n decht
Und bös is eam schon recht.

954.

Und wånnst mi a gean håst,
Dös is ma nit gnua,
Du muast mar a geb'm
Noh a Bußl dazua.

955.

Und a Bußl kånst håb'm,
A zwo, drei no dazua,
Und åft moanat i denna,
Du håtst bo amål gnua.

956.

Mein Schåß is a Jaga,
A Lump a vadrahta;
Ea geht aus mit da Büx,
Aba hoam bringt a nix.

957.

Und 's Diandl is sauba,
Von Fuaß auf is bol;
Daß 's en Buabman nit åha
    måcht,
Dös g'fölt ma wol.

958.

Und 's Diandl g'hescht mein
Und bea Bua büldt eam's ein,
Und i lå da's mein Bua,
Wånnst a Schneidt haost dazua.

959.

Zwisch'n zwo Berg und Thål
Leit dös schen Stubåchthål,
Wånnst za mein' Diandl
    kimmst,
Grüaß ma's amål.

960.

Auf da Scheiblberg Hech
Hån i g'rafft auf'n Stoan,
Kimmt a Vögei dahea,
Singt: Haost 's Mensch nit
    alloan.

961.

En Pinzga send hoia
Dö Mentscha wolfeil,
Du kriagst um an Kreußa
A lasögs Tafeil.

962.

Und du dårfst jå nit trauan,
Dårfst nit aso woan',
Und a Diandl wia du
Kriagt jå glei wiedar oan'.

963.

Mein Vaoda haot oft
An Vamm g'ast' mit da Faust,
Mia mecht'n schon aso thoan,
Bua, wånnst da traust.

964.

's Diandl is schmålzgeitög,
J woaß koans z' kriagn,
Und i woaß nit waos thoan,
Maog glei b' Woch amål
    ruahn.

965.

Waos is's denn um b' Mentscha-
    Schneidt,
Js a glei weick,
Wa ma liabar a Schafl-Fleisch
Ohar a Speick.

966.

Und Pinzgar und Ächn-Thål,
Und bö Pfånd-Öb'm,
Und mia lemman g'wiß no
    z'fåmm,
Wånn ma's daleb'm.

967.

En Diandl iah Fålfchheit
Is nit z' dagründt'n,
I wolt leichtar en Grean-See
A Liacht ånzündt'n.

968.

Und en Pinzga dinn 's Bua-
    Seyn
Is richtög bötrog'n:
Saogg da 's Diandl zöchn
    Wafchtl,
Send neunö balog'n.

969.

Da Spül-Håhn en Wåld
Is a lauta Vogl,
's Diandl paßt auf an Buabm,
Und brum fchlaoft's afo rogl.

970.

Schen fchwårz is mein Huat,
Und fchen raoth is mein Bluat,
Und frifch auf is mein Sin,
Schena Schåtz, geh' na hin.

971.

Und luftög frifch auf
Is mein Moröng-Göbeth,
Und mein eafchta Gödankl'n,
Wia's mein Diandl geht.

972.

I lå ma koan Låndftraoß baun
Hin üba b' Älm;
Afar a Greifl an Gångfteig
Liaß i ma fchon g'fål'n. —

973.

's Bua-Seyn is g'fahla,
Dös hån i fchon g'waofcht,
Dö Kreuza gehnt ålfånt auf,
Wånn ma's nit fpaofcht.

974.

Da Summar is umma,
Hån b' Sanf'n vaftöckt,
I muaß 's Bua-Seyn aufgeb'm,
Weil mi 's Gaßlgehn fchröckt.

975.

Und a biawöngft a Jaoh
Wiafcht ma b' Schneidt fchiaga
    gao,
Åfa hoia dunkts mi becht,
Wånn i ausg'långa mecht.

976.

Wånn koan Fux en Wåld gang,
Wufcht koan Keba vaftöckt;
Wånn koan frifcha Bua wa,
Wufcht koan fchens Diandl
    g'wödt.

977.

Wunnala, b'funnala
Kamm ma bös fü,
Daß an iada Bua meahra
    Schneidt
Hiat aß wiar i.

978.

Diandl, ſey g'ſcheidt,
Thua nit z'haoch mit ba
Schneidt,
Denn as kimm glei da Fål,
Daß 's bi roiat amål.

979.

Diandl ſey g'ſcheidt,
Liab an Buabm bea bö g'freut,
Lå bi nit übaröb'n,
Wånn bi zimmt ear is z' mög'n.

980.

Meinö Stümpf, meinö Schuach
Send von Furleba g'måcht,
Und ſö ſchlåf'nt ban Tåg,
Und gehnt aus ba da Nåcht.

981.

Und 's Diandl haot g'heuröth
En Tambsweiga-Schmieb,
Wånn ſö's roit, låch i's aus,
Und z'wö fraogg ſi mi nit.

982.

Diandl, wånn ma heuröth'n
Und håb'mt koan Wiag'n,
Wo thoan mar åft 's Wujei
hin,
Wånn mar oans kriag'n?

983.

A b'ſunnanö Zeit
Håb'm ma hiaz auf ba Welt,
Aß gao ſovl Beutl geit,
Und ſo wenk Gelb.

984.

Püpla-Münz wiaſcht g'måcht,
Müaſſn 's nehma fü's Gelbt,
Dårf'n Aſchz koans meah
graobn,
Send z'vül Lump'n auf ba
Welt.

985.

Und Diandl, wånn i jagan geih',
Åft geihſt mit mia,
Und boſcht unta ba Wåndt
Håb'm mar ünſa Quåtia.

986.

B'füat bö Got, liaba Jaga,
B'füat bö Got ba da Håndt,
Und i liab hiaz an Wüld-
ſchitz'n
Ob'm auf ba Wåndt.

987.

Und a Bauar ohnö Küah,
Und a Broi ohnö Bia,
Und a Bua ohnö Schneidt,
Is bös Schlechtöſt waos geit.

988.

Wånnſt an Mötzga wülſt liabm,
Muaſt a Strickl einſchiab'm,
Wånnſt a Kaibl bafraogſt,
Aß b' as ånbandtln maogſt.

989.

Hiaz fång i ån z' ſchachan
Mit Kloanvich und Schmea,
Aß bö Råtz'n aufn Dåchan
Kamm ſicha ſend meah.

990.

Luſtög, mia Mößgalnecht,
Mia kunnans dengg und recht,
Dengg und recht, Mößgalnecht
Send ma ſchon decht!

991.

Luſtög ban Zella=Sei,
Haot's koan Reif, haot's an
      Schnei,
Ih ſaogs kaob mit oan Wâſchb,
Sein thuat's a g'frânar
      Äſcht.

992.

Und Schüſſln und Reinln,
Und Kâffee'ln und Wein'ln,
Is en Weiban ean G'ſpoaß,
Wånn da Mân niχ drum woaß.

993.

's Diandl hât mi g'frâgt,
Wo i kimm heunt auf d'
      Schneidt,
Und jâ jâ, hân i g'ſâgt,
Wea ſchon kemm, wånn's mi
      g'freut.

994.

Bei hiazöga Zeit
Send dö Bauan ſo g'ſcheidt:
Sö ſaognt glei zan an Kneicht,
Hiaz wa 's Hoamgehn juſt treicht.

995.

I wånn i Kneicht wa g'ween,
I hiat eam's draht;
Hiat mein Packei z'ſâmm bundt'n,
War aokrâzt ſchen ſtad.

996.

I fângat eppas ånnas ån,
Geang za dar Eiſnbâhn,
War i mein oagna Hea,
Deanat ma meah.

997.

Wånn i koan Geldt nit hân,
Geih i za dar Eiſnbâhn,
Doſcht kemmant's âlſânt z'ſâmm,
Dö koan Geldt hâmm.

998.

Eiſnbâhn, Eiſnbâhn,
Lokomotif,
Bâll da Trân weda geht,
Mâcht ar an Pfif.

999.

Heunt ſâhrn mar auf Münta,
Mâröng ſâhrn mar auf Wean,
Und übarâll ſuachma
Dö Diandl, dö ſchean.

1000.

Bin a lebfriſcha Bua,
Aba hiaz geh i hoam,
Und dö Henna ſand griff'n,
I han niχ meah z' thoan.

A Bißl a Dreingåb.

---

a) 's Weihnåcht = G'spül.

b) 's Summar = und Winta = G'spül.

c) Hohzat = Sprüch.

's Weihnacht-G'spül.

Personen:

Ein Engel, ein Hirte und eine Schäferin, sämmtlich
angemessen kostümirt.

Sie treten mitsammen ein, eins aus ihnen trägt ein
plastisches kleines Tableau, die Geburt Christi vorstellend,
am Arme, stellt dasselbe auf einen Tisch, tritt wiederum zurück,
und Hirte nnd Schäferin sprechen mitsammen
folgenden Gruß:

> „Gott grüß euch, ihr frommen Seelen,
> Gott grüß euch in diesem Haus,
> Wir besuchen euch anheute
> Und bitten uns gleich aus:
> Wir wollen euch erinnern
> An die Geburt des Herrn,
> Laßt uns das Bild vollbringen,
> Thuat unsere Bitt' gewähr'n."

Dann spricht der Engel:

> „O wie singen die Engelein
> Im Himmel so schen z'sämm:
> Gelobet sey Maria,
> Das Kindlein und sein Nähm!
> Das Kindlein heißet Jesus,
> Das zeiget uns die Schrift,
> Und weil da Johannes
> Sein Taufer g'wöö'n ist."

Der Hirte allein:

„Wia thuat dö Költ heunt brenna,
J moan, i hån koan Håndt, koan Fuaß,
Mecht mia mein' Gründt weckbrenna.
Nix hülft dafüa, wånn i glei fieb'm Jopp'm
Und zöh'n Hofna hät',
So that dö Költ durchfchlåg'n;
Wea woaß amål a föllö Zeit!
Wia långar aß dö Welt no bleibt,
So wiardt's hålt ållweil költa."

Die Schäferin:

„Liaba Hausl dös is wåhr,
Du woaßt von ålt'n Såch'n,
Bift auf da Welt fchon wolta lång,
Bift na nit recht ausbåch'n.
Aba doh, hån's g'heart
Und hån's fchon oft vanumma,
Wånn fo a Költ'n weahrt,
So foll Meffias kumma;
Vülleicht is dös dås fellö Jåhr.
Du fiagft as recht mit Aug'n,
A Prophet wiardt auferfteh'n,
Du dårfft ma's ficha glaub'n."

Der Hirte:

„Schau, wia da nöt hiaz 's Maul aufgeht,
Nimm g'fchwind dås graoßö Mößa!
J glaub, du wiarft feyn koan Prophet;
Sey ftad, i woaß's vül bößa!"

Die Schäferin:

„Liaba Hausl, du håft recht,
Du bift mar åba z'jung,
Du håft en Abrahåm nöt g'feha.
O Hausl, fpott mi nöt fo lång,
J hoff, as wiardt båll g'fcheha."

Der Engel:

„Eröffnet sind die Pforten,
Die Herzen sind erfreut,
Das Wort is Fleisch geworden,
Er lieget auf dem Heu.
Er lieget in der Krippen
Gânz ârem und verâcht;
In zwey schlechten Windlein,
Ist er eingemâcht.“

Hirte und Schäferin legen sich nieder,
die Schäferin spricht:

„Hausl!“

Der Hirte spricht:

„Miadl, wâs is dâs!
Mein, wâs mua denn dös bôdeut'n!
Hearst no nöt en Tâg ânleut'n,
Und biaß wiardt's da doh so liacht,
Aß mar an iab'n Floch fâst siacht.“

Die Schäferin:

„Freila gebt's mar a nöt ein,
Aß da Tâg schon dâ sollt seyn;
Hân no nia mein Nâchtmâhl g'ess'n.
I lieg a wenk trâb auf'n Straoh,
As geit schon meah koan Ruah nöt ao.“

Der Engel:

„Gloria in excelsis Deo!
Der Friede sey mit euch,
Im Himmel und auf Erd'n!“

Der Hirte:

Hâlt, wâs hear i!
En Gots Nâhm seys,
I steh hâlt auf.
That schon gean an Juhschroa thoan!
Weil so vûl Leut zuahearn,
So wiardt gen bâll a Kirta wean,

Und weil sö ålls so lustög måcht,
Und is do eascht um Mittanåcht." (Stehn beyde auf)

Die Schäferin:

„Jå, mein Hausl, loos na kråd,
Wia schen aß's singant bei da Stådt!
Mi zimmt vo Weit'n,
J siach allö Engl von Himml reit'n,
Und um an Ståll thoant's umma stehn,
Und singa thoant's recht wundaschen."

Der Hirte:

„Hiaz kån i gehn, na wås i måg,
As is so liacht aß wia bein Tåg,
Da i kån dös Wunda seha;
Denn eppas is heunt schon wol gscheha.
Hiaß röd i gen en Engl ån,
Ea sågt ma's gwiß,
Wånn a rödn kån.
Geh han! wås moanst, kån ea do rödn?"

Die Schäferin:

„So gehst hålt hin und frågst'n!'

Der Hirte zum Engel:

„O du Engl, sey so guat,
Såg ma's, wås's bödeut'n thuat,
Daß's ös kemmt's von Himml hearunta,
Måchts a Kreuz, måcht d' Leut eh' munta?
Steht's då ohnö Pfoad;
Lögt's ån dafüar a Pfoad!"

Der Engel:

„Jå, meine Lieben,
Loost nur kråd,
Wås sich heunt
Zuaträgen håt;

Gott das Kind
Schon auserkohren,
Durch eine Jungfrau
Ist geboren,
Und zwar dort im schlechten Ståll,
Verkündet es nur überåll!

Der Hirte:

Ei so loig, wås buldtst dar ein,
Wiardt a Got so narösch seyn!
Wiardt zan üns då åba kemma,
Mecht üns jå wohl auffö nemma.
I geang g'schwindt mit größta Freudt,
Wa mar a da Weg nit z' weit.

Der Engel:

Geh nur g'schwind dahin zum Ståll,
Deinen Gott zu Füßen fåll!
Er ist reich, thuat doch nichts håben,
Bring darum ihm deine Gåben!
Er wird dir's vergelten schon
Mit der ewigen Himmels=Kron.

Der Hirte:

Hiaz mua i wol g'schwindt thoan,
Åba thoan kån i nit schen.
I bin hålt wia dö Bauan=Låpp'm,
Schiach en Gwandtl und a z'rißnö Kåpp'm;
Hearösch Bracht'n i nit kån,
Weil i vůl z' grob z'eß'n hån.

Der Engel:

Hier liegt er gebunden,
Der Ålles binden kånn,
Die Sünden überwunden,
Das Kreuz er tråget schon.
Er ist nur ausgegången
Von himmlischen Såål,
Drum laufet, ihr Hirten,
Nåch Bethlehem in Ståll.

Dort werdet ihr finden
Ein wunderschönes Kind,
Das liegt in der Krippen
Bei Esel und bei Rind;
Der Vater der heißt Joseph,
Der ist auch dabey,
Und eine Jungfrau,
Die kniet auf'n Heu.

Der Hirte:

Heunt bin i kloan vadraht
Vo lauta Lust und Freud,
Da heuntög Tâg is so vül wearth,
Zan Tânz'n hât i Schneid.
Dös Büabal is ma no vül z' jung,
As mecht a Wüldnuß kriagn,
Einst treibat i brav um;
Dö Eng'l musizian.
Und wânn i di nit daschröd'n that,
So hât i di vül z' gean;
Und da i di nit daschröcka thua,
Dös Döckal thua i dia vareahn. (Opfert.)

Die Schäferin:

Hausl, hâlt ein,
Dös Döckal keart mein!

Der Hirte:

Ei, dös hât's nit voneth'n!
Zeaschtt hoan mar opfan
Und âst'n beth'n.

Die Schäferin:

Ei, dös wa ra,
Dös Döckal mecht i a,
I mâchat dös Kindal drein ein;
Wia wurdt's eam do taug'n,
Und a Bißl en Zöggar umklaub'n!
O wâs gült's, dös Kindal kennt mi schon,
Wânn's mi siacht, so lâcht's mi ân!

O du Müatal, gieb ma's z' lod'n,
I gieb dar a Lampl aus mein' Schod'n. (Opfert.)

Der Hirte:

Du geist eam a Lampl
Und i a Leinwött auf a Pfoad,
Ea kån's g'wiß amål braucha, mein Oad!

Hirte und Schäferin mitsammen:

Nu, hiaz gehn ma furt von dia,
Ünsa Hearz läß ma då bei dia.
Thua ünsa fein gödenka,
Oda går en Himml schenka,
Sinst bögeahrn ma nix von dia;
Wånnst wås braugst, so kimmst za mia.

(Werden nun beschenkt und treten ab.)

b.
Wintar und Summa.

(Singweise Nr. 53.)

Das uralte Sommer- und Winterspiel ist auch im Salz-
burgischen nur mehr hie und da üblich, und besteht in Fol-
gendem:

Schon nach Weihnachten verkleiden sich zwey Burschen, einer
im weißen Hembe den Sommer, der andere im rauhen Pelz
den Winter vorstellend, und gehen auf dem Lande von Haus
zu Haus, das sogenannte Sommer- und Winterlied singend,
oder das Sommer- und Winterspiel „machend." Sie treten
mitsammen gleichzeitig in das Zimmer:

Der Sommer spricht:

„I geh herein zum königlichen Fest,
Grüße den Herrn und alle seine Gäst'.
I will grüßen den großen wie den klein',
Sonst würd' ich kein gerechter Sommer seyn.
Der Sommer werd' ich genannt,
Ich zieh durch des Kaisers Landt,
I bettl das Brod und verkauf es wieda
Und begög'nt ma da Winta, so staoß ih'n nieda."

Der Winter erwidert:

„Still! still! hört, wås der Winta vakünbig'n will!
Es wird gen so kålt, daß 's thuat ålles klinga,
Da werd'n Buabm und Diandl zon Of'n springa.
Da Fuchs springt üba bö Zåun,
Då kommen die ålt'n Weibar ein
Mit Spieß und mit Stången
Und wol'n bö Füchs ållö fången.
Sö håb'mts a g'fångt, is nit dalog'n,
Und håb'mt ean bö raothn Pölz auszog'n.
Mein Summa, i hån no wås vagess'n,
Bin iaß 3 Wocha hintan Of'n hint' g'sess'n,
I hån koan' Löffl vol g'ess'n."

Jaß hån i no 24 Påå Taub'm en Ståll,
Dö friß i zåmmt bö Föban åll!
Aba nur i Wintar alloan,
Summa, bia gieb i bö Boan!

Nun singt
Der Sommer:

I kimm dahea von Eslarei,
Då siacht ma von Weit'n en Summa glei;
Jå Herre, jå mein,
Da Summar is sein!

Der Winter:

I kimm hearaus von Bürg so g'schwindt,
I bring niz mit aß Schnee und Windt;
Jå Herre, jå mein,
Da Wintar is sein!

Der Sommer:

Da Summa kån en Keaschbamm steig'n,
Da Winta mua hearunt'n bleib'm;
Jå Herre, jå mein,
Da Summar is sein!

Der Winter:

Und steigst du hinauf, so fållst hearå
Und brigst da deinö Haz'n å;

Jå Herre, jå mein,
Da Wintar is fein!

Der Sommer:

Dö Öpfl thuar i ma zuaha biag'n,
Dö zeitögn thuar i en Såck einschiab'n;
Jå Herre, jå mein,
Da Summar is fein!

Der Winter:

Und schiabst du's ein, so g'frear . da's aus,
Åft håst sinst nix aß Kean und Haut;
Jå Herre, jå mein,
Da Wintar is fein!

Der Sommer:

Winta, wo bist denn ummag'fåhr'n,
Daß da dein Pölz so lausög is wår'n?
Jå Herre, jå mein,
Da Summar is fein!

Der Winter:

Summa wo bist denn ummag'fåhrn,
Daß da dein Pfoad so slohög is wårn?
Jå Herre, jå mein,
Da Wintar is fein!

Der Sommer:

Winta mit deina graoß'n Nås'n,
Sö wiardt da taug'n zon Foiar ånblås'n;
Jå Herre, jå mein,
Da Summar is fein!

Der Winter:

Summa mit deinö graoß'n Aug'n,
Sö weant da schon taug'n zon Cachltlaub'n;
Jå Herre, jå mein,
Da Wintar is fein!

Der Sommer:

Winta, du bist a groba G'söll,
Du jågst dö ålt'n Weibar e d' Höll;

Jå Herre, jå mein,
Da Summar is fein!

Der Winter:

Und jåg is hinein, so hoaß i brav ein,
Gelt, roßöga Summa, megst a dabei sein?
Jå Herre, jå mein,
Da Wintar is fein!

Der Sommer:

Zon Ostan is 's lustög, wånn 's Weta is schen,
Då kån i zon Diandl um d' Ostar=Da gehn!
Jå Herre, jå mein,
Da Summar is fein!

Der Winter:

Von Ostar=Dahol'n hån i schon oft g'heart,
Sö schmöck'nt und stink'nt, sand 's Åhol'n nit wearth,
Jå Herre, jå mein,
Da Wintar is fein!

Der Sommer:

I geh einhea oft zwisch'n zwoa Zäun,
Då siach i mein' Woaß und 's Korn so schen schein',
Jå Herre, jå mein,
Da Summar is fein!

Der Winter:

Bin i da Winta mit åll'n Gotsfleiß,
I bau mar a Brugg'n mit Schnee und mit Eis;
Jå Herre, jå mein,
Da Wintar is fein!

Der Sommer:

I geh einhea oft zwisch'n zwoa Zäun,
I fuahr mein' Woaß und 's Korn so schen ein;
Jå Herre, jå mein,
Da Summar is fein!

Der Winter:

Und fuahrst du's ein, so drisch i ma's aus,
Då kriag i åst guatö Dåmpfnudl draus;

Jå Herre, jå mein,
Da Wintar is fein!

Der Sommer:

En Johånnståg is 's lustög, wånn 's Weta is schen,
Då tån i zon Dianbl um dö Kråpf'm hingehn;
Jå Herre, jå mein,
Da Summar is fein!

Der Winter:

Wånn's b' Kråpf'm holst, då dårfst ma's tråb såg'n,
J geh a mit bia e's Kråpf'm hoamtrågn;
Jå Herre, jå mein,
Da Wintar is fein!

Der Sommer:

Jaß kimmt gen båll ba Bartlmä=Tåg,
Då baoß'n ma b' Öpfl unb b' Bian brav å;
Jå Herre, jå mein,
Da Summar is fein!

Der Winter:

Unb baoßt bu's åha, so klaub i ma's auf,
Åst måcht ma mein Altö a Kloß'nbraob braus;
Jå Herre, jå mein,
Da Wintar is fein!

Der Sommer:

Untan Bob'n klopft ållweil a Maus,
Geh roßöga Wintar, iaß hear amål auf!
Jå Herre, jå mein,
Da Summar is fein!

Der Winter:

Summa, iaß gehn mar en Lauba=Hauf'n,
Jaß wol'n ma gen schlåg'n unb rauf'n.
Jå Herre, jå mein,
Da Wintar is fein!

Der Sommer:

Winta, iaß bringſt mi glei e d' Hiß,
J hau dar oans einhö, daß 's Bluat heaſpritzt;
Jå Herre, jå mein,
Da Summar is fein!

Der Winter:

Hau na hea, i ſcheuch di nit,
J, da Wintar, i weich da nit!

(Sie balgen ſich, der Winter unterliegt.)

Der Winter:

Summa iaß håſt ma d' Hax ågſchlåg'n,
Jaß mågſt mi Buglkraxn hoamtråg'n.

Der Sommer:

Winta, gelt, i hån d'as iaß thån,
Mit'n Raffn und Schlåg'n kånſt du ma nit ån.

Winter:

„Summar, i ſåg da's, du håſt Recht,
„Du biſt mein Moaſtar und i bin dein Knecht.

Miteinander:

„Bruada, gieb ma deinö Hånd,
„Jaß gehn ma gen e's Summalånd!
„Jå Herre, jå mein,
„All Boad ſan ma fein!
„Jå Herre, jå mein,
„All Boad ſan ma fein!"

(Empfangen ihre Geſchenke und gehen ab.)

Hochzeits-Sprüche.

___

Aus der Umgebung der Stadt.

a. Einladung der Hochzeitgäste durch Hochzeitlader.

Vielgeliebter Freund! Wir können nicht unterlaſſen Dich zu der Ehre Gottes heimzuſuachn, dieweil ſich aus ſonderbarer Schickung Gottes hat zugetragen, daß der ehrſame Hochzeiter N. N. geſinnt iſt, mit der ehrſamen Hochzeiterin N. N. in das heilige Sakrament der Ehe zu treten; darum laßt er dich freundlich berufen und bitten auf beſagten Ehrentag, und dieſer Tag wird ſeyn den nächſten Montag. Alsdann wollets gemeldten Tag in aller Früah in Gottsnam aufſtehn und zu den ehrengeachten N. N. Wirth und Gaſtgeber zu N. N. ins Haus gehen. Allvort wird zu bekommen ſeyn ein Trunk Bier oder Brandtwein. Nach dieſen wollen wir uns begeben in das lobwürdige Gottshaus zu unſer liabn Frau und Pfarr-kirchen zu Sießenheim. Allvort wird um 10 Uhr die Kopu-lation ſammt Hochzeit gehalten und werden die Braut-Per-ſonen in das heilige Sakrament der Ehe eintreten. Nach dieſem gehen wir auf die Laufſtatt, und von da zu den ehrngeachten N. N. Wirth und Gaſtgeber zu N. N. Allvort haben wir ein ehrliches Hochzeitmal; bezahlt eine jede Perſon einen billigen Preis, Brod und Bier ſchreibt man auf das Papier, und dieſes werden die Braut-Perſonen in keine Ver-geſſenheit ſetzen, und das, was ſie nit mehr thuen können, das wird Gott erſetzen.

18

b. Morgen-Dank.

Wenn am Tage der Hochzeit im Gasthause Vormittags die Hochzeitgäste zum Kirchengange alle versammelt sind, so tritt der Hochzeitlader vor und spricht:

„Meine vielgeliebten hochzeitlichen Ehrengäste! Ich muaß anstatt dem Hochzeiter etliche Wort vorbringen: Ich will den Anfang machen mit diesem Lob und Spruch und will sagen: „Gelobt sey Jesus Christus!" Ich wünsche euch allen und jedem hochzeitlichen Ehrengast durch die allerheiligste Dreifaltigkeit einen glückseligen Tag! dieweilen dann der allmächtige Gott hat befohlen in dem vierten Gebot Gottes, daß wir vor allen sollen ehren Vater und Muatter; es bedankt sich vor allem heutigen Tages von Grund seines Herzens mein vielgeliebter Hochzeiter gegen Gott den himmlischen Vater daß er ihn als eine vernünftige Kreatur erschaffen und gestaltet hat.

Zum andern bedankt er sich gegen Gott den Sohn, daß er ihn am Stammen des heiligen Kreuzes durch seinen Tod erlöset und getauft hat. Zum dritten bedankt er sich bey Gott dem heiligen Geist, daß er ihn alle Wahrheit gelehret und daß er ihn durch das heilige Sakrament der Taufe zu einen Christen hat gemacht. Es bedankt sich aber noch weiters am heutigen Tag mein vielgeliebter Hochzeiter bey seiner vielgeliebten Muatter, daß sie ihn hat getragen neun Monath unter ihrem mütterlichen Herzen und geboren hat mit großen Schmerzen, und gesäugt hat mit ihren Brüsten, und erzogen hat zu einem katholischen Christen.

Zum Andern bedankt er sich bey seinem vielgeliebten Vater, daß er ihm mit gebogenen Knien hat erbethen einen Taufgöthen und hat ihn gebracht zu dem heiligen Sakrament der Tauf. Es ist aber noch nit genug mein vielgeliebter Hochzeiter, du muaßt dich noch von Herzen bedanken bey deinen vielgeliebten Eltern Vater und Muatter, und um was? Vor Auferziehung, daß sie dich so christlich und ehrlich habnt auf=erzogen, habnt dir gelehret das heilige Vaterunser, den eng=lischen Gruß, die zehn Geboth Gottes, den apostolischen Glau=ben, und wia es für einen jeden Christen thuat taugn; so bedanke dich mein vielgeliebter Hochzeiter zum letztenmal bey

deinen vielgeliebten Eltern, Vater und Muatter und strecke
ihnen die Hand und sage ihnen: „Vergelt's Gott!" für alle
empfangenen Gnaden und Guatthaten, für alle Schritt und
Tritt, für alle Müah und Arbeit, die sie wegen deiner bey
Tag und Nacht haben gelitten und ausgestanden. Es bedankt
sich heutigen Tags mein vielgeliebter Hochzeiter bey allen
seinen vielgeliebten Geschwisterten, Schwagern und Schwä=
gerinnen, G'vattersleuten, Göth'n und Goth'n, wie denn auch
bey seinen vielgeliebten Freunden und Nachbarsleuten; er be=
dankt sich auch bey allen Junggeselln, allen wohlgezierten
Jungfrauen, Ehefrauen und Witfrauen, allen kunstreichen und
verständigen Handwerksleut'n, Meister oder G'selln keinen
ausgenommen, wie wohl auch nit vergessen den ehrsamen
Bauersmann, der seinen Acker hauen oder bauen kann, damit
wir alle durch eine glückselige Erndt erhalten und ernähret
werden. Da ich aber jeden seinen Nahm und Titl nit recht
geb'n und auslegen kann, so bitte ich alle hochzeitliche Ehren=
gäst, sie wollen mit meinem schlechten Dank vorlieb nehmen.
Es steht aber da mein vielgeliebter Hochzeiter und daneben
seine vielgeliebten Eltern Vater und Muatter; diese lassen
euch großes Lob, Ehr und Dank sagen, daß ihr euch so fruah=
zeitig heutigen Tags habt aufgemacht, habt verlassen Haus
und Hof, seid auf freundliches Bitten und Einladen kommen
und erschienen in diese Behausung, habt hier gehabt Brod
und Brandwein und Bier, habt mit denselben vorlieb genom=
men. Es bedankt sich aber weiters heutigen Tags von Grund
seines Herzens mein vielgeliebter Bräutigam gegen alle hoch=
zeitlichen Ehrengäste, er wünscht den lebendigen ein glückliches
Leben, den Abgestorbenen aber eine ewige Ruhe.

Dieweil ich aber jetzt von den Abgestorbenen thua red'n,
so geziemt es sich und muaß auch davon reden: Es gehn
mir etliche Personen ab; ich schau hin und her und sieh diese
Personen doch nit mehr. Mir seind zwar zwey Tag hin und
her geloffen und habnt diese Personen nirgends angetroffen;
ich frage dich mein vielgeliebter Hochzeiter, geht dir niemand
ab? Mir gehnt ab deine vielgeliebten Eltern, Vater und
Muatter; mir gehnt ab dein vielgeliebter Bruabar und Schwe=
ster, wie auch dein Tauf= und Firm=Göth. Diese Personen
hat der Allmächtige von dem Zeitlichen in die Ewigkeit ge=

18*

fordert, und diesen Weg müaßen wir alle wandern. Ich bitte dich um Gotteswillen mein vielgeliebter Hochzeiter, denke heutigen Tags an diese Verstorbenen, wenigstens mit einem heiligen Weihwasser, mit einem heiligen Vaterunser, mit einem heiligen Rosenkranz, mit einem heiligen Meßopfer; schenk ihnen dasselbe, wenn sie etwan noch sollt'n sitz'n in den schmerzlichsten Peinen des Fegfeuers, damit sie Gott woll' eher ausnehmen und in die himmlische Hochzeit einladen, und ewig erfreuen wolle.

Es will heutigen Tags mein vielgeliebter Hochzeiter Urlaub nehmen:

Er nimmt Urlaub von seinen liaben Eltern und Geschwisterten, er nimmt Urlaub von seinen vielgeliebten Freunden und Verwandten und Bekannten, er nimmt Urlaub von den Junggesellen, er nimmt Urlaub von seinem löbigen Stand und tritt heut in den heiligen Ehestand, dann er will und muaß alles verlassen und muaß allein sein bey seiner ankommenden Hochzeiterin, und bey dieser bleiben bis einst der Tod wird scheiden.

Also mein vielgeliebter Hochzeiter willst du Urlaub nehmen.

Wenn es sollte geschehen, wie das gemeine Sprüchwort sagt: „der Ehestand ist ein Weh'stand" und eines oder das andere von euch mechte kommen um eine Hilf seys Tag oder Nacht, es sey in Kreuz oder Leiden, es sey in Gesundheit oder Krankheit, so wollt euer Hand nicht von ihm abzieh'n, oder noch weniger zuaschließen, deßgleichen will er auch thun gegen jedwede andere Person. Darum mein vielgeliebter Hochzeiter muaßt du heut Urlaub nehmen und hast dir vorgenommen eine Wallfahrt in das lobwürdige Gottshaus zu unsa liab'n Frau in Siezenheim, da wird auch seyn dein Gegentheil und wird das Gottshaus offen steh'n. Da sollt ihr mit den Hochzeitgästen nach der Ordnung hingehen, da werdet ihr vor einem heiligen Altar, wie auch vor einem geweihten Priester vorgestellt werden, und das heilige Sakrament der Ehe empfangen.

Allda wollt ihr abgeben einen christlichen Zeugen und Beystand. Allda wollen wir Gott und die theuerste Muatter

Jesu bitten, daß er denen Eheleuten in ihren Ehestand Glück und Segen, Fried und Einigkeit geben und verleihen wolle.

Nach vollendeten Gottesdienst werden wir auch geben den Johannis-Segen, damit wir erlangen das ewige Leben.

Hernach werden wir gehen auf die Laufstatt, zu den ehrengeachten N. N., Wirth und Gastgeb. Alldort werden wir haben ein gedingtes Hochzeitmal, wie schon ein jeder Person gesagt worden ist. Alldort wollen wir diesen Tag zuabringen in der greßt'n Freud und Lustbarkeit. Es laßt euch der Hochzeiter noch von Herzen bitt'n, nit zu grein', raufen oder schlag'n, daß beyde Brautleute keinen Verdruß damit haben.

Jetzt wollen wir Gott den Allmächtigen bitten um einen Glücksmann, der thuat seyn unsa heiliger Schutzengel, der wird uns führen auf Weg und Steg, zu Wasser und zu Land, wo uns Gott der Allmächtige hingesandt, nicht allein zur zeitlichen, sondern auch zur ewigen Freud und Glückseligkeit, so euch allen und jeden wünschet von Herzen im Nahmen Gott-Vater, Gott-Sohn, Gott-heiliger Geist. Es laßt euch der Hochzeiter bitten, wir wollen miteinander bethen fünf Vater unser und fünf Ave Maria sammt dem christlichen Glauben.

c. Anrede des Hochzeitladers

bey Auflegung des Tellers für die Schüssel-Laufer.

Sitzen die Gäste bey der Hochzeittafel beisammen, so nimmt der Hochzeitlader einen hölzernen Teller, steckt am Rande desselben diagonaliter ein Messer und eine Gabel, spannt ein rothes Band darüber, an dessen Mitte ein Thaler hängt. Er nähert sich damit dem Braut-Tisch, legt den Teller auf denselben, tritt wieder etwas zurück, an seiner Seite stehen die sich produzirenden Laufer, und mit abgezogenem Hute spricht er:

„Vielgeliebte hochzeitliche Ehrengäste! Gott g'seng euch euer Trinken und Essen, Gott g'seng euch euer Trinken und Bier, die armen Schüssel-Laufer seind auch hier, sö seind geloffen und gesprungen, ist einer den andern entrunnen, der erste håt sö en Arm übaschlunga, der ånderte håt sö an

Fuaß übafprunga, da britt hät ſö a Ripp' aus'n Leib g'ſchröckt,
den häb'n ma zon Bäda gſchickt, mia häb'n mit den bedingt,
daß ea Groſch'n und Bätz'n nimmt; da Bäda hät üns g'ſchickt
auf Lauf'n, mia ſolln üns Rößl kauf'n, ſolln 's Unglück aus'n
Länd führn und 's Glück hearein, bös wå füar åndare a
Nutz'n und a da mein; då häb'n ma g'måcht ein Ånlång' ån
bö gånze G'moan, ſie vamåg vül meahr aß oanar alloan. Gebts
üns koan Kaibl obar a Kaah, mia hätt'n koan Ståll dazua;
gebts üns koan Hålla oba Thåla, mia kunt'n nit wezln
obar außa geb'n. Zwölfar und Zwanzga nehman mar ålls
füa voll ån, mein vielgeliebte Hochzeiteren måch an guat'n
Ånfång, grüaß an guat'n Ausgång."

Auf dieſe Weiſe geht der Hochzeitlader von Tiſch zu
Tiſch. Bei jedem Tiſche ſpricht er nach vollendeter Samm-
lung folgenden Dank:

„Schen' Dånk von Tiſch auf bö Bånk,
Vo da Bånk auf b' Eardt,'
Daß bö Stoia lång g'weahrt.
D' Såch g'heart nit mein,
G'heart füa hausårmö Leut',
Von dia an iaba Tåg und Nåcht
Ban Bia ſitz'n bleibt.
Wånn da Fåſchöng-Tåg,
Auf'n Aſchamitwoch fållt,
So kemmts za mia,
Då gieb i wiebar ålls hea zan Bia;
Solt åba bås no nit klöda,
So wül i mein' Wochalohn
A noh brån ſtröda;
Mein Wochalohn is åba gånz kloan,
Kån'n ſelbm leicht vathoan.

d) Der Nacht-Dank.

Meine vielgeliebten hochzeitlichen Ehrengäſt! ihr ſehet
ſchon ſelber, daß ſich der helle Tag ſchon wirklich von uns
geneigt hat und die finſtere Nacht herangebrochen iſt; daher
es auch von Nöthen, daß wir uns zur Dankbarkeit wenden.
Es bedanken ſich die gegenwärtigen Brautperſonen bei der hoch-

heiligen Dreyfaltigkeit, ja gegen Gott den himmlischen Vater,
daß er ihnen, wie auch allen und jeden hochzeitlichen Ehren=
gäſten in Speis und Trank ſo väterlich iſt beygewohnt.
Ferneres bedanken ſie ſich für die ſchöne Begleitung, daß ihr
allbort bey der prieſterlichen Kopulation oder Einſegnung ſo
feyerlich ſeid beigewohnt. Ja es wird gewiß ohne Zweifel
ſeyn, daß ein jede Perſon werde nach ſein' Kräften gebethet
haben, daß Gott der Allmächtige wolle allen Eheleuten geben
Glück, Heil und Segen, und uns allen das ewige Leben! Ja
meine vielgeliebte und hochzeitliche Ehrengäſt! es ſtehet allda
gegenwärtig der ehrengeachte N. N. Wirth und Gaſtgeber allda;
dieſer bedanket ſich auch bey allen und jeden hochzeitlichen
Ehrengäſten auf das allerſchönſte; er bittet ſich aber auch auf
ein andermal die Ehre aus, bey ihm einzukehren und vorlieb
zu nehmen.

Ja wenn aber ein oder die andere Hochzeitsperſon vor=
handen wäre, bö hätte vielleicht ghabt einen Mangel oder Ab=
gang, es ſey in Eſſen oder Trinken, oder ſonſt was, derſelbe
wolle es melden, dann es wird gleich ſolchen Fehler abge=
holfen werden. Es ſagt ja der Herr Wirth, er hat noch viel
Fleiſch in der Küche und Brod und Bier in den Keller, daß
ein Hungriger oder Durſtiger kann erſättiget werden. Wenn
aber eine Hochzeitperſon oder die andere vorhanden wäre, die
den Hochzeitmal nicht beygewohnt, durch etweliches Spiel'n
oder Tanz'n, oder ſie hätten ſonſt durch was Kurzweiliges ſich
ergötzt, für einen ſolchen könnte der Herr Wirth nichts her=
geben. Haben euch dieſe Gaben Gottes wohl geſchmeckt und
ſeyd ihr all zufrieden geweſt, ſo wird vor dieſen Wirth wie
auch vor dieſen Brautperſonen große Freud zu vernemen ſeyn.
Ja meine vielgeliebten und hochzeitlichen Ehrengäſt, es is träb
da Hear Wiarth en Haus unt' zu mir kemma, und ea håt g'ſågt,
ea wül däs hochzeitliche Måhl ålls heaſchenka; åba ſein beſö
Wiarthen håts glei vanumma und is vo da Kuchl heag'ſprunga,
und håt g'ſågt: Wiarth! du muaßt bi åndas bödenka, wånn
mia that'n däs Hochzeitmåhl heaſchenka, ſo that'n jå b' Wiarts=
leut' von Haus åll kemma! Åſt ſågt da Hear Wiarth: daß
ös Weibaleut gå ſo naröſch ſeibt! ſand benn däs nit lauta bö=
kanntö Leut, wånn mar eans a thain ſchenka dös Eſſn und
Trinka; ſo wur's üns jå do nit von Haus bringa. Drauf is
åba bö Wiarthen harb g'ween, und håt en Wiarth vans auf's

Maul göbm und håt g'fågt, as fand iahr b' Höfn e da
Ruchl kloan z'fprunga, und 's Biar is en Kellar ausk'runna!
Ja nun meine vielgeliebte und hochzeitliche Ehrengäft! weil dö
zwoa går afo zänk'nt und streit'nt, fo zåhl'n ma's hålt gen
brav aus, åft dårf'nts üns nimma lång beit'n; låß'n mar
üns 's nit vabriaßn und helf'n mar ean heunt no dö Unköft'n
büaßn; und dö fand daloff'n füa dö Perfon..f... Ein billiger
Preis füa dö Ruchl! Wås åba füar an iab'n ån da Thüa
drån fteht, dös woa i nit! Ja nun meine vielgeliebte und
hochzeitliche Ehrengäft! es fteht auch da gegenwärtig der ehren=
geachte N. N. als beftellter Brautführer und wird dö Braut
zon Ehrentånz aufführn; wer ihnen Braut und Bräutigam
wül etwas verehren oder präfentiren zu oana Hausfteuer, dea
kann es thoan. Es ift åba koan Bögeahrn! As håt jå gå
koan' Hoaggl, fo fößnt jå gå koan Zül, a zwen a drey
boaröfchö Thåla fand eanar a nit z'vül; odar a Wiagn=Bandtl,
odar a kloans Kinda=Gwandtl, odar a Kindtskochpfandl, odar
an Kochlöffl ohnö Stül, zon a Vereahrung was jå do nit
z'vül! odar an Korb vol Schlula=Wöggl, Sem'ln und Oa;
b' Hochzeitarenn håt ma g'fågt, feyn thuats gwiß eppas dös
Jåhr! Vivat! Nun meine vielgeliebt'n hochzeitlichö Eahren=
göft! wånn i åbar eppan mecht k'rödt håb'n z'vül oba z'wenög,
oba i mecht finst einen Fahla begången håbn, fo mecht'n fie
es do diefen Brautperfonen nit zuameffen, fundern mir åls an
kringa Beyftand; denn es wäre miar von diefen Brautperfonen
viel beffer anbefolchen worden; dieweil i 's åba nit hån en
mein Våftånd, und mit meina geringen fchlecht'n Ausfpråch
nit herfürbringa kån, „der Kopf is groß, da Våftånd is kloan
und da Raufch alloan kån a nit åls dathoan." Ja meinö
vielgeliebte Eahrengöft, fo wolln miar auch Gott den Allmäch=
tigen bitten um einen Geleitsmann, und das wird feyn unfa
heiliga Schußengel. Dea wiardt uns führn auf Weg und Steg,
zu Waffer und zu Landt, damit ein jede Perfon wieda glückla
kimmt nach Haus, fo wia fie is gången aus! ja nit allein
zua da zeitlichen, fundern auch zua dar ewigen Freud' und
Glückfeligkeit.

Truck der Hofbuchdruckerei (H. A. Pierer) in Altenburg.

Berichtigung

einiger sinnstörender Druckfehler.

Seite	Strophe	Zeile	Statt:	Lese man:
47	1	3	Unsa Suhn	Da Suhn
"	"	4	äst'n	Äst
"	2	4	hoama kemman	hoam kemma
50	"	15	Nr. 7	Nr. 10
56	4	5	kemman	kemma
"	4	7	nehman	nehma
59	10	5	bökömman	bökemma
"	"	7	nehman	nehma
60	13	1	nehman	nehma
"	"	3	kemman	kemma
82	—	2	Liesenringer	Lieferinger
89	4	5	uana	uanö
"	5	1	uana	uanö
179	36	3	b' Kochlöffl	bö Küchlöf'n
185	111	1	Bua	Baua
188	142	1	Bua	Baua
205	349	2	mia	nia
217	502	3	Seht	Steht
221	556	1	i	is
229	656	4	ähö	Inhö
269	2	1	.	i

Bei den Singweisen ist statt Nr. 1 bis 11b. zu lesen: Nr. 1, 2a, 2b, 3 bis 11 und so fort.

Singweisen.

1. Der englische Gruß.

Mit Andacht.

Erste und zweite Stimme.

Baß.

Ge= grüßt sei Ma = ri = a, jung=

fräu = li = che Zier; Du bist voll der

Gnaden, der Herr ist mit Dir! Ein

19

ganz neue Botschaft, ein un-er-hört's

Ding, vom himm-li-schen Hofstatt Dir

Gab-ri-el bringt.

2. Weihnachtslied.

Langsam.

Erste und zweite Stimme.

Auf, auf âlls Hirt'n, steht's

Baß.

auf von den Schläf! was is denn me - ahr

g'scheha heunt um Mitternåcht? i kån's nit aus-

sprecha, a so thuats mi g'freun, als wånn's hålt that

brinna a so geits an Schein.

3. Hirtenlied.

wia ban Taog.

Waos wa daos?

4. Weihnachtslied.

Feierlich bewegt.

Erste und zweite Stimme.

Still, still, still, weils Kindlein

Baß.

schlafen will! Ma - ri - a thut es

nie - der - singen, Ihre keusche Brust darbringen;

Still, still, still weils Kindlein schlafen will!

5. Weihnachtslied.

Erste und zweite Stimme.

Baß.

Jodl sing, Maxl spring,

S'is a groß's Wunda = Ding Eng'l = Gsáng

Musi=Kláng, Weahrt heunt Nácht láng.

6. Hirtenlied.

Erste und zweite Stimme.

Allegro.

Baß.

Kimm Jäggl, kimm g'schwindt, bä-

trächt ma bös Kindt; bös bä e ba

Költ'n vä Liab schia va = brinnt.

7. Hirtenlied.

Erste und zweite Stimme.

Bäuabar auf und schauts, Bäuabar

Baß.

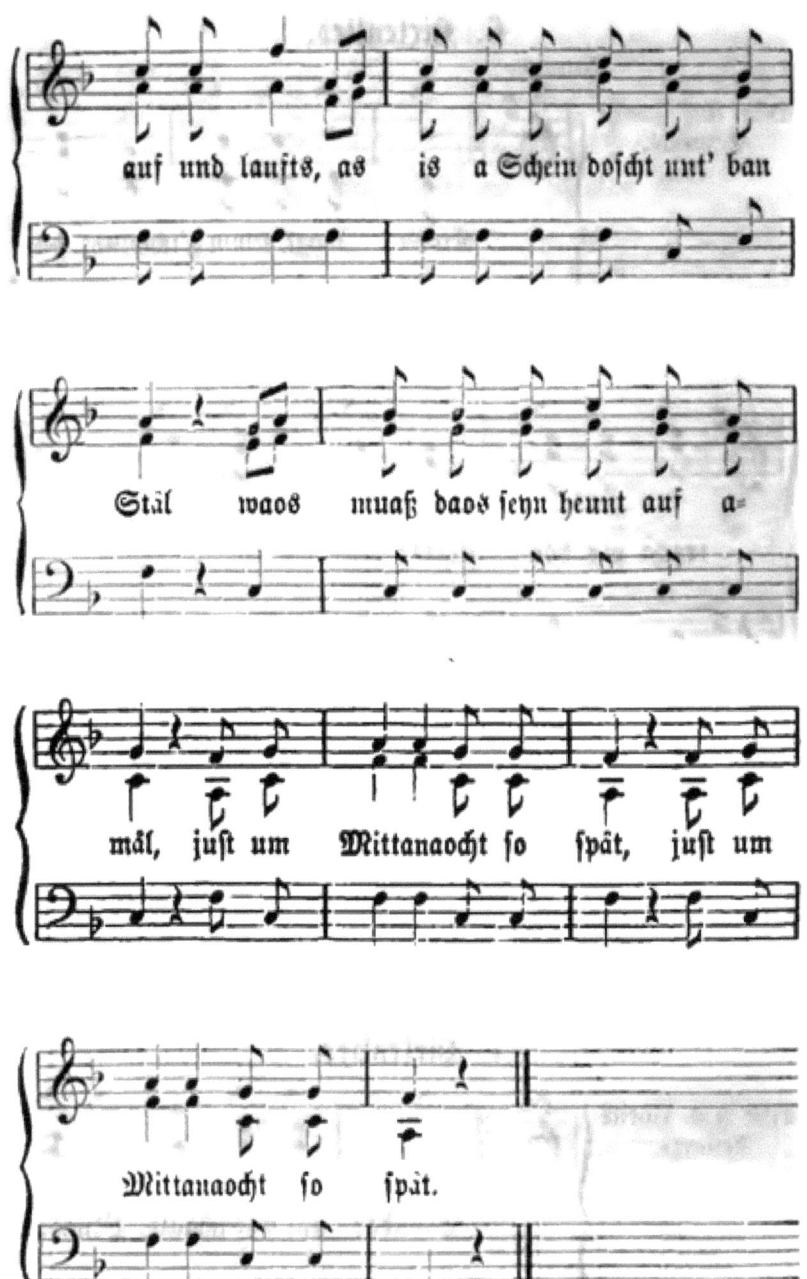

8. St. Veit'ner Weihnachtslied.

Lebhaft.

Erste und zweite Stimme.

Baß.

Hol nti da Pünggl, waos

g'schicht denn mea hoia! draht si denn

d'Welt um, wiaschd 's Taog bo da Naocht?

Jaufas! Du Stoffei, is daos nit a

Foia, Häbn's denn en Himl dö

Sunnawendt Naocht? Is älls en

Reth'n, daos gänz Firnia- ment,

Häb'mt sö g'wiß d'Eng'ln dö Haor auffö

brennt, Häbmt sö g'wiß d'Eng'ln dö

Haor auffö brennt.

9. Da Bauar und dö Bäuaren.

Erste und zweite Stimme.

Saogt da Bau = a: woaß i

Baß.

gao koan Sin send dö Buabm saogta schon mear

äll dahin da Suhn is a dabey, as is a

Sau = a = rei, bål a hoam kimmt åft' streich ih'n

glei.

10. Dö Bauaren und dö Diarn.

Erſte und zweite Stimme.

Han Diarn zwö maogſt ſo

Baß.

Spot, Dein Muatta muaß oft Hunga leid'n, haot kain an Bissn Brod.

Dö Dirn

Iá, Bäuren, bu röbtst wolta g'scheibt bös hän i schon da-lost; Schau, wänn mein Muatta

Hunga leib't, va-schäf iahr Du a Kost. Mein

Gwandtl zimmt di gao vül z'ra, du

bärfst ma's jä nit zähln, J wött, wänn i bein

Tochta wa, du liaß'st ba's namla g'fäln.

11. Das Sumberger Bäual.

Erste und zweite Stimme.

Baß.

Bin a stink nothögs Sumberga Bäual, Woaß oft nit, wo aus und wo ein; As mächt mi daos Ding hält oft z'trächt'n, Da Toifl mecht

hiaz Bau = a fein! Geit

ällweil dö schlechtöst'n Zeit'n,

Wia mecht's denn äft Dana da-

leid'n? Wiafchd ällweil no

greßa dö Schuldt, As mecht Da'n va=

geh'n dö Gö = duldt.

11ᵇ. Glückwuntsch
bei a Bauanhohzat.

Luftig bewegt.

Erfte und zweite Stimme.

Baß.

Diandl haoft g'heuröth, i

wüntfch da vül Glück, Daß d'as als

brauchn kanst, waos da Got schickt: Da

Schoba zwen Metz'n, a Kaibl, a

Kuah, A Henn und brav Heanl da-

zua.

12. Dö Bauan en Elixhausn.

Erste und zweite Stimme.

Und en Elix = hauf'n, Dä is's

Baß.

gâ zon grauf'n, Essen's e da Fruah, Z'Mit-

tåg und zon Jauf'n; Um a hâlbö neunö, Sötz'ns

d'Milli einö, So geht's zua, sagta, Bis e

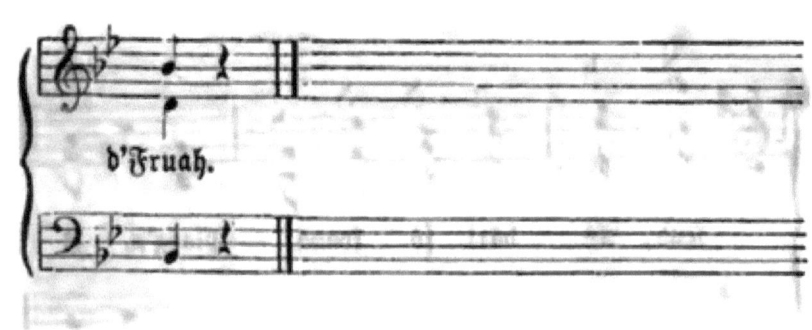

d'Fruah.

13. s Alma-Leib'm.

Erste und zweite Stimme.

Daß's auf dar Alm recht

Baß.

lustög is, Daos muaß i bo schon

saog'n; Und voraus waos bö Melcha

lemmand felbm da = hea.

14. Da Wüldſchitz.

Erſte und zweite Stimme.

Luſtög auf bar Ålma Und

Baß.

luſtög ba da Hech, Dao geit's brav Kuah und

Kålma, Dao geit's brav Gambs und Rech; Laß

i mein Bi = gei kråhn, Da = bey mein

Heaschz thuat låhn, Wia luſtög is 's en

Wåld, Wånn's Gambſei åcha fålt! Tra

la la la, Tra la la la Tra la la

la Tra la.

15. Da Küahbua.

Erſte und zweite Stimme.

As is koan ſchlechtas

Baß.

Leib'm auf Earn, Als an är = ma

Küahbua wearn, Früah und ſpat brav

um - ma - lauff'n   Und blitz - blä - bs

Mi - li sauff'n,   Volla   Hunga,

vol - la Duscht Muaß i gaor oft

wieda suscht.

16. D'Senden und da Holzknecht.

Nicht zu schnell.

Bin a loadögö Senden, geih hea vo dar Alm, Suach schon läng um an = nänd um mein G'spanen dö Kälbm, Hiaz wiaschbs schon gen finsta, daß i schiagr nix mea

sich, J bitt di, mein Holzknecht, hilf ma

suachn mein Vich! „Senden waos bülbt'st

dar ein, Solt i dein Kuah-Bua sein?"

Holla bio ba!

17. D'Senden und da Hüata-Bua.

Erste und zweite Stimme.

Baß.

Bin i da Hüata-Bua,

Mit meinen Steckn Geih i scheu

stad Ue-ba d'Alm aus und ein,

Gieb i mein Goaß'n Und Knahlen zon

leckn, Kahr unta = weigs Bo da

Sendaren ein. „Grüaß dö Got,

Hüata = bua, Bist a = mäl bao, Geih

suach dar an Nieda = sitz, Schneib' a wenk

ao; I bin na kraod hiaz Mit dar

Ärbat mit pfroad, Bin z'läng nit auf=

g'ständtn, Muaß ma wäsch'n mein Pfoad."

18. Da Wüldbratschütz und d' Schwoagaren.

Erste und zweite Stimme.

I bin a frischa

Baß.

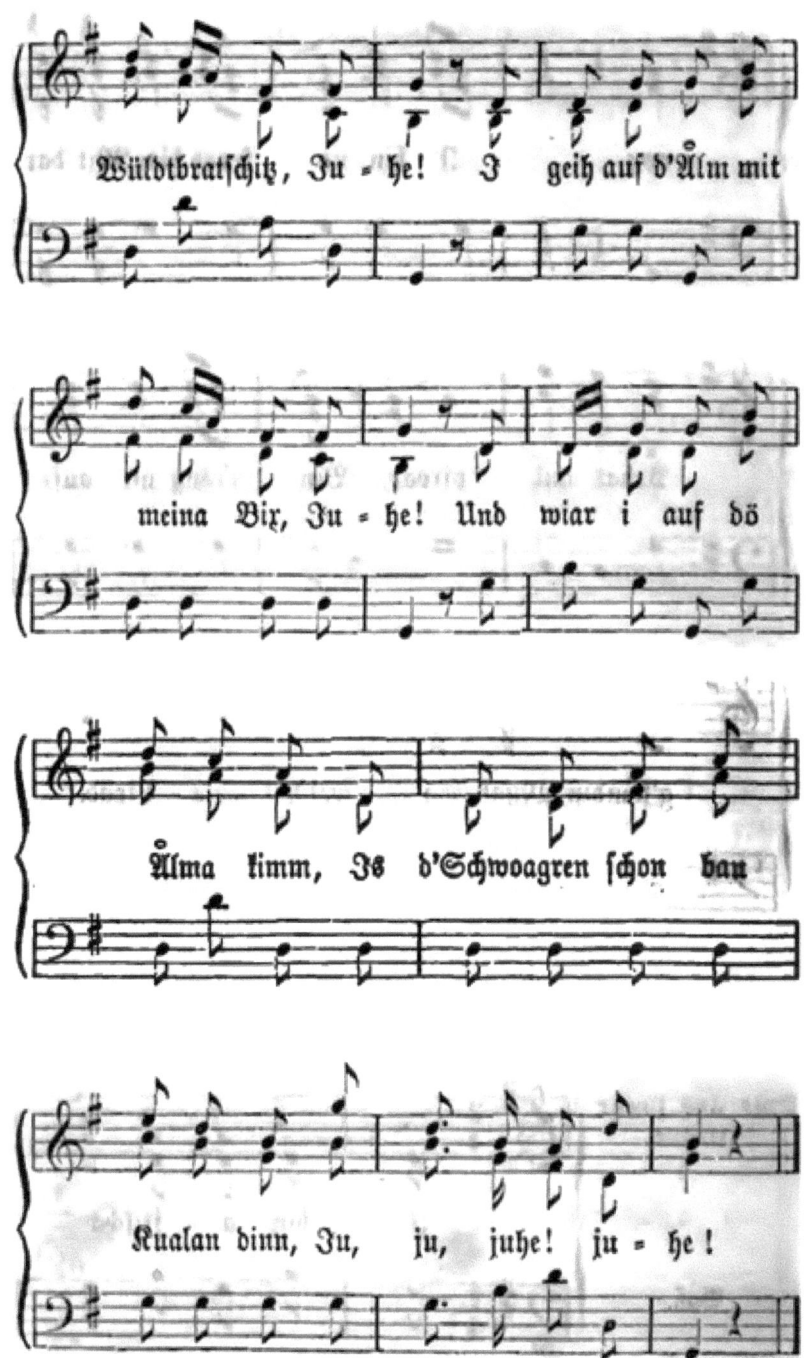

Wüldtbratschitz, Ju = he! J geih auf d'Alm mit meina Bix, Ju = he! Und wiar i auf dö Alma kimm, Is d'Schwoagren schon bau Kualan dinn, Ju, ju, juhe! ju = he!

19. Der Kieferinger Fischer.

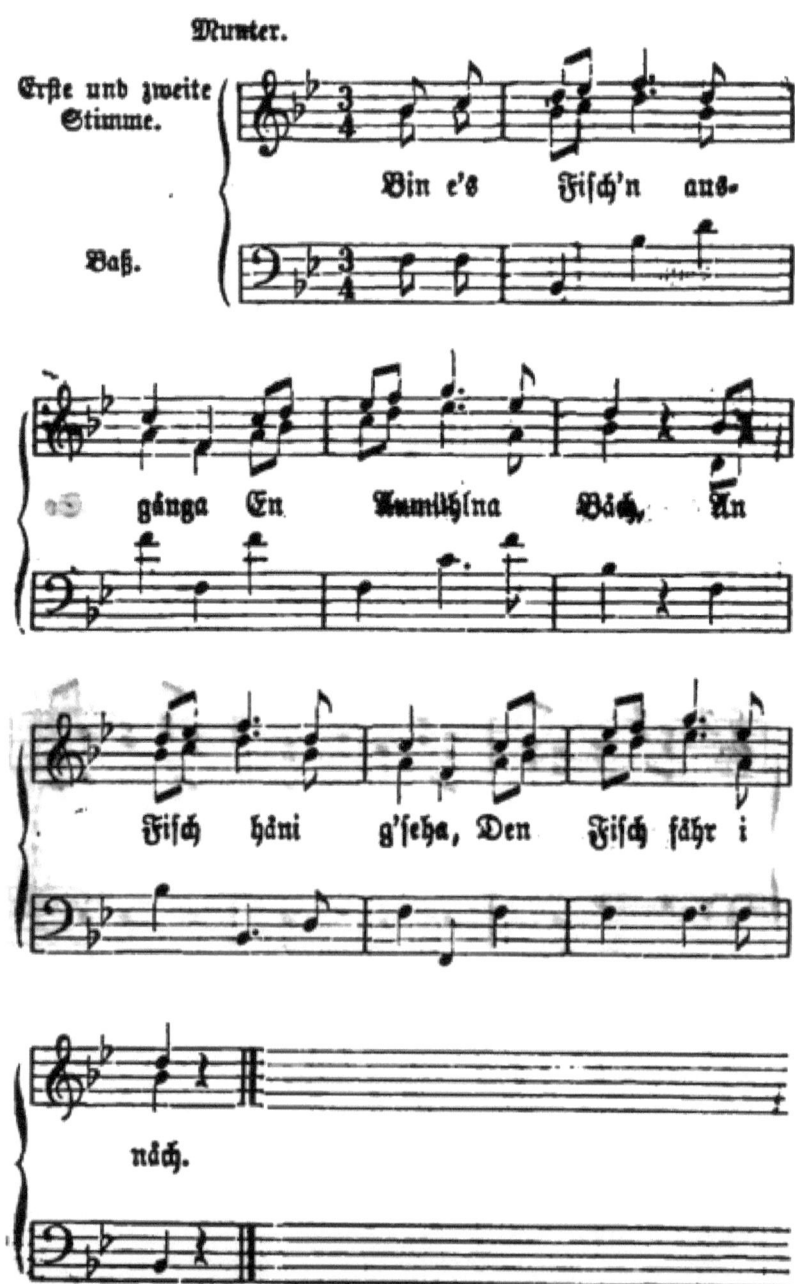

Munter.

Erste und zweite Stimme.

Baß.

Bin e's Fisch'n aus-gänga En Aumithlna Bäch, An Fisch häni g'seha, Den Fisch fähr i näch.

20. Der Mühlknecht.

Gemüthlich.

Erste und zweite Stimme.

Baß.

Und wänn i mein Händtwerch in Earnst wül bö-trächt'n, So is's um an Mühlknecht a öllendtögs Leb'm, A gänzö Nächt är-bat'n,

meahr als a Stiar.

20ᵇ. Der Ueberflüssige.

Erste und zweite Stimme.

Baß.

I bin halt das übarög Ding auf da Welt, I hän nix und kriag nix, koan Haus und koan Feld. Wänn i a Handtwerch kunnt

âft war i freila g'sundt, Kunnt i a

Moasta wearn, leb'm âls wia b'Hearn, wia b'Hearn

Kunnt i a Moasta wearn, leb'm âls wia

b'Hearn.

Heaschz ar en Leib, Und so bâld's auf da Hech a kloans Ar = batl geit. J nimm's Körbl auf'n Buggl, und en Pickl e b'Händt, Und steig schen stad auffö, naoch da

Jodler.

Grad auf dö Wandt. Holla - ri - a holla -

re holla - ri - a holla - re holla -

ri - a holla - re holla - ri - a holla -

re. I nimm's Körbl auf'n Buggl, und en

Pickl e d'Händt Und steig schen stad auffö, naoch da Grad auf dö Wändt, auffö auf Wändt.

22. Dar Oehlträgar Roibal.

Fröhlich.

Erste und zweite Stimme.

Geathi's hear älle Mentschar und

Baß.

Waibar, Dar Oehlträgar Koibal isch

bââ, Ear macht enk roath Wängn, gschlächt

Laibar, Geaht's, lafts an Me - lissn - Gaischt

ââ. Häbt's öppar recht gran - ti - ge

Månna, Geaht's hear då, i gieb enk an Hråath, Aß's nimmar møg'n graina und gro-na, Main Mittl schuan vill'n g'holf'n håt.

23. Dar Zillachthâlar Oehlträgar.

Erste und zweite Stimme.

Baß.

Griaß enk Gott, ös

kennt mi schun, J bin dar Zillach-

thâ - lar Mun, Her - auf - se - aus Ty-

rol. J bin jâ wöll, glaich

aß ös's wischt, An aus = ge = schornar

guatar Chrischt, Glaich wia as' iaz

sain söll, Glaich wia as iaz sain söll.

24. Dar Zillachthålar Pehlträgar.

Erste und zweite
Stimme.

Baß.

Jatz bin ich schuan

meahr amöl aus'n Zillachthâl bââ,

Sâggra main Oabt, und wâs kaft's mar denn

ûâ, Dum - tischt'n und Sülfar und

Bâlsâm br - zue, Für All's güat wo's

fahlt, fay's ban an Menſch'n obach Küeh, Und

Sälb'm gräb g'nüe.

25. Kirchweihlied bei Einweihung der St. Laurenzen-Kirche im Lungau.

Etwas ſchnell.

una voce.

Erſte und zweite
Stimme.

Got g'ſeng enk's äl - lö

Baß.

Hearn und läßts enks brav ſchmöcka, Und

läßt's enk z'wög'n meina von Öff'n nöt schröcka, I will enk da = weil öppas wunda = ligs sägn, Was si bey da Kirweih füa Handl zua = träg'n.

26. Dö Pinzgara wolt'n Kirfiart'n geh'n.

Feierlich.

Erste und zweite Stimme.

Dö   Pinzgara   wol'n

Baß.

kirfiart'n   geh'n,   Widi   wadi

we, e - lo - i - son.   Sö   wolt'n

singa,   äba   kuent'ns nit gä schen,

22

Widi wadi we, e - le - i - son.

Kirsiart'n thoants gean, dös woaßt ja von eh',

Ju - he! widi wadi we!

G'lobt sey dö Christl und d'Salo - me.

27. Dö D'ura-Möß.

Mäßig bewegt.

Erste und zweite Stimme.

Baß.

J giang amâl ge Zeall hinâ, An Suntach ain bar Fruah', Äft warn gâr viele Läite bâ, J denk wâs thent wöll dia. Äft häbmt's a groaßa Schelle glait, Hun

gâr nit gwißt, wâs bös bedäit', Às

hât mi schiar barschröckt, Hun grâb 'n Grind auf-

kröckt.

28. Dank der Sternsinger.

Erste und zweite Stimme.

Wir wollen dankbar

Baß.

sein, Jetzt und vor Allen Für

jene Ga - ben, So ihr uns habt

gebn. Gott der All - mäch - ti - ge

Wird euch be - zah - len Und

lein.

29. Dö Bauarn-Wålfåhrt.

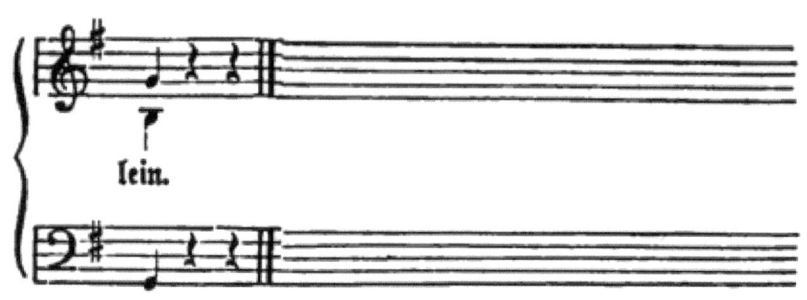

Erste und zweite Stimme.

As gang amål a

Baß.

Bau - ars = mån, a Bauarsmån Wål-

fåhrt'n mit ba Sein', Dö

Bäuaren bö gang vo - rån, bö

gang vo - rån, Da Bauar hint'n

drein, Da Bauar hint'n

drein.

30. Ueber den Luxus der Mentscher.

Erste und zweite Stimme.

Baß.

Seidt's luftög äll

Buabma Und bleibts a wenk bä, Jatz

wolln ma gen singa En Mentscharn ean

Vah; Wäs schen und wäs thoiar is,

Kaff'nts ean ein, Und weil hält an
iadß Dö Schena wül seyn.

31. Dö Pfandla Buab'm.

Lustig bewegt.

Erste und zweite Stimme.

Lustög mia Pfandla Buab'm,

Baß.

Heunt eand mar äll beinändt, Waos ma send

32. Ueber den Luxus der Mentscher.

Erste und zweite Stimme.

'S Pfeiff'n und Geig'n, Dös thuat

mi nit ân - weig'n, Kaob singa und

dös wa mein Freud. A

A G'sangl a neus Freut mi gaor aus ba

Baß.

Weis: Waos d'Mentscha hiatz häb'mt für a

G'säus. D'Hoffaoscht en G'wandtl, Dö

haot gao koax Zül, Da Körpa kån

ausschaun, So g'schleicht aß a wüll, Sö

thand älls pro - biarn,   Zon   Buama va-

filahrn,   An   iabö   so   guat   aß   sös

kån,   Geiht ean   åfa   nit   ån.

33. D'Zeitarenna.

Bewegt.

Erste und zweite Stimme.

Baß.

Hiaz kimt schon dös saggarösch

Zeit'n mein Dad, Dao wiaschd ma bäll hee'n auf'n

Kirchweig dös G'soad; Aufn Jäss'nan u. Straoss' dao

heescht ma nicht saog'n, Aß allwöng dös kloan vaboant'

Zeitarenn-Fraog'n.

34. Is nit hoaggl.

Mittelmäßig.

Erste und zweite Stimme.

Baß.

Weil's nit hoaggl is, wolln miar oans

singa Recht a lustögs üba d'Waiba-

leut; Weils nit hoaggl is, wiarbt's koans

zirna, Wänn ma's schon a bißl üba-

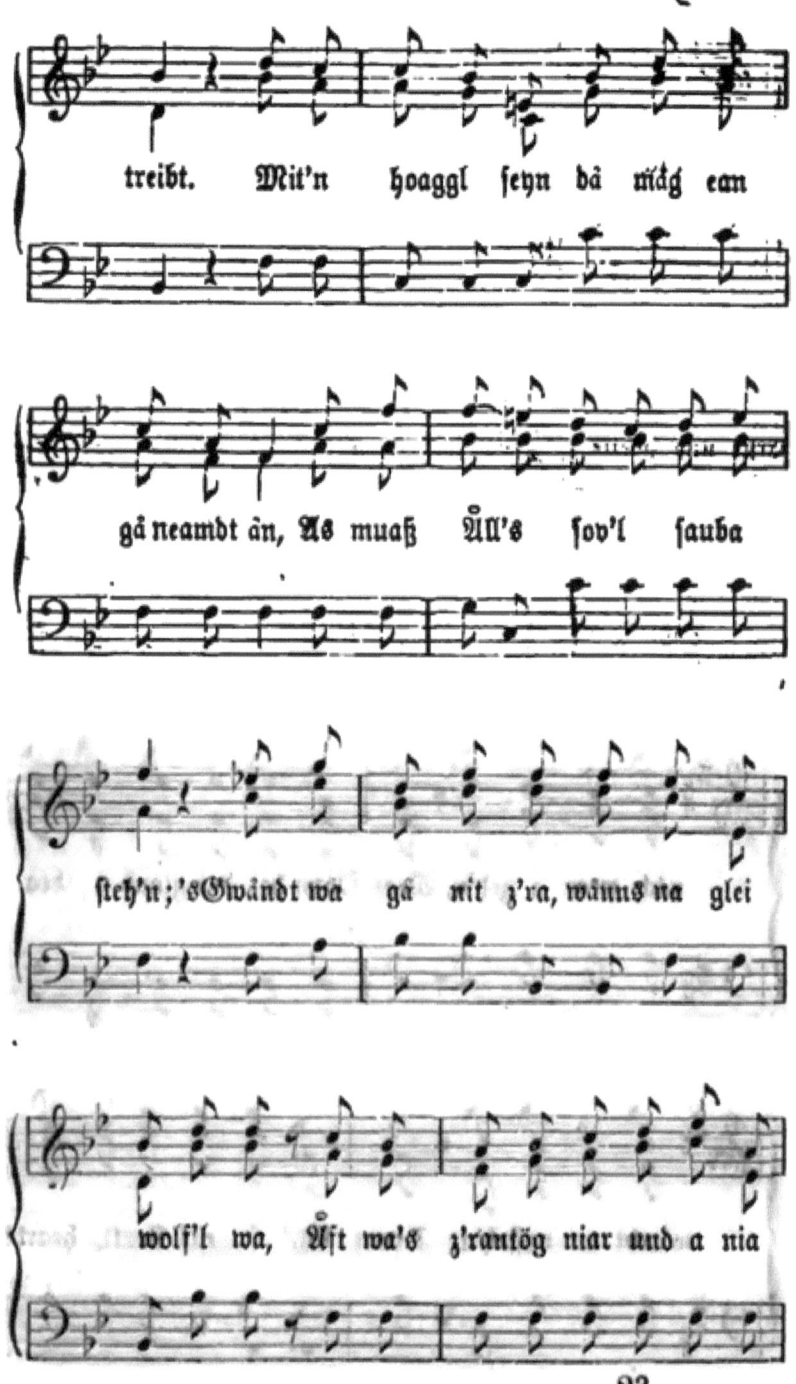

z'schen.

35. En Mentschan ean Kreutz.

Erste und zweite Stimme.

Baß.

Iatz will i oans singa, hea-

nåch wear i geh'n, Wear Ohrn håt, dea glaub i, dea

wiardt mi vasteh'n; Drum bitt' i enk Leutl, hearts

mi a wenk ân, Weil i nöt so schrein, wiar a

Nâchtwâchta kân; Drum bitt' i enk Leutl, hearts

mi a wenk ân, Weil i nöt so schrein, wiar a

Nâchtwâchta kân.

36. D'Sålzburga Låndtwöhra. 1809.

hintabey = ög Lånbtwöh fein nåcha temma

tån.

37. s'Goldögga-Liad. 1810.

Erste und zweite Stimme.

Daß's gaor a so zuageiht bei

Baß.

hiatzöga Zeit, Daß's schiagr ållö Wochn a

Noiögkeit geit; Di da ria la la la, bi da

ria la la la, Di da - ria la la la la la

la!

38. Ueba's Gsanga dicht'n da Goldögga - Juabm.

Erste und zweite Stimme.

Auf da Welt is niç luftögar aß

Baß.

feyn a frifcha Bua, Wänn fö oana ao woaß

a wenk z'fchid'n dazua; Wänn ma

d'Leut gehnt auf b'Eahr, läch is' laob a wenk

aus, Bin's fchon g'wöhnt hiaz dahea, mäch ma

neama vül draus.

39. 'S Böö-Riffln en See-Alm-Moaß.

à la Steirer.

Erste und zweite Stimme.

Baß.

Hiaz kimmt bö schen

Früahlengszeit, baos is mein Leib'm, Dös

kân an bö - trüabt'n Heaschz ar a Freud

geib'm; Weant b'Hochalma grean wia bö

Feld - a ban Lândt, Und hiaz mâch i

mi glei mit a Senden be - kânnt.

40. D'Heuret-Tappenn.

Erste und zweite Stimme.

O Hear sich benna zua,

Baß.

wås i bi bitt'n thua, Thua mi ba-

hearn: I seufz' mit lauta Stimm,

då i koan Mån bökimm, Dås måcht mi

z'rearn.

41. Da Mauthna-Baschtl auf der Send.

Erzählend.

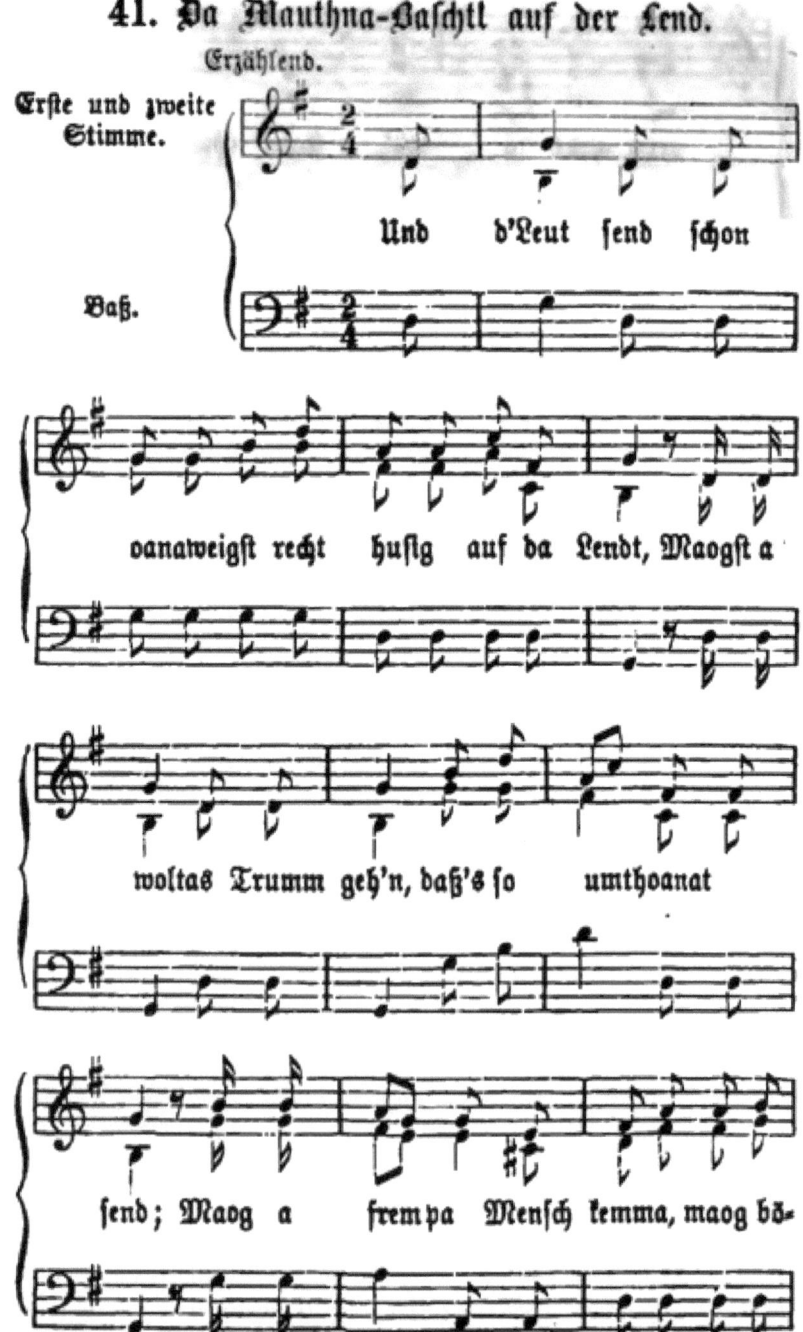

Erste und zweite Stimme.

Baß.

Und d'Leut send schon oanaweigst recht huslg auf da Lendt, Maogst a woltas Trumm geh'n, daß's so umthoanat send; Maog a frempa Mensch kemma, maog bögean waos a wül, Koan Gwürg geits nit

ao, as kimmt g'wis oana fü, jâ fü, Kimmt

g'wis oana fü.

42. Da Reithausa Hiasch.

Erste und zweite Stimme.

Ein Liadlein zu

Baß.

singen, as is schon bö - kannt, Von

einem Wülb - schitz'n „Reit - hau - sa" gö-

nannt; Ea geiht auf bö Jägdt aus, en

bunklgrean Wäldt, Ea schiaßt

e dö Hiaſch'n, daß's dunaſcht und

knüllt.

43. Kontumaz-Tied.

Erſte und zweite Stimme.

Baß.

Gehts hea meins Boarn, i

muaß enk was ſåg'n, Ös wearht's ma wol

Granitz recht wâda bôfötzt, Daß

enk koan bes = âr = ti = gö Kränkhat ânftöckt.

44. Ueba d'Salzburga im Jahr 1842.

Gemäßigt.

Erfte und zweite Stimme.

Iß's ums Roaf'n fâgta,

Baß.

Do a Freud fâg = ta, Siacht ma

45. Ueber das jetzige Geld.

Erste und zweite Stimme.

Baß.

Wâs fåg'nt denn hiaz b'Leut auf da Welt? Sö greinqnt ällweil üba's Geld, Weil's gâ sovl Kupfar â= geit, Springst eafcht mit an Hauffa nit

weit. Zählt oanar a paar Maßl

Bia, Iß's a Hauffa, as is ja frey

schiah; I hân ma seithea nix ba-

haust, Weil miar a ben Gelbt a so

24*

grauſt, Weil miar a ben Gelbt a ſo

grauſt.

46. Fenſtaſtreit.

Ziemlich bewegt.

Erſte und zweite Stimme.

Baß.

Da Himmel is glaſl-

hoata, Stoan-g'färn is's auf bar Eaſcht,

Grüaß dö Got mein Tauf'nd-schaotz, Ih hiat mi

schiaga g'freascht. Ih steih da neamar

auf, Ih lâ dih neamar ein, Weil

du dih göstan Aobms spat Nit g'hältn haost

gög'n mein.

Singweisen für die Schnödahopfl.

47.

48.

49.

50.

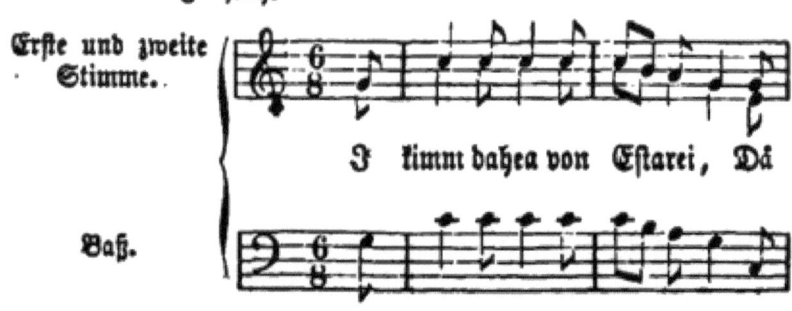

53. Jum Wintar und Summa-G'spül.

Fröhlich.

Erste und zweite Stimme.

J limmt dahea von Eftarei, Dá

Baß.

siacht ma von Weit'n en Summa glei; Ja

Herre, jä mein, Da Summar is fein!